これ一冊で！基礎を固める

快速マスター
中国語

［新装版］

植田一三＋浅井伸彦

アスパイア学長　　　　アスパイア最高顧問

語研

◉本書について ....

　本書は，2007 年 11 月に刊行された『快速マスター中国語』の音声について，CD ブック仕様（CD を本に装着）から「音声 DL 付き」（MP3 形式）に仕様を変更して，テキストカバーのデザインを一新した「新装版」です。内容面の変更については，変更はありません。

◉音声のダウンロードについて ....

　本書の付属音声は，以下の URL から無料でダウンロードできます。次の URL にアクセスしてご利用ください。

　https://www.goken-net.co.jp/catalog/card.html?isbn=978-4-87615-430-2

　または，以下の QR コードからもアクセス可能です。

■ 音声の収録箇所は，🎧 マークと 3 桁のシリアル番号で表示しています。
■ 収録時間は約 1 時間 53 分です。
■ 本書の付属音声には「無料ダウンロード」のほか，スマートフォンや PC でダウンロードせずに再生できる「すぐ聴く音声」（ストリーミング再生）を用意しています。「すぐ聴く音声」では 3 段階の速度で再生できます。詳しくは弊社ホームページでご確認ください。

◉注意事項 ....

■ ダウンロードで提供する音声は，複数のファイルを ZIP 形式で 1 ファイルにまとめています。ダウンロード後に復元してご利用ください。ダウンロード後に，ZIP 形式に対応した復元アプリを必要とする場合があります。

■ 音声ファイルは **MP3 形式**です。モバイル端末，パソコンともに，MP3 ファイルを自由な組み合わせで再生できるアプリを利用できます。

■ インターネット環境によってダウンロードできない場合があります。また，ご使用の機器によって再生できない場合があります。

■ 本書の音声ファイルは，一般家庭での私的使用の範囲内で使用する目的で頒布するものです。それ以外の目的で本書の音声ファイルの複製・改変・放送・送信などを行いたい場合には，著作権法の定めにより，著作権者等に申し出て事前に許諾を受ける必要があります。

はじめに

　日本の GDP が 2010 年に中国に抜かれてから 10 数年が経ちましたが，日本の経済が "the lost decades" で沈滞している間に，中国経済はどんどんと発展を続け大きく引き離され，日本の 4 倍超となり，今やアメリカと並んで世界の二大勢力と言われるまでになりました。そしてそれは，製造力，労働力，政治力，軍事力，技術力だけでなく，教育力，エンタメや言語をはじめとする文化力など様々な分野にわたって巨大な勢力として，アメリカを席巻しています。実際，英米のトップスクール留学者の数も中国人が圧倒的に多く，中国人海外留学生の数は日本人海外留学生の 10 数倍となっています。このように国の力が増大するということは，その国の言語が勢力を拡大するということで，政治・経済的にも文化的にも中国が注目されることが増えてきたことで，今や中国語を選択する日本の大学生の数は軒並みに増えています。

　しかし，英語の学習書と比べて，中国語学習のための学習書はまだ十分とは言えず，中国旅行での基本会話を中心とした本や，大学での第二外国語教育向けの参考書的な学習書が大半を占めており，難解でとっつきの悪いものか習得項目の量が不十分なものが多いようにも思われます。そこで本書では，日本語，英語，中国語の比較言語学的アプローチという画期的な方法で「中国語の必修文法」を効果的にマスターし，「最低限必要な実践的中国語会話」を習得し，「必修基礎単語 1600 語」で語彙力をつけるという，類書には絶対見られない画期的な試みにチャレンジしました。この一冊を完全にマスターすることで，最速で初級を脱出しましょう!!

　本書は中国語初学者をはじめ，中国語を始めたが伸び悩んでいる方や，一度あきらめてしまったけれど，もう一度中国語の習得にチャレンジしたい方，ビジネスで必要なため，できるだけ早く仕事で使えるレベルの中国語を習得したい方，中国語検定準 4 級，4 級，3 級，HSK などの各種試験を受験される方々まで，いろいろな方のニーズに応えることのできる「中国語短期集中マスター」のバイブルであり，中国語学習書史上最強の入門書とも言える一冊だと確信しております。

　本書の刊行にあたって，（株）語研編集部の島袋一郎氏には貴重なアドバイスをいただき，編集作業に尽力いただいたことを深く感謝申し上げます。また，この本の執筆にあたっては，鄧麗麗さんをはじめ，劉志国さん，敦金平さん，田陽さんに校正いただいたことに心からお礼申し上げます。

　2024 年 2 月

植田　一三

浅井　伸彦

目　次

快速マスター「必修文法」編

第1課　中国語の基本は発音！　四声とピンインを快速マスター！ 4

第2課　時間もお金も一, 二, 三から！ 18

第3課　中国語の名詞は日本語と似ている！？ 30

第4課　実は日本語と似ている中国語文法！ 34

第5課　「存在」を表わす3つの動詞を使いこなそう！ 46

【装丁】神田 昇和（Norikazu KANDA）
【ナレーション】陳　浩
　　　　　　　　梁月軍

本書の特長と使い方

▌本書の７大特長▐

　これまで出版されてきた中国語学習のための本は，旅行で場当たり的に使用する目的のものや，大学の授業向けに作られているため，一人で学習するには難解なものが多く，検定に対応できるように内容がしっかりしている本が見つからなかったために，中国語がいつまでたっても上達しないという方もいらっしゃるのではないでしょうか。本書では，そういった中国語学習者の不満をなくすために，数々の工夫がなされています。

1. 必修の文法項目のみ精選 ....

　入門者がある言語の文法を一度にすべて覚えるのは，膨大な時間がかかりますし，何より効率的ではありません。そこで，難解なものは省くものの，絶対必要な基礎文法はすべてカバーできるよう工夫しました。

2. 発音のコツは日本人にわかりやすいように工夫 ....

　中国語の発音は難しく文字で説明するのは困難ですが，理論だけではなく，実際の日本語の発音に似ている部分を少し意識して変えてみることで，中国人と意思疎通できる発音になるよう十分配慮し，図解で表わしました。

3. 日本語や英語の文型との比較 ....

　中国語の文構造は《S〔主語〕＋V〔動詞〕》構造なので英語と似ていると思いきや，日本語と似ている点も数多くあります。より理解しやすいよう，必要に応じて日本語や英語の文構造と比較しながら解説しました。

　　　　（ただし，文構造を比較するために，多少，不自然な英文になっているところもあります）

4. 頻出の単語と表現を精選 ....

　日常のコミュニケーションで使用頻度の高い単語や表現，各種中国語検定試験で頻出する単語や表現を精選し，独自に分類しました。

5. 体系的・論理的に解説 ....

　感覚的につかむことも大切ですが，論理的に理解することが学習を促進させますので，単に文法構造を丸暗記するのではなく，「なぜそういった構造になるのか？」ということの説明を適宜入れることで，学習の効率化をはかっています。

6. これ一冊で，発音から基礎的な文法・会話表現・単語をスピーディにマスター ...

　本書は「文法のみ」「会話のみ」ではなく，一冊マスターすれば文法も会話も基礎力がつくように作られています。付属の音声を併用して第1課を中心にして発音を学ぶことができますし，巻末には単語集もついていますので，基礎単語をムダなく身につけることができます。また，コラムでは学習理論を基にした「中国語の効率的な学習法」や，会話で頻繁に使われるにも関わらず，あまり類書で紹介されることのなかった「日常よく使うちょっとした表現」などを紹介しています。

7. 付属の音声を活用することで，リスニングとスピーキングの力を強化 ....

　本を読むだけでは中国語の会話能力はつきません。例文は実際的なものを厳選しました。音声を活用してリスニングとスピーキングの力を伸ばしましょう。以下に音声を用いた効果的な学習法について記します。

●●● 音声を活用した効果的な学習法 ●●●

　中国語の効果的な学習法は，英語と同じく，耳で聞いてそのままそっくりまねする，つまり「シャドウイング」「リプロダクション」を，毎日最低30分間実践していくことです。それによって中国語のリスニング力，スピーキング力を鍛えながら，声調，ピンインといった中国語の発音，イントネーションを体に染み込ませ，中国語のセンスを養うことができます。

　しかし，最初からテキストを見ないでするシャドウイング，リプロダクションは無理ですので，最初はテキストを見ながらそっくりまねて言う，「テキスト補助シャドウイング」を行ないます。「シャドウイング」はリプロダクションと違って，1センテンスを聞き終えるのを待たずに，1語聞き終えたらすかさずに追いかけて，ナレーションをまねて再現していくやり方です。これでも，全くの入門者にとっては，ナレーションのスピードが速すぎますので，再生スピードを調整できるプレーヤーやアプリなどで30％ほど遅くするのがいいでしょう。しかし，それではナチュラルな中国語に慣れることができないので，徐々にノーマルスピードに戻していきます。

　次に「リプロダクショントレーニング」を行ないます。これはテキストを見ないで，ナレーションの1センテンスを聞いた後，それとそっくり同じものを再現するというもので，あいさつのような短かいものは簡単ですが，長くなってくると何度も聞かないとできないため，リスニング力を鍛えると同時に，中国語の「発信力」をUPさせることができます。数回聞いてもできない場合は，テキストを見ても構いませんが，このときに中国語を聞いて書き取るディクテーション練習と並行して行

なうのも一案です。

　最後に，総仕上げの「シャドウイング」です。これは全くテキストを見ないで行ないます。全く初めて聞く題材で行なう場合は，英語においては通訳者などを目指す上級者向けの学習法なので，初心者には全くついていけないものと言えます。しかし，「テキスト補助シャドウイング」と「リプロダクション」のトレーニングを行ない，かなり覚えたものを総復習して記憶を強化する場合はそれほど難しくはないでしょう。この総仕上げの「シャドウイング」は抜群の効果を発揮し，中国語のリスニング力，発信力をグーンと UP させることができます。これは電車の中でも，歩きながらでも，家事をしながらでもできるトレーニングで，最初はノーマルスピードで行ない，次に25％速くしてシャドウイングできるようにトレーニングしていきます。と同時にただ聞くときは，50％速くして聞くようにし，それに耳を慣らしていけばリスニングの上達は早くなります。

　このように語学の習得においては，音声を聞いてそれをまねて声に出して言うという，長期的記憶を作りやすい「音声認識記憶学習」が非常に重要です。そこでそれを実践していくための効果的例文が重要になってきます。その意味で，本書に収録された例文は，中国語の文法力，会話表現力，必須語彙力の超効果的 UP を可能にするものと信じています。

●●● 中国語の効率的な学習法 ●●●

　中国語に限らず，語学学習全般に言えることですが，会話か読解・文法かどちらかに偏ってしまうことがよくあります。文字のある文化での「ことば」は本来どちらかではなく，両方で成り立っているものです。会話中心の本だけで勉強しても応用力をつけるのは難しいですし，文法中心の本だけで勉強しても実際の場面で話すことは難しいでしょう。

　文法を学びながら，毎日中国語を話す環境で暮らすことが最短かと思われますが，それができなくても悲観することはありません！　文法よりも会話中心で学びたいとしても，大人になってから外国語を学ぶには文法をないがしろにすることはできません。

　具体的な学習する順番としては，まず簡単な表現（あいさつなど）から入ってもよいでしょう。次に文法の大きな枠組み（大事な部分）に沿って学んでいきます。その際シャドウイングを忘れずに！　それと平行して，最重要単語の語彙を確実にしていきます。大きな枠組みの学習が最後までたどりつけば，次はもう一度最初に戻って，大きな枠組みでは覚えきれなかった部分の学習と並行して，次に重要な単語の語彙を確実にしていきます。その後は個々人が必要とするレベルまで文法と語彙力の強化を行ないます。ある程度文法と語彙数が得られたら（余裕のある方は同

時進行でも構いません）、会話でよく使うフレーズを声に出して何度も読むことで、体に浸透させていきます。

このような「段階を追って学習していく方法」をスモール・ステップと呼びますが、それを行なうには適切な教材が必要です。本書はスモール・ステップを重視して構成されています。

●●● ニーズ別〜本書の活用法 ●●●

まずは、自分がどのニーズに一番近いかを考えて、一番合うと思ったものを読んでください。

1 文法・会話ともにモノにして、ビジネス・留学で使いたい	→活用法 **A** へ
2 趣味や国際交流で簡単な会話ができればいい	→活用法 **B** へ
3 3日後の海外研修や留学、旅行を少しでも有意義にしたい	→活用法 **C** へ

■ 本書を使用するすべての方へ

外国語を上達させるには日々の努力が必要です。覚えきれていないのに先に進んでしまうと学習の効率が悪くなるので、次々進んでしまうのではなく、できるだけ復習しつつ先に進みましょう。次のように、毎日、前日の復習をしつつ土日を復習日にするのもいいでしょう。繰り返し学習することが大切です。

学習例

月曜日	1 課
火曜日	1 課復習 + 2 課
水曜日	2 課復習 + 3 課
木曜日	3 課復習 + 4 課
金曜日	4 課復習 + 5 課
土曜日	1 課〜 5 課復習 （特に 5 課）
日曜日	1 課〜 5 課復習

●活用法 A

■ 本書の活用法で 1 を選んだ人

　まず必修文法編の第 1 課〜第 20 課，その後，会話表現編の第 1 課〜第 10 課を一日 1 課のペースで 30 日間かけて読んでいきます。余裕がある場合は前の日に学んだ課を復習しつつ進めるのがいいでしょう。全部読み終えた後，もう一度 1 課に戻って必修文法編の「今日の Point」の部分を読んでわからなかった部分や，あいまいな部分を本文に戻って調べて読みます（単語も同様に，覚えなおします）。会話表現編は同時進行で 1 課ずつ読みなおします。一日 1 課というのは，ひとつの目安として考えてください。巻末の単語集も語彙力 UP に役立ててください。

　一度に長時間の勉強でつめこむより，「時間を小分けにすること」「復習回数を増やすこと」の 2 つが大事です。例えば，同じ 8 時間勉強するにしても，一日で 8 時間勉強するより毎日 15 分の勉強を 30 日間行なう方が効果的です。どうしても一日に長時間勉強しなければならない場合は，文法→会話→単語というふうにローテーションを繰り返すことで，忘れかけた記憶に何度も「復習」という刺激を与えることが可能です。

　単語を覚える際も，一日 10 個なら 10 個と決め，次の日に覚えているか自分でテストし，記憶があやしいものはさらに翌日へ繰り越していくというやり方が効率的です。一日 50 個のように数を多くし，例えばそのうち翌日に忘れてしまった単語（例えば 20 個）と，新たな単語（この場合，例えば 30 個）を合わせることで，復習しながら大量に単語を覚えていく方法もあります。その場合も週末に 1 週間の単語をチェックするなど，復習はたびたび行ないましょう。

　これを何度も繰り返し，この 1 冊が完璧になれば基本文法・会話はほぼ完璧です。難易度の高い本に移って細かい文法規則・語彙力増強・会話力増強に励むといいでしょう。

●活用法 B

■ 本書の活用法で 2 を選んだ人

　趣味や国際交流で必要な事項は，本書にコンパクトにまとめられていますので，必修文法編を 1 課ずつ読みすすめていき，会話表現編を使って会話実践をできるだけ増やしましょう。ただ，会話重視であっても文法力がなければ，決まり切った表現での会話しかできませんので，必修文法編もぜひマスターしてみてください。まず最低限，必修文法編第 1 課の発音（特に四声）をマスターしなければ，なかなかカタカナ中国語では通じないことも多いでしょう。

　また，コラムで紹介している「日常よく使うちょっとした表現」（→ 217，220ページ参照）は会話の中でたいへん役に立ちます。話の内容の転換や，話の間を埋めるために必要ですので，会話表現編の一部として活用してください。

●活用法 C..

■ 本書の活用法で 3 を選んだ人

　もう切羽詰まって時間がない人です。第１課〜４課は入念に読み，あとは各課の
まとめを読んでいってください。もちろん会話表現編も併用です。第１課〜４課は
文構造の基本となる部分なので，ここはしっかり読む必要があります。

それでは明日に向かって

Let's enjoy the process!（陽は必ず昇る！）

快速マスター
「必修文法」編

イントロダクション

●●● 中国と中国語について ●●●

　中国は56の民族から成る多民族国家で，そのうち漢民族が人口約13億人のうち90%以上を占めています。中国語は表意文字である「漢字」から成っています。表意文字とは，一字ごとにそれぞれ意味を表わしているものをいいます。それに対するものは表音文字で，一字ごとにそれぞれ音を表わしているものです。例えば，カナやアルファベットがそれにあたります。つまり，日本語は表意文字と表音文字両方から成っている言語と言えます。表意文字は文字数が多く，覚えることが困難ですが，中国語は日本語と同じ漢字を使っている分，日本人には学びやすい言語なのです。

普通话 （プートンホア）

　中国語にも方言が存在し発音が全く違うので，同じ中国人同士でも方言を使うと意思疎通ができません。中国語の方言は7大方言に分類されますが，漢民族の70%が用いている北方方言に含まれる北京方言を基礎にして，**普通话** pǔtōnghuà（プートンホア）と呼ばれる共通語が定められました。本書では**普通话**を紹介していきます。

簡体字 （かんたいじ）

　中国語には繁体字と簡体字とがあります。繁体字とは日本で使われているような漢字で，日本の漢字よりも複雑なものもあり，台湾では繁体字が使われています。一方，中国本土では簡体字と呼ばれる簡略化された文字が使われています（香港では繁体字）。簡略化されているとはいえ，日本の略字のようなものではなく，政府が国民の識字率を上げるために作った正式な文字ですので，中国語を学ぶには簡体字を書けるようになることが必要です。

日本語の漢字	対	国	学	書	話	語	発	帯	漢
簡体字	对	国	学	书	话	语	发	带	汉
繁体字	對	國	學	書	話	語	發	帶	漢

拼音（ピンイン）

　中国語には音を表わすカナがありません。日本語ではフリガナを振れば読めない漢字も発音することができますが，中国語ではどうするのでしょうか。そこで中国

は，1958 年に漢字の読み方を表わすものとしてローマ字を使用したつづりを制定・公布しました。このつづりのことを**拼音** pīnyīn（ピンイン）と呼びます。

　この**拼音**というつづりは広く使われており，辞書はピンイン配列ですので早いうちに覚えておきましょう。台湾では基本的には使われていません。また，使用しているのはローマ字ですが，英語の読み方とは違う部分が多くありますので，英語との違いに気をつけましょう。

▌中国語の発音▐

　中国語の発音を習得するプロセスを所要時間の点から見れば，10 分，1 時間，10 時間，100 時間，1000 時間のパターンに分けられると思います。歳が若く，正しい発音を耳で聞き取ったり真似たりする能力に非常に優れている人は 10 分ほどで，語学の発音センスがある人は 1 時間ほどで習得できると思われますが，通常でも 10 時間ほどあれば，ある程度習得できるのではないかと思われます。ただ「正しい発音のしかたを知ること」「よく聴き，それを発音する練習を続けること」「ネイティブに聴いてもらうこと」の 3 点は非常に重要です。本書で，効果的な「正しい発音のしかた」を学び，十分練習をし，ネイティブと積極的に話すよう心がけましょう！

コツをつかめば簡単,「四声」をマスター！ 　　🎧 001

　中国語は 1 つの文字に対して，子音（子音がない文字もあります）と母音が一つずつセットになっています。また，それぞれの音節（発音される最小単位のまとまりで，核となる母音と前後の子音から成る）には声調（トーン），つまり，音の高低，長短などのアクセントがあり，その違いによって単語の意味が大きく違ってきます。

　普通话 pǔtōnghuà（プートンホア）には「第一声」から「第四声」までの 4 種類の**声調**（四声 sìsheng）があり，この四声をしっかり学んでおくことが中国語学習の「基本中の基本」となります。声調を間違えれば相手に意図は伝わりません。今後の学習に支障をきたさないよう，付属の音声を聞きながら，気合を入れて一気にマスターしてしまいましょう！

第一声（音の高さをキープして練習しよう！）

　ピアノの鍵盤を 1 つ鳴らしてみると，音が小さく消えていっても，音の高さが変わることはありません。この鍵盤の音と同じように，音の高さを変えずにキープするのが第一声です。「楽器の一声」と覚えましょう！

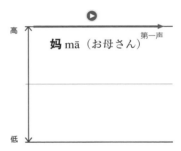

第二声（えぇ？と驚くような音程で練習しよう！）

　次に，自分の出せる一番低い音を出してみてください。その音から一気に最初に基準とした音まで音の高さを引き上げます。これが第二声です。「えぇ？」と聞き返したときの音程です。「驚きの二声」と覚えましょう！

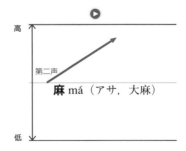

第三声（声を低くすることを意識して発音しよう！）

第三声では，自分の出せる一番低い音を保ちます。正確には保った低い音からほんの少し高くするのですが，あまり意識しすぎると第二声と似てきますので，できるだけ低い音ということをまず心がけてください。第三声は，「低音の三声」と覚えましょう！

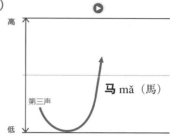

第三声

马 mǎ（馬）

第四声（「さぁ！」と勧誘するようなトーンを練習しよう！）

第四声は第二声とは逆で，最初に基準とした音より高い声を出し，そこから一気に一番低い音まで引き下げてください。「さぁ，行こう！」の「さあ！」の音程。「勧誘の四声」と覚えましょう！

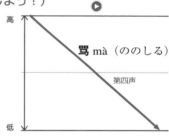

骂 mà（ののしる）

第四声

声調の違いによって，意味が変わる！

第一声	**妈** mā	（お母さん）
第二声	**麻** má	（アサ，大麻）
第三声	**马** mǎ	（馬）
第四声	**骂** mà	（ののしる）

軽声（けいせい）（四声とは違う，最後に添えるだけの音）

また，四声とは別に「軽声」というものがあります。これには声調記号はついていません。軽く添える程度で発音してください。動詞や名詞が重なるときの後ろの部分や，接尾詞，助詞が軽声となり，本来の声調を失ないます。（習慣的に，後側の漢字が軽声になっている名詞もあります）

▶ 例：**妈妈** māma の「妈」，**什么** shénme の「么」など　🎧 **002**

前述したとおり，中国語では**拼音**（ピンイン）というローマ字を使用したつづりを使用しますが，英語の発音と異なる部分が多く，少し間違えて発音すると別の意味になってしまうので，音声を聞きながら練習しましょう。

6大「単母音」&「そり舌母音」を徹底マスター！ 🎧 **003**

　日本語では「あいうえお」を言うとき，ほとんど口を動かさないでも「あいうえお」と発音でき，意味も伝わりますが，中国語では口の形をはっきりさせて発音することが大切です。慣れてくると，口の形を意識しなくても正しい発音ができるようになりますが，初めは十分意識したほうが通じやすいでしょう。

▌日本語に似た母音〈口の形を意識してマスター！〉▌

a	口を大きく開けて「あ」と発音します。
o	少し大げさに口を突き出して「お」と発音します。
i	唇と歯の位置を意識して，日本語で「い」と言うより口を横に開いて歯を合わせて発音します。
u	これも同じく，日本語より意識して唇を突き出して「う」と発音します。＊"去 qù"のときはチュイというふうに，「うぃ」の様な発音になります。

▌この発音に要注意！！〈特徴ある発音は気をつけてマスター！〉▌

e	「え」とはかなり違い，唇に力を入れずに軽く口を開け，のどにだけ力を入れ，「う」と「あ」の中間の音を出します（「うぁ」という感じ）。
ü	唇をuのように少し大げさに突き出して「ゆ」と「い」の中間の発音をします。

▌そり舌母音〈英語のRのような舌を上げる発音をマスター！〉▌

er	eの発音をしたあと，すぐに舌を上あごの方に上げて「ある」というふうに発音する特殊な母音です。英語のrに少し似た音です。

「二重母音」を一気にマスター! 🎧 **004**

基本は短母音のときと同じで，口の形をはっきりさせるよう意識して発音しましょう。軽く添えるときも口の形ははっきりさせることが重要です。

▌後の母音を軽く添えるもの▌

ai	「あい」と発音しますが，「い」は軽く添える程度で。
ei	「えい」と発音しますが，「い」は軽く添える程度で。この場合のeは前頁のeの発音とは異なり，日本語のeのように発音します。
ao	「あお」と発音しますが，「お」は軽く添える程度で。
ou	「おう」と発音しますが，「う」は軽く添える程度で。

▌前の母音を軽く添えるもの▌

* [ ]内は前に子音がこないときのつづり

ia [ya]	軽く「い」を添えて「いあ」と発音します。前に子音が付かないときは，"ya"とつづります。
ie [ye]	軽く「い」を添えて「いえ」と発音します。この場合のeも前頁のeの発音とは異なり，日本語のeのように発音します。前に子音が付かないときは，"ye"とつづります。
ua [wa]	軽く「う」を添えて「うあ」と発音します。前に子音が付かないときは，"wa"とつづります。
uo [wo]	軽く「う」を添えて「うお」と発音します。前に子音が付かないときは，"wo"とつづります。
üe [yue]	軽く「ゆ」を添えて「ゆえ」と発音します。ただし，üの発音は前頁の口の形を意識しましょう。前に子音が付かないときは，"yue"とつづり，"üe"の前にj，q，xがつく場合は，"jue"，"que"，"xue"と表記します。

「三重母音」も同時にマスター！　

　短母音・二重母音と基本は同じです。一つひとつの母音の口の形をはっきりさせ，流れるように発音します。

iao [yao]	口をしっかり i の形にして軽く発音したあと，a を最も強くして，流れるように「いあお」と発音します。前に子音が付かないときは，"yao" とつづります。

使用例	教 jiāo	他教我们汉语。Tā jiāo wǒmen Hànyǔ.
意味	教える	彼は私たちに中国語を教えています。

iou [you]	口をしっかり i の形にして軽く発音したあと，o を最も強くして，流れるように「いおう」と発音します。前に子音が付かないときは，"you" とつづります。

使用例	有 yǒu	我有一辆车。Wǒ yǒu yí liàng chē.
意味	持っている	私は車を1台持っています。

uai [wai]	口をしっかり u の形にして軽く発音したあと，a を最も強くして，流れるように「うあい」と発音します。前に子音が付かないときは，"wai" とつづります。

使用例	拐 guǎi	右拐。Yòu guǎi.
意味	曲がる	右に曲がってください。

uei [wei]	口をしっかり u の形にして軽く発音したあと，e を最も強くして，流れるように「うえい」と発音します。前に子音が付かないときは，"wei" とつづります。この e も日本語の e のように発音します。

使用例	为 wèi	因为我是日本人，我的汉语不太好。Yīnwèi wǒ shì Rìběnrén,wǒ de Hànyǔ bú tài hǎo.
意味	〜なので	私は日本人なので，中国語があまり上手ではありません。

uei の前に子音がつく場合は，"e" は弱く発音されるので省略して表記を "ui" にします。

使用例	対 duì	対**不**対?　Duì bu duì?
		対！　Duì!
意味	正しい（合っている）	合っていますか？
		合っています！（そのとおり!）

＊「**対**」という言葉を聞くと，「ドゥイ」や「ドェイ」，「トゥエ」や「ドゥエ」にも聞こえるのはこのためです。音声をよく聞いてまねして発音してみましょう！

⑤ 英語と同じ鼻母音・まぎらわしい母音を しっかりマスター！

🎧 **006**

日本語の「ん」にあたる発音は，大きく分けて，"n" で終わるものと，"ng" で終わるものがあり，言い切ったときの舌の位置が違います。"n" で終わるものは，「ん」を言い切ったときに舌の位置は，上の歯の裏で止め，息は鼻から出します。"ng" で終わるものは「ん」を言い切ったとき，舌の奥の方を口蓋（口の中の天井部分）にあてて止め（舌の先はつけずに），息は鼻から出します。英語の "ing" の発音のようなものです。これらに気をつけて発音してみましょう！

＊日本語の漢字の読み方で「ン」で終わるものは，中国語も "n" で終わります。
　例えば，**新**（日：シン　中：xīn）　　**林**（日：リン　中：lín）

＊中国語では "ng" で終わるものは，日本語では「イ」や「ウ」で終わります。
　例えば，**中**（日：チュウ　中：zhōng）　　**紅**（日：コウ　中：hóng）

▎an と ang ▎

an	文字通り日本語の「あん」とほぼ同じです。
ang	「口はリラックスして，のどを意識して「あん」と「おん」の間の音を出します。最後は "ng" で終わります。　**要注意！**

■ ian と iang ■

ian [yan]	「いぇん」と発音します。　要注意！
iang [yang]	「いぁん」といった,「やん」に近い音で発音しますが, 最後は "ng" で終わります。

■ uan, uang と üan ■

uan [wan]	「うあん」と発音します。
uang [wang]	「うあん」と発音しますが, 最後は "ng" で終わります。
üan [yuan]	「ゆえん」に近い音になります。　要注意！

■ en と eng ■

en	「えん」に近い音になります。このeは日本語のeのように発音します。
eng	口をリラックスして, のどを意識して発音します。このeは日本語のeとは違い,「おん」に近い音になりますが, 最後は "ng" で終わります。　要注意！

■ in と ing ■

in [yin]	「いん」と発音します。
ing [ying]	「ゆん」に近い音になりますが, 最後は "ng" で終わります。　要注意！

uen, ueng と ün

uen [wen]	「うえん」と発音します。この e は日本語の e のように発音します。
ueng [weng]	この e は日本語の e とは違い，日本語「うぉん」に近い音になります が，最後は "ng" で終わります。 要注意！
ün [yun]	「ゆぃん」に近い音になります。 要注意！

ong と iong

ong	唇を「お」の形にして発音します。「おん」に近い音になりますが，最後は "ng" で終わります。
iong [yong]	「ゆん」と「よん」の間のような音になりますが，最後は "ng" で終わります。 要注意！

🎧 **007**

音声を聴いて違いを聞き分けてみよう！（1）

第1問★ an と ang
　漫画 mànhuà（漫画）と **帮忙** bāngmáng（手伝う）

第2問★ ian と iang
　今天 jīntiān（今日）と **凉快** liángkuai（涼しい）

第3問★ uan, uang と üan
　换钱 huànqián（両替）と **广播** guǎngbō（放送する）と **日元** Rìyuán（日本円）

第4問★ en と eng
　很好 hěn hǎo（とてもよい）と **头疼** tóuténg（頭痛）

第5問★ in と ing
　拼音 pīnyīn（ピンイン）と **北京** Běijīng（北京）

第6問★ uen と ueng と ün
　文学 wénxué（文学）と **富翁** fùwēng（金持ち，長者）と **运动** yùndòng（スポーツ，運動）

第7問★ ong と iong
　天空 tiānkōng（空）と **不用** bú yòng（使わない）

⑥ 「子音」を効果的にマスター！ 🎧

　中国語の子音の練習では，子音のみでは発音しにくいため，習慣として母音を添えて発音します。ここでは**有気音**（息を強く出して発音する）か**無気音**（息を抑えて発音する）かということを意識して発音することが大切です。赤字で示していますので気をつけましょう。

　＊有気音・無気音は，口の前の紙きれが息で動くかどうかで確かめることができます。

▌まずは英語に近い子音をマスター！〈唇や舌，上あごを使って出す子音〉▌

b(o)	この音は無気音ですので，息を抑えながら発音しましょう。英語の bo に近い発音ですが，「ぽ」と「ぶぉ」の間くらいの音です。また少し p(o) と区別に気をつけましょう。
p(o)	この音は有気音ですので，息を出すことを意識して発音しましょう。英語の po に近い発音ですが，「ぽ」と「ぷぉ」の間くらいの音です。b(o) と p(o) は似ていますが，b(o) の方が濁っています。

m(o)	上下の唇を閉じた状態から，鼻から息を出しながら口を開いて発音します。これは「も」と「むぉ」の間くらいの音です。
f(o)	上の歯を下唇にあてて発音します。同じくこれも「ふぉ」と「ふお」の間くらいの音です。

d(e)	無気音です。英語の d と t の中間くらいの音で少し濁らせ（舌の先は上の歯の裏にあて，はじくことで発音します），母音の e につなげます。「どぅあ」という感じです。速く発音すると「だ」に近く聞こえます。
t(e)	有気音です。英語の t の発音とほぼ同じです（舌の位置は d(e) と同じですが，息を強く出すことを意識しましょう）。t のあとに母音の e につなげます。「とぅあ」という感じです。

n(e)	英語の n の発音とほぼ同じですが，鼻から息を出しながら発音します。n のあとに母音の e につなげます。「ぬあ」という感じです。速く発音すると「な」に近く聞こえます。
l(e)	英語の l の発音とほぼ同じで，舌の先を上の歯の裏にあてて，奥へとはじくことで発音します。l のあとに母音の e につなげ，「るあ」という感じです。速く発音すると「ら」にも聞こえます。

g(e)	無気音です。舌の奥の部分を口蓋にあてて発音し，英語の g の発音とほぼ同じですが，あまり濁りすぎないように。g のあとに母音の e につなげ，「ぐあ」という感じです。速く発音すると「が」に近く聞こえます。
k(e)	有気音です。舌の位置は g(e) とほぼ同じで，英語の k の発音とほぼ同じです。k のあとに母音の e につなげます。「くあ」という感じです。速く発音すると「か」にも聞こえます。

h(e)	唇は軽く開けて，のどの奥から息と一緒に声を出します。うがいをするときにのどに力を入れる感じで，舌の奥の部分と口蓋との間に息を通します。それに母音の e をつなげます。唇に力を入れないように要注意！

▌ 息の強弱を特に意識してマスター！〈舌と上あごの摩擦で出す子音〉▌

j(i)	無気音です。「じ」と「ち」の中間の音です。少しだけ濁らせます。母音の i があとに続くので，しっかり口を左右に開いて発音します。
q(i)	有気音です。日本語の「ち」とほぼ同音ですが，口の形は同上です。
x(i)	日本語の「し」とほぼ同音ですが，口の形は同上です。

▌ 日本人に難関の子音をマスター！〈舌をそって出す子音（そり舌）〉▌

zh(i)	無気音です。舌をそらせ軽く舌先を上あごにつけて，濁らせて発音します。「じ」に似ていますが，ji と混同しないようにしましょう。口の形は同上です。
ch(i)	有気音です。これも zh(i) と同じ口の形で，濁らせるというより「ち」に近くして発音しますが，口の形は同上です。
sh(i)	これも zh(i) と同じ口の形ですが，少し舌の先と口蓋の間にすき間を作って，濁らせずに「し」に近くして発音します。口の形は同上です。
r(i)	これも zh(i) と同じ口の形ですが，少し奥へ舌を持ってくることを意識し，舌先と口蓋の間にすき間を作り，ぎりぎりのところで止めて発音します。少し英語の r に似ていますが，濁って聞こえます。

「い」の口で「ず」「つ」「す」などウ段の音を出す子音をマスター！

z(i)	無気音です。「い」の口の形を意識して，舌の先を歯の裏にあて，舌の部分を震わせます。「つ」と「ず」の間の音に近く聞こえます。
c(i)	有気音です。これは「つ」に似ていますが，口の形は「い」の形です。
s(i)	これは「す」に似ていますが，口の形は「い」の形です。

🎧 **009**

音声を聴いて違いを聞き分けてみよう！（2）

第1問★

爸爸 bàba （お父さん）　　　　**恐怕** kǒngpà （おそらく）

妈妈 māma （お母さん）　　　　**出发** chūfā （出発する）

第2問★

飞机 fēijī （飛行機）　　　**十七** shíqī （17）　　　**东西** dōngxi （品物）

第3問★

知道 zhīdào （知っている）　　**吃饭** chī fàn （ご飯を食べる）

十二 shí'èr （12）　　　　　**日本** Rìběn （日本）

第4問★

汉字 Hànzì （漢字）　　　**词典** cídiǎn （辞典）　　　**四十** sìshí （40）

14

7 最後の詰めはしっかり！ 声調変化をマスター！🎧 **010**

中国語では，1つの漢字に1つの母音となっていてテンポのよい言語ですので，第三声の連続や「**不** bù」や「**一** yī」などのよく使われるものなどは，スムーズに発音しやすいように合理的に変化が起こります。最後の詰めとして，しっかりマスターしておきましょう！

▌第三声の声調変化▌

ほとんどの声調は表記されているとおりに発音すればいいのですが，第三声が連続した場合，前の声調は第二声になります。声調の記号は変えないで表記します。

▶例：**你好** nǐ hǎo ➡ ní hǎo《実際の発音》

▌「不 bù」の声調変化▌

否定を表わす「**不** bù」は本来第四声ですが，後ろに第四声がきたときのみ第二声に変化します。

▶例：**不去** bú qù（行かない）

▌「一 yī」の声調変化▌

数を表わす「**一** yī」は本来第一声ですが，後ろに第一声，第二声，第三声のどれかが続くときは第四声 yì になり，後ろに第四声や軽声が続くときは第二声 yí になります。詳しくは第2課（→ 24 ページ参照）で説明していますので，そちらを参照してください。

ただし，序数のときは，本来の第一声で発音します。

▶例：**一月** yī yuè　**第一** dìyī　**一楼** yī lóu

＊数字の棒読みや，語の後ろ側に「**一**」がつくとき（**同一** tóngyī など）も第一声です。

▌「七 qī」「八 bā」の声調変化 ▌

　「**七** qī」「**八** bā」も，あとの音節が第四声のとき，第二声に変化します。ただし，数字の棒読みや序数のときは，本来の第一声で発音します。表記は元のままで表記します。

● なぜ声調変化が存在するか ●

　中国語は 1 つの漢字に母音が 1 つで，とてもテンポのよい言語だということができます。その中国語の中で，第三声の連続や第四声の連続のような，次の語へとスムーズに発音しづらいもののうち，「**不**」や「**一**」などよく使われるものを声調変化させることで発音をスムーズにしています。そういった点から中国語は，発音に関して合理的な言語だとも考えられるでしょう。

▌名詞の「儿」化 ▌

　中国語には，単語の最後に r（**儿**）がついているものがあります。発音の最後で舌をそるだけです。「**儿** ér」化とは北京語などの北方方言によく用いられ，「小さい」「かわいい」という意味を持ちます。

　● 例：**婴儿** yīng'ér（赤ちゃん）　　**一点儿** yìdiǎnr（少し）

■ 声調符号の位置について ■

声調符号をつける際に規則が決まっていますので，以下に紹介しておきます。優先順位は 1 ～ 4 の数字の順です。

1. **母音が 1 つのときは，その母音の上につける。**   wǒ, nín, tā...
2. **母音が 2 つ以上で a があるときは a の上につける。**   yào, mǎi, tái...
3. **a がないときは，e または o の上につける。**   hòu, nèi, gěi...
4. **-iu または -ui と，i と u が並ぶときは後につける。**   qiù, kuí, huí...

さて，みなさんお疲れさまでした。以上で，中国語の発音レッスンはすべて終了です。中国語学習の挫折の原因は結局，発音の壁を乗り越えられないところにあります。中国語をマスターするには，まず「正しい発音をマスターすること」が非常に重要です。スピーキングでは，例えば英語の場合，発音精度は 50％ ～ 60％ ぐらいでも通じますが，中国語の発音精度は，声調と有気音・無気音などが重要で 80％ ～ 90％ ぐらい必要だと言えるでしょう。「発音を制する者に挫折なし」と言っても過言ではありませんので，発音はしっかりマスターしましょう！

日本語と違い，覚えることが多くて難しいと思われる方も多いかもしれませんが，決してくじけることなく，コツをつかんで，エンジョイしながら気合を入れてトレーニングしていけば，この難関の中国語の発音を必ずマスターできると信じています。

今日の Point

1. 中国語の**普通话**は 4 種類の声調（四声）を持っているので，この四声をつかんでおくことが必要。
2. 中国語では，口の形をはっきりさせて発音することが大切。
3. 中国語の母音には，二重母音・三重母音・鼻母音があるので，しっかり発音練習をしておくことが必要。
4. ほとんどの声調は表記されているとおりに発音すればいいが，第三声が連続した場合や「不」や「一」は特殊な声調変化をする（本文参照）。また，名詞の「儿」化で音の最後に r がつくことがある。

中国語は「数字」「時」「お金」などの表現では，「話し言葉」と「書き言葉」に分かれているものもあったり，「一冊の本」のように，本などを数える単位を表わす「量詞」の数もかなりの量がありますので，覚えるのに骨が折れます。しかし，第2課ではその覚え方のコツを紹介しながら解説していきますので，頑張って完全マスターしましょう。それでは，数字の読み方から押さえておきましょう！！

 中国語の数字は四声に注意！ 🎧 011

まずは中国語で数字を数えてみましょう。使う漢字はもちろん日本語と同じです。

零	一	二	三	四	五	六	七	八	九	十
líng	yī	èr	sān	sì	wǔ	liù	qī	bā	jiǔ	shí

＊発音するときは特に四声に気をつけてください。

では続けて 11 から先も数えてみましょう。書き方は 99 まで日本語と同じですが，100 では「**一百** yìbǎi」というふうに「一」をつけます。

十一	十二	十三…二十	二十一	二十二…
shíyī	shí'èr	shísān ... èrshí	èrshiyī	èrshi'èr
九十九	**一百**	**一千**	**一万**	**一亿**（一億）	**万亿**（一兆）
jiǔshijiǔ	yìbǎi	yìqiān	yíwàn	yíyì	wànyì

「百，千，万，億」と口ずさんで覚えるように，「bǎi, qiān, wàn, yì」と何度も声に出してゴロで一気に覚えてしまいましょう。それでは，次は電話番号です。

 電話番号は数字の粒読みで！ 🎧 012

電話番号は数字の粒読みで読みます。例えば，0120-1234-5678 は，

零 幺 二 零　－　幺 二 三 四　－　五 六 七 八
líng yāo èr líng　　　yāo èr sān sì　　　wǔ liù qī bā

となり，**一**は，**七**との聞き間違いを防ぐために，「**幺** yāo」が使われます。

 3 年月日・曜日は日本語とそっくり！ 🎧 **013**

▌西暦の表わし方▐

暦は日本の読み方とは違い，数字の粒読みをします。「**年** nián」は日本語と同じ漢字ですが，声調には気をつけましょう！

例	一九九九年	二〇〇〇年	二〇〇八年
	yījiǔjiǔjiǔ nián	èrlínglínglíng nián	èrlínglíngbā nián

また，「199 何年」と言うときには，「**几** jǐ」という漢字をあてます。

例	一九九几年	二〇〇几年
	yījiǔjiǔ jǐ nián	èrlínglíng jǐ nián

▌月の表わし方▐

月の表わし方は日本語と同じです。読み方は「月の名前をゆぇ（言え〈第四声〉）！」というふうに覚えれば簡単です。

一月	二月	三月	四月	五月
yī yuè	èr yuè	sān yuè	sì yuè	wǔ yuè
六月	七月	八月	九月	十月
liù yuè	qī yuè	bā yuè	jiǔ yuè	shí yuè
十一月	十二月	几月		
shíyī yuè	shí'èr yuè	jǐ yuè		

▌日の表わし方▐

日の表わし方は書き言葉と話し言葉で2種類あり，書き言葉では日本語と同じ「**日** rì」，話し言葉では代わりに「**号** hào」を使います。

書き言葉	一日 yī rì，二日 èr rì
話し言葉	一号 yī hào，二号 èr hào

例：**七月七日** 《書き言葉》 　**三月十二号** 《話し言葉》
　　 qī yuè qī rì 　　　　　　　 sān yuè shí'èr hào

19

曜日の表わし方

中国語では曜日のことを，「**星期** xīngqī（または**礼拝** lǐbài）」と言います。月曜日から数字が一，二と上がっていくだけなので覚えるのは簡単ですね。発音は，「日曜日は新地（一声）へ行こう」と覚えましょう。

月曜日	火曜日	水曜日	木曜日	金曜日	土曜日
星期一	**星期二**	**星期三**	**星期四**	**星期五**	**星期六**
xīngqī yī	xīngqī èr	xīngqī sān	xīngqī sì	xīngqī wǔ	xīngqī liù
礼拝一	**礼拝二**	**礼拝三**	**礼拝四**	**礼拝五**	**礼拝六**
lǐbài yī	lǐbài èr	lǐbài sān	lǐbài sì	lǐbài wǔ	lǐbài liù

※日曜日は二通りの書き方があります。

日曜日①	日曜日②	何曜日
星期日	**星期天**	**星期几**
xīngqī rì	xīngqī tiān	xīngqī jǐ
礼拝日	**礼拝天**	**礼拝几**
lǐbài rì	lǐbài tiān	lǐbài jǐ

＊また，「**星期** xīngqī」や「**礼拝** lǐbài」の他に「**周** zhōu」を使う人もいます。（月曜日＝**周一** zhōu yī　火曜日＝**周二** zhōu èr　水曜日＝**周三** zhōu sān　木曜日＝**周四** zhōu sì　金曜日＝**周五** zhōu wǔ　土曜日＝**周六** zhōu liù　日曜日＝**周日** zhōu rì）

時間帯の表わし方

また，日本でも一日を午前・正午・午後というふうに分けたり，朝と夜（晩）と言ったりしますが，中国にもそういった言い方があるので，これも覚えておきましょう。

早上 zǎoshang（朝）　　**晩上** wǎnshang（夜）

「**早上好。** zǎoshang hǎo.」（おはよう）や「**晩上好。** wǎnshang hǎo.」（こんばんは）のあいさつと一緒に覚えてしまいましょう！

上午 shàngwǔ（午前）　　**中午** zhōngwǔ（正午）　　**下午** xiàwǔ（午後）

「**午**」がもともと「お昼」という意味なので，お昼から時間的に過去なので「**上午**」には「**上**」，時間的に未来なので「**下午**」には「**下**」がついています。

時間の流れ　➡

上午	中午	下午
午前	正午	午後

| 白天 báitiān（昼間）| 傍晚 bàngwǎn（夕方）| 夜里 yèli（夜間）|

白く明るい日中だから「**白天**」，時間的に夕方は晩のすぐ傍なので「**傍晚**」，夜中だから「**夜里**」と覚えておきましょう！ 実際の「傍（そば）」という意味の語は「**旁边** pángbiān」です。「**里** li」には「中」という意味があり，これらは第5課で紹介しています。

 時刻・時間の長さをじっくりマスター！ 🎧 **014**

時刻（時点）

さらに時刻の読み方です。中国語の1時，2時…は，「時」の代わりに「**点（钟）** diǎn(zhōng)」が使われます。

一点（钟）   **两点（钟）**   **三点（钟）**…
yī diǎn(zhōng)   liǎng diǎn(zhōng)   sān diǎn(zhōng) ...

1時や2時といったちょうどの時間以外は，次のように表わします。

1:02	**一点零二分** （0〔**零** líng〕を発音します。）	Yī diǎn líng èr fēn
1:15	**一点一刻**	Yī diǎn yí kè
	一点十五分	Yī diǎn shíwǔ fēn
1:30	**一点半**	Yī diǎn bàn
	一点三十分	Yī diǎn sānshí fēn
1:45	**一点三刻**	Yī diǎn sān kè
	一点四十五分	Yī diǎn sìshiwǔ fēn
1:57	**一点五十七分**	Yī diǎn wǔshiqī fēn
	差三分两点	Chà sān fēn liǎng diǎn
3:05	**三点过五分**	Sān diǎn guò wǔ fēn

1:57 **差三分两点**→「**差**〜**分**」は時間の前に置き，「〜分前」を表わします。
3:05 **三点过五分**→「**过**〜**分**」は時間の後ろに置き，「〜分過ぎ」を表わします。

また，何時何分と尋ねるときには，「**几点几分?** Jǐ diǎn jǐ fēn?」と言いますが，実際は，「**现在几点?** Xiànzài jǐ diǎn?」（今，何時？）がよく使われます。

時間の長さ（時量）

「1 時」「2 時」といった時間の他に時間の長さ（量）を表わす言い方があり，それらはまた別の言い方をします。日本語で言うところの「1 時間」「2 時間」という言い方のことです。

①～秒間，～分間の場合は～秒，～分と同じ表現です。ただし，2 秒間や 2 分間を表わすときは「**两** liǎng」を使って，「**两秒，两分**」と表わします。

1秒，1秒間	一秒	yì miǎo
1分，1分間	一分	yì fēn
15分，15分間	一刻	yí kè

※ 2 秒 …… 二秒　èr miǎo
　 2 秒間 …… **两秒**　liǎng miǎo
　 2 分 …… 二分　èr fēn
　 2 分間 …… **两分**　liǎng fēn

②～日間，～週間，～か月間，～年間の場合は，表現がおのおので違ってきます。ただし，～秒間，～分間の場合と同じく，2 日間や 2 か月間を表わすときは「**两** liǎng」を使って，「**两天，两个月**」と表わします。

2時	两点	liǎng diǎn	
2時間	两（个）小时	liǎng (ge) xiǎoshí	＊**两个小时，两个钟头**は同じ意味です。
	两个钟头	liǎng ge zhōngtóu	
1日	一号	yī hào	
2日間	两天	liǎng tiān	
第1週	第一周	dì yī zhōu	
2週間	两（个）星期	liǎng (ge) xīngqī	＊（ ）内に入っている「**个**」は省略可能です。
1月	一月	yī yuè	
2か月間	两个月	liǎng ge yuè	
一年目	第一年	dì yī nián	
2年間	两年	liǎng nián	

お金の表現はなんと2種類！ 🎧 **015**

中国語では，お金の数え方が話し言葉と書き言葉で違います。大変ですが，中国で生活していく上で必要ですので，ぜひ覚えましょう！

話し言葉では　**一块** ＝ **十毛** ＝ **一百分**
　　　　　　　yí kuài　　shí máo　　yìbǎi fēn

書き言葉では　**一元（圓）**＝ **十角** ＝ **一百分**
　　　　　　　yì yuán　　shí jiǎo　　yìbǎi fēn

※人民元の価値は，日本円と比較して1元あたり約19円です（2023年現在，これに手数料が1〜2円かかります）。

 昨日，今日，明日などの言い方をマスター！ 🎧 **016**

今日や明日などを言うときには「**天** tiān」を使って表わし，週や月の場合は過去にさかのぼるごとに「**上** shàng」，未来へ進むごとに「**下** xià」がつきます。

＊**（个）**は省略可能。

	日	週	月	年
過去 ↓	**前天** qiántiān おととい	**上上（个）星期** shàngshàng (ge) xīngqī 先々週	**上上（个）月** shàngshàng (ge) yuè 先々月	**前年** qiánnián おととし
	昨天 zuótiān 昨日	**上（个）星期** shàng (ge) xīngqī 先週	**上（个）月** shàng (ge) yuè 先月	**去年** qùnián 昨年
	今天 jīntiān 今日	**这（个）星期** zhè (ge) xīngqī 今週	**这（个）月** zhè (ge) yuè 今月	**今年** jīnnián 今年
	明天 míngtiān 明日	**下（个）星期** xià (ge) xīngqī 来週	**下（个）月** xià (ge) yuè 来月	**明年** míngnián 来年
未来	**后天** hòutiān あさって	**下下（个）星期** xiàxià (ge) xīngqī 再来週	**下下（个）月** xiàxià (ge) yuè 再来月	**后年** hòunián 再来年

7 数字の読み方規則に注意しよう！ 🎧 017

❶ 「一 yī」の声調

　「一」の発音はもともと第一声 yī で，単に数を読みあげるとき（一，二，三 …）や序数（**第一**，**一月**など）の場合や言葉の後ろ側につくとき（「**唯一** wéiyī」〔唯一の〕など）は第一声で読みますが，「**一片** yí piàn」のように第四声が後に続くときは第二声，第四声以外が後に続くときは，第四声になります。

　説明だけを読むとわかりにくいですが，次のように考えてください。

▎**基本**▎

　一 yī

▎**第一声～第三声**▎　　　　　　　　　　　　　　※①〜④は第一声〜第四声の意味

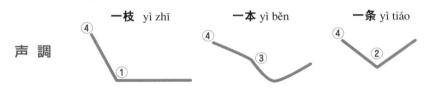

第四声の次に第一声〜第三声の場合はつながりやすいですが，

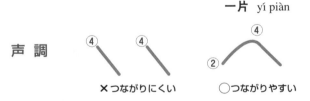

　このように，後ろの第四声につながりやすいよう「一」の声調は第二声になります。

❷ 零の発音について

　100「**一百**」や1000「**一千**」のような「0 の連続」の右横に 0 以外の数字がこない場合はそのまま読みますが，101，1010，100100 など「0 の連続」の右横に 0 以外の数字がきた場合は，0 が何個連続していても 1 回だけ零 líng を読みます。101000 など位が変わったときは「**十万一千**」というふうに零はつけません。100100 の場合は千の位を抜かしているので**十万零一百** shíwànlíngyìbǎi と，零をつけます。

例	101	一百零一 yìbǎilíngyī	1010	一千零一十 yìqiānlíngyìshí
	100100	十万零一百 shíwànlíngyìbǎi	1100	一千一百 yìqiānyìbǎi
	101000	十万一千 shíwànyìqiān《位が変わった場合》		

③ 二と两の使い分け

P21，22で紹介した「**两** liǎng」ですが，他にも量詞（本課の最後で紹介します）や距離，重さの単位のときに使われます。

例	2つの問題	**两个问题** liǎng ge wèntí	2 km	**两公里** liǎng gōnglǐ
	2本の傘	**两把雨伞** liǎng bǎ yǔsǎn	2 kg	**两公斤** liǎng gōngjīn

 大体の数を述べる表現をマスター！ 🎧 **018**

日本語でも大雑把な表現を使うことがよくありますが，中国語での表現の仕方を以下に紹介しておきます。

前后 qiánhòu	日時や行事
左右 zuǒyòu	「〜くらい」「〜ほど」数量詞と
上下 shàngxià	年齢や身長体重など

例：**春节前后**（春節前後）　　**十五分左右**（15分前後）　　**六十公斤上下**（60 kg前後）
　　Chūnjié qiánhòu　　　　shíwǔ fēn zuǒyòu　　　lìushí gōngjīn shàngxià

その他に，「十何個」「十ちょっと」「4か月ほど」のような言い方もあります。

十何個	**十几个** shí jǐ ge	十ちょっと	**十多个** shí duō ge
何百個	**几百个** jǐ bǎi ge	4か月ほど	**四个来月** sì ge láiyuè

基本の量詞を名詞との組み合わせでマスター！ 🎧 **019**

　中国語では，日本語の「匹」や「冊」などと同じように，数字と名詞の間に量詞を入れる必要があります。また，「この」「あの」というときも，「**这本书**」「**那座山**」というように量詞を入れなければなりません。そのうちの主なものを挙げておきますので，覚えておきましょう。

　ただ中国語は，日本語と似ていて，「わざわざ《数詞＋量詞》をつけることは多くない」ということが重要です。英語では "a" や "the" をつけることに気をつけますが，中国語は「**读书** dú shū」（本を読む）が一般的で，「**读一本书** dú yì běn shū」（1冊の本を読む）という言い方は，特に「何冊か」を知らせたいときにしか使いませんので，注意してください。下記に挙げる量詞は特に重要です。

个 ge	〜個《人にも使う》	问题 wèntí（問題），**人** rén（人）
把 bǎ	握りのあるもの	雨伞 yǔsǎn（傘），**菜刀** càidāo（包丁）
本 běn	〜冊，書物	书 shū（本），**词典** cídiǎn（辞書）
架 jià	〜台，機械など	照相机 zhàoxiàngjī（カメラ），**飞机** fēijī（飛行機）
件 jiàn	事柄，品物，衣服など	事 shì（こと），**衣服** yīfu（服）
辆 liàng	車など乗り物	车 chē（車），**自行车** zìxíngchē（自転車）
枝 zhī	細長い棒状のもの	烟 yān（タバコ），**铅笔** qiānbǐ（鉛筆）
片 piàn	薄い断片状のもの	肉 ròu（薄切りの肉）
块 kuài	かたまり状のもの	肉 ròu（かたまりの肉）
位 wèi	敬意をこめて人に	客人 kèrén（お客），**老师** lǎoshī（先生）
条 tiáo	細長いもの	裤子 kùzi（ズボン），**鱼** yú（魚）
张 zhāng	表面が平らなもの	纸 zhǐ（紙），**桌子** zhuōzi（机）
只 zhī	小動物	狗 gǒu（犬），**猫** māo（猫）
座 zuò	ずっしりしたもの	山 shān（山）
副 fù	左右が同じで対になっているもの	眼镜 yǎnjìng（メガネ）
对 duì	左右が別で対になっているもの	夫妻 fūqī（夫婦）
双 shuāng	対で存在するもの	鞋 xié（靴），**筷子** kuàizi（お箸）
棵 kē	植物類	树 shù（樹木），**草儿** cǎor（草）

　みなさんいかがでしょう。これらは「**一本书** yì běn shū」のように，名詞と組み合わせると簡単に覚えることができます。また，「**个** ge」は日本語の「個」にあたりますので，買い物の際に量詞がわからなければ，これを使ってみるのも一つの手でしょう。

名詞と組み合わせて覚えましょう！

1. **一个人** yí ge rén（ひとり）
2. **一本书** yì běn shū（1 冊の本）
3. **这位老师** zhè wèi lǎoshī（こちらの先生）
4. **这条路** zhè tiáo lù（この道）
5. **这张纸** zhè zhāng zhǐ（この紙）
6. **一只猫** yì zhī māo（1 匹のネコ）
7. **两双筷子** liǎng shuāng kuàizi（2 膳の箸）

今日の **P**oint

1. 100 や 1000 の場合も「一」は必ず発音する。
2. 「2 時間」などの時間の量や量詞の前では「二」の代わりに「**两**」を使う。（詳しい規則は本文参照）
3. 「一」の発音は後ろの語の声調によって変化する。
4. 1001 など，0 が入った数字には「**一千零一**」など，「**零**」を発音する。（詳しい規則は本文参照）
5. 数量詞は特に「何個か，何冊か」を知らせたいときに使う。

本課の最重要単語（数量詞・時間を表わす言葉）

零 líng	0	八 bā	8
一 yī	1	九 jiǔ	9
二 èr	2	十 shí	10
两 liǎng	2つ	二十 èrshí	20
三 sān	3	百 bǎi	百
四 sì	4	千 qiān	千
五 wǔ	5	万 wàn	万
六 liù	6	亿 yì	億
七 qī	7	万亿 wànyì	兆

几 jǐ	いくつ《10以下を聞く》	号 hào	～日《口》
*多少 duōshao	いくつ《10以上を聞く》	星期 xīngqī	～週，曜日
年 nián	年	礼拜 lǐbài	～週《口》
月 yuè	～月	周 zhōu	～週（間）
日 rì	～日《文》		

早上 zǎoshang	朝	下午 xiàwǔ	午後
晚上 wǎnshang	夕方，晚	白天 báitiān	昼間
上午 shàngwǔ	午前	傍晚 bàngwǎn	夕方
中午 zhōngwǔ	正午	夜里 yèli	夜

点（钟）diǎn(zhōng)	～時	过 guò	～すぎ
		现在 xiànzài	今，現在
分 fēn	～分	秒 miǎo	～秒
刻 kè	15分	小时 xiǎoshí	～時間
差 chà	（～分）前	钟头 zhōngtóu	～時間《口》

块 kuài	塊《単位》	元 yuán	元《単位》
毛 máo	毛《単位》	角 jiǎo	角《単位》
分 fēn	分《単位》		

天 tiān	日《一日》	今天 jīntiān	今日
*大前天 dàqiántiān	さきおととい	明天 míngtiān	明日
		后天 hòutiān	あさって
前天 qiántiān	おととい	*大后天 dàhòutiān	しあさって
昨天 zuótiān	昨日		

28

上上（个）星期 shàngshàng (ge) xīngqī	先々週	**上上（个）月** shàngshàng (ge) yuè	先々月
上（个）星期 shàng (ge) xīngqī	先週	**上（个）月** shàng (ge) yuè	先月
这（个）星期 zhè (ge) xīngqī	今週	**这（个）月** zhè (ge) yuè	今月
下（个）星期 xià (ge) xīngqī	来週	**下（个）月** xià (ge) yuè	来月
下下（个）星期 xiàxià (ge) xīngqī	再来週	**下下（个）月** xiàxià (ge) yuè	再来月

*大前年 dàqiánnián	さきおととし	**明年** míngnián	来年
		后年 hòunián	再来年
前年 qiánnián	おととし	***大后年** dàhòunián	再来年の次の年
去年 qùnián	去年		
今年 jīnnián	今年		

个 ge	～個《人にも使う》	**条** tiáo	細長いもの
把 bǎ	握りのあるもの	**张** zhāng	表面が平らなもの
本 běn	～冊，書物	**只** zhī	小動物
架 jià	～台，機械など	**座** zuò	ずっしりしたもの
件 jiàn	事柄，品物，衣服など	**副** fù	左右が同じで対になっているもの
辆 liàng	車など乗り物		
枝 zhī	細長い棒状のもの	**对** duì	左右が別で対になっているもの
片 piàn	薄い断片状のもの		
块 kuài	かたまり状のもの	**双** shuāng	対で存在するもの
位 wèi	敬意をこめて人に	**棵** kē	植物類

＊マークの単語は本課では紹介していませんが，リストに掲載しています。

① 中国語と日本語の名詞の違いは？　　🎧 020

第2課では数字について学びました。第3課では中国語の名詞について学びましょう。中国語の名詞には，日本語の名詞とそっくりなものも全く違うものもあります。

A. 日本語と漢字が同じもの

学生 xuésheng	学生	
日本 Rìběn	日本	
生活 shēnghuó	生活	

B. 日本語と漢字が似ているもの

天气 tiānqì	天気	
台风 táifēng	台風	
电车 diànchē	電車	

C. 日本語と漢字が同じ（または似ている）だが，意味が違うもの

先生 xiānsheng	～さん，《自分の夫または人の夫に対する称で》主人
工作 gōngzuò	仕事
大家 dàjiā	みんな

　　上部Aの枠内にある名詞は，日本の名詞と同じ漢字，同じ意味を持つものです。Bの枠内にある名詞は，日本語の名詞より簡単にされた漢字（**简体字** jiǎntǐzì〔簡体字〕）から成っています。Cの枠内にある名詞は，日本で使われている名詞とは意味が違うものです。間違って日本語の意味で理解しないように気をつけましょう。

▌冠詞や複数のsはいらない▐

　　英語では，名詞の前にaやtheをつけるか，複数の場合はsをつけるなど複数形にする必要がありましたが，中国語は日本語と同じく，変化させる必要はありません。

指示代詞

　中国語では「これ」「あれ」を表わす代名詞のことを指示代詞といい,「私」や「彼」などを表わす代名詞のことを人称代詞といいます。下に英語・日本語・中国語を併記した表で示しておきますので, 英語の学習と同じように覚えていくとよいでしょう。

	近　称	遠　称	疑　問
単数	**这** zhè/zhèi **这个** zhège/zhèige this（これ・この）	**那** nà/nèi **那个** nàge/nèige that（あれ・あの）	**哪** nǎ/něi **哪个** nǎge/něige which（どれ・どの）
複数	**这些** zhèxiē/zhèixiē these（これら）	**那些** nàxiē/nèixiē those（あれら）	**哪些** nǎxiē/něixiē which（どれ・どの）

では, これらを使った例文を見てみましょう。

> **这是铅笔。**　　これは鉛筆です。
> Zhè shì qiānbǐ.
> This is a pencil.
> 　　＊"是" は英語の be 動詞にあたり,「(…は) 〜です」を表わします。(→第4課②参照)
>
> **那些是手表。**　　あれらは腕時計です。
> Nàxiē shì shǒubiǎo.
> Those are watches.
>
> **那个房子**　　あの家
> nàge fángzi
> that building
>
> **哪个本子**　　どのノート
> nǎge běnzi
> which notebook

　第2課で「今週」の中国語訳に「**这** zhè」が使われていたのを覚えていますか？あの「**这（个）星期** zhè(ge) xīngqī」という言い方も,「この週」という意味から生ずるものです。

人称代詞

次に,「私」や「あなた」,「彼」といった人称代詞を紹介します。人称代詞は主格・目的格で同じものを使います。人称代詞を使った文は,次の第4課で多数紹介しますので,ここでは軽く,どういった文の並びになるのかを見ておきましょう。

	単　数	複　数
一人称	**我** wǒ（私）	**我们** wǒmen（私たち） **咱们** zánmen 　　（〈相手を含めた〉私たち）
二人称	**你** nǐ（あなた） **您** nín（あなた〈敬称〉）	**你们** nǐmen（あなたたち）
三人称	**他** tā（彼） **她** tā（彼女） **它** tā（それ）	**他们** tāmen（彼ら） **她们** tāmen（彼女ら） **它们** tāmen（それら）

我去中国。　　私は中国に行きます。
Wǒ qù Zhōngguó.
I will go to China.

＊時制に注意！

她教我们汉语。　　彼女は私たちに中国語を教えています。
Tā jiāo wǒmen Hànyǔ.
She teaches us Chinese.

它喝牛奶。　　それ（それ＝例えば,猫など）は牛乳を飲みます。
Tā hē niúnǎi.
It drinks milk.

＊中国語では,英語の"it"と同じように,動物に対しても,ものに対しても「它 tā」を使います。

　人称代詞の所有格は「**的** de」（〜の）をつけて「**我的** wǒ de」（私の）,「**他们的** tāmen de」（彼らの）のようにします。「**的**」の後に名詞をつけて「**我的衣服** wǒ de yīfu」（私の服）となります。名詞をつけずに「**她的** tā de」のままで「〜のもの（この場合は『彼女のもの』）」という意味を持たせることもできます。「**的**」については,第4課や第6課で詳しく説明します。

今日のPoint

1. 日本語の漢字と中国語の漢字の意味は同じものもあれば，違うものもある。

2. 中国語では，英語でいう冠詞や複数のsはいらない。

3. 代名詞は主格も目的格も同じで，人称代詞の所有格は「的」をつけて「我的」「你的」とするだけ。これだけで「～のもの」という意味もある。

本課の最重要単語（指示代詞・人称代詞）

这 zhè	この	**我** wǒ	私
这个 zhège/zhèige	これ	**我们** wǒmen	私たち
这些 zhèxiē	これら	**咱们** zánmen	私たち《相手を含む》
那 nà	あの	**你** nǐ	あなた
那个 nàge/nèige	あれ	**你们** nǐmen	あなたたち
那些 nàxiē	あれら	**您** nín	あなた《敬称》
哪 nǎ	どれ	**他** tā	彼
哪个 nǎge	どの	**他们** tāmen	彼ら
哪些 nǎxiē	どれ《複》	**她** tā	彼女
		她们 tāmen	彼女ら
		它 tā	それ
		它们 tāmen	それら

本課の新出重要単語

学生 xuésheng	学生	**手表** shǒubiǎo	腕時計
日本 Rìběn	日本	**房子** fángzi	家
生活 shēnghuó	生活	**本子** běnzi	ノート
天气 tiānqì	天気	**去** qù	行く
台风 táifēng	台風	**中国** Zhōngguó	中国
电车 diànchē	電車	**教** jiāo	教える
先生 xiānsheng	～さん，《自分の夫または人の夫に対する称で》主人	**汉语** Hànyǔ **中文** Zhōngwén	中国語
工作 gōngzuò	仕事	**喝** hē	飲む
大家 dàjiā	みんな	**牛奶** niúnǎi	牛乳
铅笔 qiānbǐ	鉛筆		

　中国語では，英語と同じく《S（主語）＋ V（動詞）＋ O（目的語）》という語順で文を作ります。中国語には英語のような三単元の s に相当するものはありません。単純に《主語＋動詞＋目的語》で文章を作ることができるのです。英語と比較しながら見てみましょう。

注）ここでは，文構造を比較するため，時制は考慮していません。

中国の基本文型	
S（主語）＋ V（動詞）	英語の第 1 文型にあたる
S（主語）＋ V（動詞）＋ O（目的語）	英語の第 3 文型にあたる
S（主語）＋ V（動詞）＋ O（目的語）＋ O（目的語）	英語の第 4 文型にあたる

* 英語の第 2 文型にあたる《S ＋ V ＋ C》は形容詞を含みますので，第 6 課で説明します。また，英語の第 5 文型《S ＋ V ＋ O ＋ C》は，**"我叫他小李。Wǒ jiào tā xiǎo Lǐ."**（私は彼を李くんと呼びます）という文が代表例ですが，leave や find など，英語では第 5 文型をとる動詞も，中国語では第 5 文型をとらないものも多くありますので，注意が必要です。

① 一般動詞の文型　日中英徹底比較！ 🎧 **022**

┃肯定文の作り方①〜《S ＋ V》┃

彼らは来る。
他们 来。　　Tāmen lái.
主語　動詞

 構造は同じ！！

They come.
主語　動詞

　「だれ［何］がどうする」のように，動作・行為を述べる文を「動詞述語文」といいます。英語の第 1 文型にあたる肯定文は，《主語＋動詞》の語順で作ります。

她唱。　　彼女は歌います。
Tā chàng.
She sings.

我们游泳。　　私たちは泳ぎます。
Wǒmen yóuyǒng.
We swim.

肯定文の作り方②～《S＋V＋O》

あなたは学校に行きます。
你 去 学校。 Nǐ qù xuéxiào.
主語 動詞 目的語

You go to school.
主語 動詞 目的語

英語の第3文型にあたる肯定文は，《主語＋動詞＋目的語》の語順で作ります。語順は英語と同じになります。これが基本となりますので，よく覚えておきましょう。

她爱他。 彼女は彼を愛しています。
Tā ài tā.
She loves him.

我们学习汉语。 私たちは中国語を学習します。
Wǒmen xuéxí Hànyǔ.
We study Chinese.

＊**学习** xuéxí：学習する，**学** xué：学ぶ　意味はほぼ同じ！

我有词典。 私は辞書を持っています。
Wǒ yǒu cídiǎn.
I have a dictionary.

肯定文の作り方③～《S＋V＋O＋O》

私は彼らに英語を教えています。
我 教 他们 英语。 Wǒ jiāo tāmen Yīngyǔ.
主語 動詞 目的語1 目的語2

↓

I teach them English.
主語 動詞 目的語1 目的語2

英語の第4文型にあたる肯定文は，《主語＋動詞＋目的語1＋目的語2》の語順で作ります。語順は英語と同じになります。

「教える」「（ものを）あげる」などの動詞は，目的語を二つもつことができ，目的語1を「間接目的語」，目的語2を「直接目的語」といいます。

他们给我一个苹果。 彼らは私にリンゴを1つくれます。
Tāmen gěi wǒ yí ge píngguǒ.
They give me an apple.

　ここまで文型を見てみると，中国語は英語とそっくりなことがわかりました。では，中国語は英語と同じように考えても大丈夫なのでしょうか？　実は中国語には，日本語に似た部分が多くあります。それらを次に見ていきましょう。

1. **現在形と未来形**：英語では現在形と未来形ははっきり区別され，will や be going to などがあれば未来形とみなしますが，中国語では区別しません。「わかりにくいなぁ。」と思った方，日本語もわざわざ「～するつもり」と言わないことの方が多くありませんか？　日本語でも，「明日洗濯します。」のように未来を表わす助動詞が特に入らないのと同じく，中国語でも「**我明天洗衣服。**Wǒ míngtiān xǐ yīfu.」と言うのです。

2. **返答の仕方，主語の有無**：英語では相手の問いに答えるとき，主に "Yes." や "No." で答えますが，中国語で返事をするときには，動詞をそのまま用いて肯定の意味を表わしたり，《否定語句＋動詞》で否定の意味を表わしたりして返事をします。例えば，英語では，"Do you go to the hospital?"（あなたは病院へ行きますか）という問いには，"Yes." や "No." で大丈夫です。ところが中国語では，「**你去医院吗?** Nǐ qù yīyuàn ma?」という問いには，「**去。**Qù.」や「**不去。**Bú qù.」のように返します。また，英語で主語にくるのは必ず動作の主体でしたが，中国語では返事などする際に，特に「だれが」を言及しなくてもわかる場合は主語を省略することもあります。ただ，やはり日本語の方が頻繁に主語を省略する言語だと言えるでしょう。

　以上，中国語の語順を見てきましたが，時間や場所を表わす言葉はどこに置けばいいのかを，日本語・英語の基本語順との比較で見てみましょう。

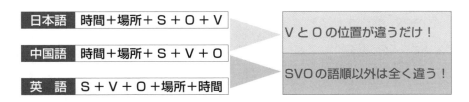

日本語	時間＋場所＋S＋O＋V
中国語	時間＋場所＋S＋V＋O
英　語	S＋V＋O＋場所＋時間

VとOの位置が違うだけ！

SVOの語順以外は全く違う！

＊ただし，日本語はVが最後にくること以外はかなり自由度が高い。

否定文は英語のよう

否定文を作るときには, 動詞の前に「**不** bù」を置きます。動詞が所有を表わす「**有** yǒu（持っている）」のときは「**没** méi」を前に置きます。英語の not にあたります。

```
私はテレビを見ません。
我  不  看  电视。     Wǒ bú kàn diànshì.
   ～ない 動詞
      ↓
I don't watch TV.
  ～ない   動詞
```

他不知道那个。   彼はそれを知りません。
Tā bù zhīdào nàge.
He doesn't know that.

她没有孩子。   彼女には子どもはいません。
Tā méi yǒu háizi.
She doesn't have children.

＊ méi yǒu はふつう, méi you と軽声で発音されます。

また,「**有** yǒu」以外の一般動詞の場合も,「**不** bù」のほかに「**没（有）** méi(yǒu)」を使う否定文もあります。「**不**」と「**没（有）**」は, 次のように意味が違います。

不 bù	意志や習慣, これからの未来の否定に使用されます。
没（有） méi(yǒu)	動作やものごとがまだ行なわれていない・起こっていないことを表わし,「まだ～していない」という意味です。

次の例文で見てみましょう。
我不去美国。   私はアメリカには行きません。《意志》
Wǒ bú qù Měiguó.

我没（有）去美国。   私は（まだ）アメリカには行っていません。
Wǒ méi(yǒu) qù Měiguó.

37

我不看电视。 　　私は（普段）テレビを見ません。《習慣》

Wǒ bú kàn diànshì.

我没看电视。 　　私は（まだ／今・その時は）テレビを見ていません。

Wǒ méi kàn diànshì.

　つまり，「**不**」を使うと動詞を完全に否定してしまう形になりますが，「**没（有）**」では，時・場所などを限定した否定ということになります。また，「まだ」という意味を強く示したいときは，「**还没有** hái méiyou」のように「**还**」をつけます。

▌疑問文の作り方は日本語に似ている？ ▌

　Yes，No を尋ねる疑問文を作るには，文末に「**吗** ma」（〜か）をつけます。日本語の「〜ですか？」と似たような感覚で語尾を少し上げて発音しましょう。これは英語と違いますが，日本人にはわかりやすいと思います。

> 中日辞典を買いますか。
>
> **你买汉日词典吗?** 　　Nǐ mǎi Hàn-Rì cídiǎn ma?
>
>
>
> Will you buy a Chinese-Japanese dictionary?

　中国語では，Yes，No で答えるときは「（主語＋）動詞」または「（主語＋）否定語＋動詞」で答えます。主語は省略されるのが一般的です。

買います。	買いません。
（我）买。 (Wǒ) mǎi.	**（我）不买。** (Wǒ) bù mǎi.
Yes.	No.

　また，動詞の肯定形と否定形を並べると（**买＋不买＝买不买，有＋没有＝有没有**など），少し強調した語気の疑問文となります。

> 中日辞典を買いますか。
>
> **你买不买汉日词典?** 　　Nǐ mǎi bu mǎi Hàn-Rì cídiǎn?
>
> 　　　　　　　　　　＊肯定形と否定形を並べたときの「**不**」はふつう，軽声で発音されます。

　文末に「**吗** ma」をつけた疑問文と同じく，Yes，No で答えるときは「（主語＋）動詞」または「（主語＋）否定語＋動詞」で答えます。

買います。	買いません。
（我）买。(Wǒ) mǎi.	（我）不买。(Wǒ) bù mǎi.
Yes.	No.

「AかB」というふうに，二つ以上のものについてどちらかを尋ねる場合は，"A 还是 háishi B" とします。日本語の「それとも」，英語の "or" にあたります。

あなたが来るの？　それとも，彼が来るの？
你来，还是他来?　　Nǐ lái, háishi tā lái?

饅頭を食べる？　それともマントーを食べる？
你吃包子，还是吃馒头?　　Nǐ chī bāozi, háishi chī mántou?

　　　　＊包子は中にあんこや肉など具が入った饅頭型のもので，馒头は小
　　　　麦粉だけで作られたもの。

この受け答えも，前述の疑問文と同じように肯定文，または否定文の形で答えます。

私が来ます。	or	彼が来ます。
我来。Wǒ lái.		他来。Tā lái.

饅頭を食べます。	or	マントーを食べます。
吃包子。Chī bāozi.		吃馒头。Chī mántou.

② 英語の be 動詞にあたる，判断動詞「是 shì」をマスター！

　中国語にも英語の be 動詞にあたる動詞があり，それが判断動詞「是 shì」です。英語では is, am, are, was, were, be, been, being と変化しますが，中国語では変化はありません。

■ A は B である ■

　「A は B である」と表わすのに「A 是 B」という言い方をします。A is B の be 動詞の部分にあたります。

> 私は日本人です。
> **我是日本人。**　　Wǒ shì Rìběnrén.
> Ⓐ　Ⓑ
> ⬇
> I am Japanese.
> Ⓐ　Ⓑ

　　他是我的老师。　　彼は私の先生です。
　　Tā shì wǒ de lǎoshī.
　　He is my teacher.

■ 否定文 ■

　「A は B ではない」"A is not B" を作るには，前述の他の動詞と同じように，**是**の前に「**不**」をつけて，「**不是**」とします。**没是**とは言いません。

> 私は中国人ではありません。
> **我不是中国人。**　　Wǒ bú shì Zhōngguórén.
> Ⓐ　Ⓑ
> ⬇
> I am not Chinese.
> Ⓐ　　Ⓑ

　　他不是公司职员，是学生。　　彼はサラリーマンではなく学生です。
　　Tā bú shì gōngsīzhíyuán, shì xuésheng.
　　He isn't an office worker, (he) is a student.

「**A** は **B** ですか？ "Is A B?"」を作るには，前述の他の動詞と同じく，文末に「**吗** ma」をつけるか，肯定と否定を並べて「**是不是** shì bu shì」という形にします。答え方は**是**をそのまま用います。

あなたは留学生ですか。

你是留学生吗?　　Nǐ shì liúxuéshēng ma?
Ⓐ　Ⓑ

你是不是留学生?　　Nǐ shì bu shì liúxuéshēng?
Ⓐ　　Ⓑ

⬇

Are you a student from abroad?
　　　Ⓐ　Ⓑ

はい。	いいえ。
是。 Shì.	**不是**。 Bú shì.
Yes.	No.

③ 「なに」「どこ」の疑問文と，その答え方をマスター！（疑問詞疑問文）

🎧 **024**

　疑問詞が入る疑問文の場合も語順を変える必要はありません。語順は "SVO" ですが，日本語のように目的語の位置に入れるだけで OK です。また答えるときは，日本語でも「それは〜です。」とは言わずに「〜です。」だけですませてしまうのと同様，主語を省略して「**是**〜。」の形で OK です。例文で確かめてみましょう。

他的职业是什么? Tā de zhíyè shì shénme?	**是医生。** Shì yīshēng.
彼の職業は何ですか。	医者です。

你老家是哪儿的? Nǐ lǎojiā shì nǎr de?	**是大阪。** Shì Dàbǎn.
あなたの故郷はどこですか。	大阪です。

話し手側の気持ちを強調して伝えるときにも,「是」は用いられます。その場合,一般動詞の前に挿入します。

他是想买电视，不是想买电脑。

Tā shì xiǎng mǎi diànshì, bú shì xiǎng mǎi diànnǎo.

彼はテレビを買いたいのであって，パソコンを買いたいのではない。

 なんと動詞が省略できるパターンも！（「是」の省略） 🎧 **025**

年月日や居住地，年齢などの一定のことを目的語にとる名詞述語文では，「是 shì」は省略可能です。ただし否定する場合は，必ず「**不是 bú shì**」とする必要があります。

今天一月一号。　　今日は1月1日です。
Jīntiān yī yuè yī hào.

明天星期三。　　明日は水曜日です。
Míngtiān xīngqī sān.

他上海人。　　彼は上海出身です。
Tā Shànghǎirén.

━●ちょっと先取り（過去形について）●━

　中国語は正確には過去形がなく，完了形が過去形の代わりになっていますが，とりあえずのところは過去の「～だった。」を表わす場合は，動詞の後ろに「**了 le**」を入れると覚えてください。用法や，例にある目的語がついた場合についてなど，詳しくは第13課（P.124）で説明します。

　　例：**他来了。** Tā lái le.　彼が来ました。

　　　　我买了词典（了）。 Wǒ mǎile cídiǎn (le).　辞書を買いました。

5 日本語と同じで基本は前から説明！ (主述文＋「的 de」)

前課で述べたように「**的** de」は日本語の「～の」にあたります。詳しくは第6課で説明しますが，《名詞＋**的**＋名詞》（例えば，**我的学校**）のほかにも，《主述文"SV"＋**的**》（例えば，**你喝的啤酒** nǐ hē de píjiǔ あなたが飲んだビール）という表現もできます。こういう表現が可能なことから，日本語を習い始めの中国人が誤って「あなたが飲むのビール」としてしまうのでしょう。

这是<u>我喜欢的</u>音乐。	これは，私が好きな音楽です。
Zhè shì wǒ xǐhuan de yīnyuè.	

▌動詞の単語力をアップさせるには！ ▌

動詞を覚える際に，1文字だけから成るもの（例えば，**去，买，画**）を機械的に単体で覚えることは大変です。そこで，目的語を伴う「他動詞」については，目的語と一緒に覚えることをお勧めします。以下を見てください。

去中国	qù Zhōngguó	中国に行く	**来日本**	lái Rìběn	日本に来る
买东西	mǎi dōngxi	品物を買う	**听音乐**	tīng yīnyuè	音楽を聴く
画画儿	huà huàr	絵を描く	**喝酒**	hē jiǔ	酒を飲む
唱歌	chàng gē	歌を歌う	**读书**	dú shū	本を読む
给我	gěi wǒ	私にくれる	**念书**	niàn shū	(声を出して)読む
看电视	kàn diànshì	テレビを見る	**开车**	kāi chē	車を運転する

このように動詞と目的語（名詞）を組み合わせて覚えることで記憶効率はグンとアップします。ぜひこの方法で単語を増やしていきましょう！

1. 中国語の語順の基本は，《S＋V＋O》で，目的語を2つとる動詞は英語と同じく，《S＋V＋O＋O》の文型となる。

2. 動詞の否定文を作るときは，動詞の前に否定語の「**不**」「**没（有）**」をつける。

　　● "**不**"‥‥‥‥ 意志や習慣，これからの未来の否定に使用。

　　● "**没（有）**"‥‥ 動作やものごとがまだ行なわれていない・起こっていないことを表わす。

3. Yes，No を尋ねる疑問文を作るには文末に "**吗**" をつける。また，肯定形と否定形を並べると少し強調した語気の疑問文となる。返答は動詞そのままで「**来。**《肯定》」「**没来。**《否定》」のように答える。疑問詞が入っても語順はそのまま。

　　例：**这是什么?**（これは何ですか）

4. Aか B，というふうに2つ以上のものについてどちらかを尋ねる場合は，"**A还是B**" という形にする。

5. 「Aは Bである」という意味を表わすには，A is B のように「**A 是 B**」という言い方をする。また上記3同様，動詞の肯定形＋否定形で強調可能。返答は「**是。**」「**不是。**」で答える。

6. 年月日や居住地，年齢などの一定のことを目的語にとる，肯定文の名詞述語文では，「**是**」は省略可能。

　この課で一番大事なことは，「基本は "SVO" なので英語と同じだが，疑問文の作り方（語順が変わらない，最後に「**吗?**」をつけるなど），主語の省略も可能な点など，他は日本語と同じである」という点。英語と似ていると思うと間違いやすくなるので要注意！

本課の最重要単語（動詞）

来 lái	来る	买 mǎi	買う
唱 chàng	歌う	吃 chī	食べる
游泳 yóuyǒng	泳ぐ	是 shì	～である
爱 ài	愛する	想 xiǎng	思う
学 xué 学习 xuéxí	学ぶ	喜欢 xǐhuan	好きである
		画 huà	描く
有 yǒu	持っている	听 tīng	聴く
教 jiāo	教える	读 dú	読む
给 gěi	与える	念 niàn	（声を出して）読む
看 kàn	見る	开 kāi	運転する
知道 zhīdào	知っている		

本課の最重要単語（否定・疑問など）

不 bù	～ない	吗 ma	～ですか
没有 méiyǒu	（まだ）ない	什么 shénme	何
还是 háishi	それとも	哪儿 nǎr	どこ

本課の新出重要単語

学校 xuéxiào	学校	留学生 liúxuésheng	留学生
词典 cídiǎn	辞書	职业 zhíyè	職業
英语 Yīngyǔ	英語	医生 yīshēng	医者
苹果 píngguǒ	リンゴ	老家 lǎojiā	故郷
电视 diànshì	テレビ	大阪 Dàbǎn	大阪
孩子 háizi	子ども	电脑 diànnǎo	パソコン
美国 Měiguó	アメリカ	上海人 Shànghǎirén	上海人
包子 bāozi	饅頭		
馒头 mántou	マントー	音乐 yīnyuè	音楽
日本人 Rìběnrén	日本人	东西 dōngxi	品物，もの
老师 lǎoshī	先生	画儿 huàr	絵
中国人 Zhōngguórén	中国人	歌（儿）gē(r)	歌
		酒 jiǔ	酒
公司职员 gōngsīzhíyuán	会社員	书 shū	本
		车 chē	車

　中国語では「存在」を表わす動詞は 3 種類あり，英語でいうところの There is[are] 〜．構文や be 動詞，日本語では「〜にいます。」「〜にあります。」にあたります。SVO という構造は英語と同じですが，基本は日本語の語順に似ていると考えることができます。

> 存在を表わす **3** 大動詞「**有** yǒu」，「**在** zài」，「**是** shì」！

1 「…《場所》に〜がある［いる］」を表わす「有 yǒu」！

🎧 **027**

有 yǒu	前課でも出てきた「所有」を表わす動詞（→ 37 ページ参照）ですが，「存在」を表わす際にもよく使われます。

「…〔場所〕に〜がある［いる］」を表わすには，「有 yǒu」を使って，

> 場所 + 有 yǒu + もの・人

の語順になります。例を挙げてみましょう。

书架上 有 一本词典。　　Shūjiàshang yǒu yì běn cídiǎn.
<u>場所</u>　　　　<u>もの</u>

<u>本棚の上</u>に 1 冊<u>辞書</u>があります。

屋子里有人。　　　部屋の中に人がいます。
Wūzili yǒu rén.

　「ある場所（…の上，…の中など）に〜がある［いる］」という意味になりますので，英語の There is[are] 〜．構文にあたります。注意することは，「**有**」のあとの名詞は「特定されていないもの（英語でいう不定冠詞 a がつくもの）」のみということです。

また，英語で In the box has... という表現は間違いですが，中国語では《**名詞+方位詞**（上や中などの位置を表わす言葉。英語の on や in にあたる）》という形で，あたかも一つの名詞のように扱われ，主語として機能することもポイントの一つです。

英語	中国語	
in the box	**箱子里**　（箱の中） xiāngzili	
	盒子里　（小さな箱の中） hézili	

＊「里」「上」などの方位詞はふつう，軽声で発音されます。

桌子上有杂志。　　机の上に雑誌があります。
主語

Zhuōzishang yǒu zázhì.

このように，「～の中」という意味を付加するには，「**里** li」を名詞の後ろにつけます。「～の上」という意味を付加するときは，「**上** shang」を名詞の後ろにつけます。

屋子里 wūzili	部屋の中	**床上** chuángshang	ベッドの上
家里 jiāli	家の中	**椅子上** yǐzishang	椅子の上
冰箱里 bīngxiāngli	冷蔵庫の中		

🎧 **028**

（2） 「…《もの・人》は～にある [いる]」を表わす「**在** zài」！

在 zài	漢字の意味のとおり，「存在」を表わす動詞。 これは，英語では be 動詞にあたり，日本語の「～にいます。」「～にあります。」の意味です。

「…〔もの・人〕は～〔場所〕にある [いる]」と表わすには，「**在** zài」を使って，

もの・人 + 在 zài + 場所

の語順になります。例を挙げてみましょう。

她 在 家里。　　　"在"の後には必ず場所がくる！！
　人　　場所
Tā zài jiāli.

彼女は家の中にいます。
She is at home.

现在我们在大阪。　　Xiànzài wǒmen zài Dàbǎn.

今，私たちは大阪にいます。

姐姐和妹妹在图书馆。　　Jiějie hé mèimei zài túshūguǎn.

姉と妹は図書館にいます。

「**在** zài」の前にくる人やものは，すでに話題になっていて「特定されているもの」がきます（英語でいう定冠詞 the がつくもの，代名詞，固有名詞）。

③ 「…にある［いる］のは～です」を表わす「是 shì」！ 🎧**029**

是 shì	「A は B である。(A = B)」という関係を表わす一方，「存在」の意味も持っている動詞です。これも英語の be 動詞にあたります。

「…〔場所〕にある［いる］のは～です」と表わすには，「是 shì」を使って，

場所 + 是 shì + もの・人

の語順になります。この語順を見て，アレ？と思われたかもしれません。そうです，

この場合も場所を表わす言葉は「**有** yǒu」と同じく前にきて，《S〔場所〕＋**是** shì ＋O〔もの・人〕》という語順になります。それでは「**有**」とは何が違うのでしょう？

「存在」を表わす「**有**」は，単に人やものが「あるところ」に存在するということを表わしますが，「**是**」の場合は，話し手は「あるところ」にだれか〔何か〕が存在することを知っていて，それがだれ〔何〕なのかを説明するときに使います。例を挙げてみましょう。

西边儿是书店。　　Xībiānr shì shūdiàn.

西側(にあるの)は書店です。

旁边儿是刘先生。　　Pángbiānr shì Liú xiānsheng.

隣(にいるの)は劉さんです。

＊"**旁边（儿）** pángbiān(r)" は「そば，となり」。

■ 場所代名詞一覧（場所を表わす代名詞のまとめ）

近称（ここ）	遠称（そこ，あそこ）	疑問（どこ）
这儿 zhèr **这里** zhèli here	**那儿** nàr **那里** nàli there	**哪儿** nǎr **哪里** nǎli where

＊**这儿**と**这里**など，「〜儿」「〜里」は意味・用法に特に違いはありません。

我在这儿。 Wǒ zài zhèr.　私はここにいます。

（你）在哪儿? (Nǐ) zài nǎr?　（あなたは）どこにいますか。

他在那儿。 Tā zài nàr.　彼はあそこにいます。

（你）来这儿！ (Nǐ) lái zhèr!　ここに来なさい！

去那儿！ Qù nàr!　あっちに行け！

■ 方位詞一覧（縦の列と横の行で交わっているところの言葉が方位詞です）

	边（儿）biān(r)	头 tóu	面（儿）miàn(r)	方 fāng
上 shàng（うえ）	**上边（儿）** 上の方，上，表面	**上头** 上	**上面（儿）** 上，上の方	
下 xià（した）	**下边（儿）** 下の方，下	**下头** 下	**下面（儿）** 下，下の方	
里 lǐ（なか）	**里边（儿）** 中，内側	**里头** 内側，中	**里面（儿）** 内側，中	
外 wài（そと）	**外边（儿）** 外，（物の）表面，外側	**外头** 外，外側	**外面（儿）** 外，外側	
前 qián（まえ）	**前边（儿）** 前，前の方	**前头** 前，前方，先	**前面（儿）** 前方，前面，前側	**前方** 前方，前面
后 hòu（うしろ）	**后边（儿）** 後ろ	**后头** 後ろ，後方	**后面（儿）** 後ろ，後方，後側	**后方** 後ろ
左 zuǒ（ひだり）	**左边（儿）** 左側，左		**左面（儿）** 左側，左	**左方** 左の方
右 yòu（みぎ）	**右边（儿）** 右側，右		**右面（儿）** 右側，右	**右方** 右の方
东 dōng（ひがし）	**东边（儿）** 東，東側		**东面（儿）** 東側	**东方** 東の方
西 xī（にし）	**西边（儿）** 西，西側		**西面（儿）** 西側	**西方** 西の方
南 nán（みなみ）	**南边（儿）** 南，南側		**南面（儿）** 南側	**南方** 南の方
北 běi（きた）	**北边（儿）** 北，北側		**北面（儿）** 北側	**北方** 北の方

＊ 「边」「头」「面」の意味はほぼ同じです。
＊ 「边」「头」「面」「方」はふつう，軽声で発音されます。
＊ 「边」を「边儿」，「面」を「面儿」にしても意味は同じです。

　それでは，上記の方位詞を使った例文をチェックしてみましょう！

　　我家在大学南边儿。　　私の家は大学の南側にあります。
　　Wǒ jiā zài dàxué nánbianr.

这个房间里面凉快。　　この部屋の中は涼しい。
Zhège fángjiān lǐmian liángkuai.

邮局前头有书店。　　郵便局の前に本屋があります。
Yóujú qiántou yǒu shūdiàn.

超市北边儿是银行。　　スーパーマーケットの北側にあるのが銀行です。
Chāoshì běibianr shì yínháng.

医院东边儿有便利店。　　病院の東側にコンビニがあります。
Yīyuàn dōngbianr yǒu biànlìdiàn.

 4 存在・出現・消失を表わす文を見てみよう！（存現文） 🎧 **030**

1 では「**有** yǒu」の使い方を学びましたが，このほかにも「存在」を表わす動詞，「出現」や「消失」を表わす動詞もあり，それらを使った構文のことを存現文と呼びます。

存在 **教室里放着书包。** Jiàoshìli fàngzhe shūbāo.
　　教室にはカバンが置いてある。

出現 **天上出现满月了。** Tiānshàng chūxiàn mǎnyuè le.
　　空に満月が現れた。

消失 **去年姐姐死了。** Qùnián jiějie sǐ le.
　　去年姉が亡くなった。

「存在」の場合は，持続を表わす「**着** zhe」が動詞の後ろにつくのが通常です（第12課参照）。また，「出現」「消失」の場合は，完了を表わす「**了**」が動詞の後ろにつくのが通常です（第13課参照）。

命令文を作ってみよう！

中国語の命令文は，日本語のように「命令形」というものがありません。声の調子のニュアンスで変わります。強く言うと命令口調になったり，「**吧** ba」をつけることでやわらかい言い方になったり，「**请** qǐng」をつけると丁寧になったりします。

SV の文型の命令文
你说！	言いなさい！
Nǐ shuō!	

動詞だけの命令文
去！	行け！	**开始！**	始め！
Qù!		Kāishǐ!	

「吧」をつけた命令文
你们吃吧！	食べてくださいね！
Nǐmen chī ba!	

「请」をつけた命令文
请坐。	お座りください。
Qǐng zuò.	

6 ちょっと変わった動詞，「離合詞」に気をつけよう！ 032

「**離合詞**（りごうし）」とは，後に目的語を直接おけない二文字から成る動詞で，介詞（第9課参照）を伴ったり，動詞が前後に分かれ，何らかの形で目的語がその間に入ったりします。単語によって目的語の置き方が変わってくるので複雑ですが，こんな動詞もあるということを知っておきましょう！

结婚	jié//hūn	結婚する	→	跟她结婚	gēn tā jiéhūn	彼女と結婚する
帮忙	bāng//máng	手伝う	→	帮他的忙	bāng tā de máng	彼を手伝う
毕业	bì//yè	卒業する	→	学校毕业	xuéxiào bìyè	学校を卒業する

1.《場所〔主語〕＋有＋もの・人》で「…〔場所〕に～〔もの・人〕がある［いる］」。英語の There is[are] ～ . 構文にあたる。

> 例：**桌子里有一本书。**（机の中に1冊の本があります）

2.《もの・人〔主語〕＋在＋場所》で「…〔もの・人〕は～〔場所〕にある［いる］」。英語の be 動詞にあたる。

> 例：**我在这儿。**（私はここにいます）

3.《場所〔主語〕＋是＋もの・人》で「…〔場所〕にある［いる］のは～〔もの・人〕です」。

> 例：**家里是妈妈。**（家の中にいるのはお母さんです）

4. 存在・出現・消失を表わす動詞でできた構文のことを「存現文」という。

5. 命令文は声の調子でニュアンスが変わる。強く言うと命令口調になったり，「吧」をつけることでやわらかい言い方になったり，「请」をつけると丁寧になったりする。

6. 二文字から成る動詞で，後に目的語を置けない「離合詞」というものがある。単語により置き方が異なり，介詞を伴ったり，動詞が前後に分かれ目的語が間に入ったりと様々。

本課の最重要単語（場所詞・方位詞）			
有 yǒu	～がある［いる］	**里头** lǐtou	内側，中
在 zài	～にある［いる］	**外头** wàitou	外，外側
是 shì	～である［いる］	**前头** qiántou	前，前方，先
这儿 zhèr	ここ	**后头** hòutou	後ろ，後方
这里 zhèli	ここ	**上面（儿）** shàngmian(r)	上，上の方
那儿 nàr	あそこ	**下面（儿）** xiàmian(r)	下，下の方
那里 nàli	あそこ	**里面（儿）** lǐmian(r)	内側，中
哪儿 nǎr	どこ	**外面（儿）** wàimian(r)	外，外側
哪里 nǎli	どこ	**前面（儿）** qiánmian(r)	前方，前面
上边（儿） shàngbian(r)	上の方，上，表面	**后面（儿）** hòumian(r)	後ろ，後方
下边（儿） xiàbian(r)	下の方，下	**左面（儿）** zuǒmian(r)	左側，左
里边（儿） lǐbian(r)	中，内側	**右面（儿）** yòumian(r)	右側，右
外边（儿） wàibian(r)	外，（物の）表面，外側	**东面（儿）** dōngmian(r)	東側

前边(儿) qiánbian(r)	前，前の方	**西面(儿)** xīmian(r)	西側
后边(儿) hòubian(r)	後ろ	**南面(儿)** nánmian(r)	南側
左边(儿) zuǒbian(r)	左側，左	**北面(儿)** běimian(r)	北側
右边(儿) yòubian(r)	右側，右	**前方** qiánfāng	前方，前面
东边(儿) dōngbian(r)	東，東側	**后方** hòufāng	後ろ
西边(儿) xībian(r)	西，西側	**左方** zuǒfāng	左の方
南边(儿) nánbian(r)	南，南側	**右方** yòufāng	右の方
北边(儿) běibian(r)	北，北側	**东方** dōngfāng	東の方
旁边(儿) pángbian(r)	そば，となり	**西方** xīfāng	西の方
上头 shàngtou	上	**南方** nánfāng	南の方
下头 xiàtou	下	**北方** běifāng	北の方

本課の新出重要単語

书架 shūjià	本棚	**邮局** yóujú	郵便局
屋子 wūzi	部屋	**超市** chāoshì	スーパーマーケット
箱子 xiāngzi	箱（大きい）	**银行** yínháng	銀行
盒子 hézi	箱（小さい）	**医院** yīyuàn	病院
桌子 zhuōzi	机	**便利店** biànlìdiàn	コンビニ
杂志 zázhì	雑誌	**教室** jiàoshì	教室
家 jiā	家	**放** fàng	置く
冰箱 bīngxiāng	冷蔵庫	**书包** shūbāo	カバン
床 chuáng	ベッド	**天上** tiānshàng	空の上，大空
椅子 yǐzi	椅子	**出现** chūxiàn	現われる
现在 xiànzài	今	**满月** mǎnyuè	満月
姐姐 jiějie	姉	**死** sǐ	死ぬ
妹妹 mèimei	妹	**说** shuō	言う
图书馆 túshūguǎn	図書館	**开始** kāishǐ	始める
书店 shūdiàn	書店	**坐** zuò	座る
刘 Liú	劉《人名》	**结婚** jié//hūn	結婚する
大学 dàxué	大学	**帮忙** bāng//máng	手伝う
房间 fángjiān	部屋	**毕业** bì//yè	卒業する
凉快 liángkuai	涼しい		

英語学習者の間違いやすい点とは？

　日本では，ほとんどの中学校・高校でまず英語を第一外国語として学びますので，多くの場合，中国語は第二外国語か第三外国語となってしまいます。その際，「英語を学んだ」という経験はよい意味でも悪い意味でも，ほかの外国語学習に影響します。ここでは，英語学習者の間違いやすい点について紹介しておきましょう。

　まず1つ目は，「英語と同じように疑問詞を前に出してしまう」ことです。中国語の基本はSVOですので（第4課），英語と違い，疑問詞（何，どこetc.）を前に移動する必要がないにもかかわらず，英語のクセで，ついつい疑問詞を前にもっていこうとしてしまいやすいので気をつけましょう。

　2つ目は「形容詞の前に"是"を入れてしまう」ことが考えられます。英語では《S〔主語〕＋be動詞＋形容詞》という語順になり，be動詞に相当する「**是**」を入れたくなるかもしれませんが，入りません。音声を聞いて発音してみることで，中国語ならではのリズムを体に染みこませましょう。

　3つ目は修飾語の話ですが，「長い修飾語句を関係詞のように後ろから修飾しようとしてしまう」ことが考えられます。修飾語句が長くなると，英語では「関係詞」を使って後ろから修飾していました。中国語ではそれでも基本的に前から修飾します。
　　　例：「**我读的书**（私が読んだ本）」
　慣れてしまえば，思考パターンが前から後ろと日本語と同じなので，英語よりわかりやすいかもしれません。
　後ろから修飾する用法もありますが，少し高度になってきますので，ここに記した基本をしっかりと身につけてから，第14課〜15課の補語を使った修飾にすすむのがよいでしょう。

第**6**課　　　　　　　　　　　**基本は前から修飾　形容詞！**

　形容詞の基本は「性質形容詞」！　🎧 **033**

　第4課と第5課では，動詞が述語になる文型（「何がどうする」；動詞述語文という）を勉強しましたが，ここでは英語の第2文型にあたり，形容詞が述語になる（「何がどんなだ」；形容詞述語文という）文型について勉強しましょう。

　人やものの性質を説明するとき，英語では "She is beautiful." のように，《S〔主語〕＋ V〔be 動詞〕＋ C〔補語で形容詞がくる〕》の語順になりますが，中国語の場合は be 動詞にあたる「**是** shì」を置く必要はありません。《**主語＋形容詞**》だけで立派な一つの文となりますが，通例，形容詞の前に「**很** hěn」（とても）などの副詞を伴います。

　形容詞の前に置く「**很** hěn」は話し手の肯定的な態度を表わし，リズムを整える役割が強く，通常は「とても」という強調の意味はありません。

形 容 詞 述 語 文 の 文 型
《S ＋（副詞＋）形容詞》

私は忙しいです。

我　　很　　忙。 Wǒ hěn máng.　　　──リズムを整える，
主語　副詞　形容詞　　　　　　　　　　飾りとしての役割！
　　　⬇
I　am　busy.

今天很热。　　今日は暑いですね。
Jīntiān hěn rè.

这些很便宜。　　これらは安いですね。
Zhèxiē hěn piányi.

「とても」と程度を表わしたいときは「**很** hěn」を強調します。「**非常** fēicháng」（非常に，きわめて），「**真** zhēn」（本当に），「**太** tài」（余りにも〜だ，極めて），「**有点儿** yǒudiǎnr」（少し）などの程度を表わす副詞を使った場合は，副詞本来の意味を持ちます。

彼女はとても美しいですね。

她 **非常** **漂亮。**　　Tā (fēicháng) piàoliang.
主語　副詞　形容詞

<u>She</u> is very <u>beautiful</u>.

东西真贵！　Dōngxi zhēn guì!　品物が本当に高い！
有点儿冷。　Yǒudiǎnr lěng.　ちょっと寒い。

＊**有点儿**は消極的，否定的な意味合いをもちます。

さて，話し手の否定的態度を表わすにはどうすればいいでしょうか？　その答えは簡単です。動詞と同じように「**不** bù」を形容詞の前に置くだけです。

她的头发不长。　　彼女の髪の毛は長くありません。
Tā de tóufa bù cháng.

肯定　**很**　⟷　**不**　否定

② もう一つの形容詞「状態形容詞」！　🎧 034

性質形容詞のほかに，形容詞にはもう一つの種類があります。それが「状態形容詞」です。状態形容詞とは，形容詞の中でも「〜のように」という意味を加えるなどして，詳しく名詞の状態を説明するものです。この形容詞は二音節以上で形成され，詳しく説明している（話者の肯定的態度の表われ）ので，「**很** hěn」を置く必要はなく，「**不** bù」で否定することもできません。

飞快 fēikuài　（飛ぶように速い）
雪白 xuěbái　（雪のように白い）

状態形容詞を述語にする場合，気をつけなければならないことは，性質形容詞と違って形容詞の後ろに「**的** de」をつけることです。例を挙げてみましょう。

今天很凉快。	Jīntiān hěn liángkuai.
今日は涼しいね。《性質形容詞》	

你的脸红红的。	Nǐ de liǎn hónghóng de.
あなたの顔は真っ赤だ。《状態形容詞》	

雪白的牙齿。	Xuěbái de yáchǐ.
雪のように白い歯。《状態形容詞》	

形容詞の重ね型

形容詞は重ねることによって意味を強くしたり，生き生き描写したりすることができます。形容詞の種類によって重ね型は変わってきます。

単音節型	**大大的**	dàdà de	（とても大きい）
	慢慢的	mànmàn de	（とてもゆっくり）
	*単音節型では，「AA 的」，または「AA ル」の形をとります。		
ABAB 型	**雪白雪白**	xuěbáixuěbái	（雪のように真っ白い）
	笔直笔直	bǐzhíbǐzhí	（ずっとずっとまっすぐ）
AABB 型	**马马虎虎**	mǎmahūhū	（いいかげんだ）
	清清楚楚	qīngqingchǔchǔ	（はっきりしている）
	*2 番目の A はふつう軽声で発音されます。		

数詞・量詞・数量詞・名詞の重ね型

数詞・量詞・数量詞も同じように，重ね型にすることができる場合があります。

数詞の重ね型の例	**一一**	yīyī	（一つひとつ）
	千千万万	qiānqiānwànwàn	（かなり多くの）
量詞の重ね型の例	**个个**	gègè	（個々，個々人）
	回回	huíhuí	（たびたび）
数量詞の重ね型の例	**一趟一趟**	yítàngyítàng	（一回一回）
名詞の重ね型の例	**年年**	niánnián	（年々）
	家家	jiājiā	（家々）
	*名詞で重ね型を作ることのできるものは少なく，日本語でも「年々」「家々」「人々」などと言うような量詞的なものに限られます。		

まずはこれだけ！ 重要形容詞 55

　形容詞で特によく使うものを，ここでまとめておきますので，ぜひこの 55 個は覚えましょう！

大	dà	大きい	好	hǎo	よい
小	xiǎo	小さい	坏	huài	わるい
长	cháng	長い	新	xīn	新しい
短	duǎn	短い	旧	jiù	古い
厚	hòu	厚い	忙	máng	忙しい
薄	báo	薄い	空闲	kòngxián	ひまな
热	rè	暑い，熱い	简单	jiǎndān	簡単だ
冷	lěng	冷たい，寒い	复杂	fùzá	複雑だ
(寒)冷	(hán)lěng	寒い	难	nán	難しい
暖和	nuǎnhuo	暖かい	容易	róngyì	やさしい
凉快	liángkuai	涼しい	漂亮	piàoliang	(姿形，音などが) 美しい
多	duō	多い	好看	hǎokàn	(男女問わず人や物が) きれいである
少	shǎo	少ない
贵	guì	値段が高い
便宜	piányi	値段が安い	难看	nánkàn	醜い
高	gāo	高い	难受	nánshòu	困った，つらい
低	dī	低い	可爱	kě'ài	かわいい
重	zhòng	重い	干净	gānjìng	清潔な
轻	qīng	軽い	马虎	mǎhu	いいかげんだ
胖	pàng	太っている	有意思 [好玩儿]	yǒu yìsi [hǎowánr]	面白い
瘦	shòu	痩せている
紧	jǐn	きつい	快乐	kuàilè	楽しい
松	sōng	ゆるい	高兴	gāoxìng	うれしい
粗	cū	太い，粗い	方便	fāngbiàn	便利だ
细	xì	細い，細かい	好听	hǎotīng	聞いて心地よい
远	yuǎn	遠い	好吃	hǎochī	おいしい
近	jìn	近い	好喝	hǎohē	飲んでおいしい
快	kuài	速い《速度》
慢	màn	遅い《速度》
早	zǎo	早い《時間》
晚	wǎn	遅い《時間》

3 所有・修飾の表現は「**的** de」で OK！ 🎧 **035**

　状態形容詞を述語にする場合に，形容詞の後ろに「**的** de」を付けましたし，第3,
4課でも「**的**」が出てきました。普段，街を歩いていて，街角に漢字の表記で○○
的〜というふうに書かれていれば，「中国語かな？」と思うことはありませんか？
メディアで流れている中国語を見てみると，「**的**」がよく使われているのを目にし
ます。それは，日本語の「〜の」にあたる言葉に中国語では「**的**」が使われている
からです。中国語では，日本語と同じように言葉を前から修飾します。それでは早速，
具体例を見てみましょう。

私の友だち	かわいい子ども
我的朋友 wǒ de péngyou	**可爱的孩子** kě'ài de háizi

　上記のように名詞を修飾する場合は，《所有する側＋**的**＋所有される側》や《形
容詞＋**的**＋名詞》という形をとるのが一般的です。

 4 形容詞の部分否定と全部否定を使い分けよう！ 🎧 **036**

　この課の中で，すでに「**很** hěn」と「**不** bù」が出てきました。

　　「**很** hěn」は，話し手の肯定的な態度を表わす
　　「**不** bù」は，話し手の否定的な態度を表わす

ということでした。両方同時に使うことはできないのでしょうか？　実は両方使う
と，「あまり〜ない」《部分否定》という意味になります。感覚としては，英語の "not
+ very" と似ていると言えます。

> 私の車はそれほど（値段が）高くありません。
>
> **我的车不很贵。**　　Wǒ de chē bù hěn guì.
>
>
>
> My car is <u>not</u> very expensive.

彼の英語はあまり上手ではありません。

△ **他的英文不很好。**　　Tā de Yīngwén bù hěn hǎo.

○ **他的英文不太好。**　　Tā de Yīngwén bú tài hǎo.

His English is <u>not</u> so good.

> ただ，この「不很好」という言い方は一般的ではなく，口語としては「不太好」がよく使われます。

ただし，「**很不** hěn bù」という語順になった場合は全部否定，つまり，「まったく～ない」という意味になります。

彼の英語はまったく上手じゃありません。

他的英文很不好。　　Tā de Yīngwén hěn bù hǎo.

His English is <u>so</u> bad.

5 形容詞の入った文を疑問文にしてみよう！　🎧 037

第4課や第5課の「動詞」の場合と同じように，文末に「**吗**」をつける諾否疑問文と，《肯定形＋否定形》の形にする反復疑問文とがあります。

他快不快?　　Tā kuài bu kuài?
彼は速いですか，速くないですか。《反復疑問文》

他快吗?　　Tā kuài ma?
彼は速いですか。《諾否疑問文》

接続詞を使って，AとBのどちらかを選択する疑問文である，選択疑問文の形をとることもあります。

あなたの辞書は厚いですか，それとも薄いですか。

你的词典厚还是薄?　　Nǐ de cídiǎn hòu háishi báo?

厚いです。	薄いです。
厚。Hòu.	薄。Báo.
很厚。Hěn hòu.	很薄。Hěn báo.

状態を尋ねられたときの答えとして，形容詞で答えることがあります。

天気はどうですか。

天气怎么样? Tiānqì zěnmeyàng?

よいです。	あまりよくないです。
很好。Hěn hǎo.	不太好。Bú tài hǎo.

今日の Point

1. 形容詞で説明する文を作るときは《主語＋形容詞》になり，英語のような be 動詞にあたる言葉はいらない。

   例：**东西很贵。**（品物がとても高い）

2. 漢字 2 個以上からなる「状態形容詞」の場合は，形容詞のあとに「**的**」をつける。

   例：**这件衣服雪白的。**（この服は雪のように白い）

3. 形容詞で名詞を修飾するときは，一般的に《形容詞（名詞）＋**的**＋名詞》という語順で表わす。

   例：**可爱的孩子**（かわいい子ども）

4. 《**不很**＋形容詞》では，「あまり〔形容詞の程度〕〜ではない」の意味を，《**很不**＋形容詞》では「まったく〔形容詞の程度〕〜でない」という全部否定を表わす。

   例：**不很干净**（それほどきれいじゃない）

   很不干净（まったくきれいじゃない）

5. 疑問を表わすときは動詞と同じく，《肯定形＋否定形》にしたり文末に「〜**吗?**」をつける。

   例：**他快不快? ／他快吗?**（彼は速いですか）

6. 選択疑問文も動詞のときと同様，《A ＋**还是**＋ B》とする。

   例：**那本书厚还是薄?**

   （その本は厚いですか，それとも薄いですか）

本課の最重要単語（よく使われる形容詞）

飞快 fēikuài	飛ぶように速い	快 kuài	速い《速度》
雪白 xuěbái	雪のように白い	慢 màn	遅い《速度》
红 hóng	赤い	早 zǎo	早い《時間》
笔直 bǐzhí	まっすぐな	晚 wǎn	遅い《時間》
清楚 qīngchu	はっきりした	好 hǎo	よい
大 dà	大きい	坏 huài	わるい
小 xiǎo	小さい	新 xīn	新しい
长 cháng	長い	旧 jiù	古い
短 duǎn	短い	忙 máng	忙しい
厚 hòu	厚い	空闲 kòngxián	ひまな
薄 báo	薄い	简单 jiǎndān	簡単だ
热 rè	暑い，熱い	复杂 fùzá	複雑だ
冷 lěng	冷たい，寒い	难 nán	難しい
（寒）冷 (hán)lěng	寒い	容易 róngyì	やさしい
暖和 nuǎnhuo	暖かい	漂亮 piàoliang	（姿形，音などが）美しい
凉快 liángkuai	涼しい	好看 hǎokàn	（男女問わず人や物が）きれいである
多 duō	多い		
少 shǎo	少ない	难看 nánkàn	醜い
贵 guì	値段が高い	难受 nánshòu	困った，つらい
便宜 piányi	値段が安い	可爱 kě'ài	かわいい
高 gāo	高い	干净 gānjìng	清潔な
低 dī	低い	马虎 mǎhu	いいかげんだ
重 zhòng	重い	有意思［好玩儿］yǒu yìsi [hǎowánr]	面白い
轻 qīng	軽い		
胖 pàng	太っている	快乐 kuàilè	楽しい
瘦 shòu	痩せている	高兴 gāoxìng	うれしい
紧 jǐn	きつい	方便 fāngbiàn	便利だ
松 sōng	ゆるい	好听 hǎotīng	聞いて心地よい
粗 cū	太い，粗い	好吃 hǎochī	おいしい
细 xì	細い，細かい	好喝 hǎohē	飲んでおいしい
远 yuǎn	遠い		
近 jìn	近い		

本課の新出重要単語

很 hěn	とても	脸 liǎn	顔
非常 fēicháng	非常に	牙齿 yáchǐ	歯
真 zhēn	本当の	朋友 péngyou	友だち
太 tài	たいへん	车 chē	車
有点儿 yǒudiǎnr	少し《消極的な意味》	英文 Yīngwén	英語
头发 tóufa	髪の毛		

第 4 課～第 6 課でも疑問文について学びましたが，第 7 課では既習事項も含め，疑問文についてまとめてみることとします。

疑 問 文 の 文 型	
諾否疑問文	S ＋ V（＋ O）＋ 吗？
反復疑問文	S ＋ 肯定 V ＋ 否定 V（＋ O）？
選択疑問文	S ＋ V ＋ O ＋ 还是 ＋ V ＋ O？
疑問詞疑問文では，疑問詞の語順は平叙文と同じです	

 日本人にとってわかりやすい「**吗** ma」を使った**疑問文！**(諾否疑問文) 🎧 **038**

諾否疑問文とは，「はい」「いいえ」で答えられる疑問文のことです。文の最後に「**吗** ma？」をつけるだけで疑問文にできるので，日本語の「か？」の代わりと考えれば簡単です。

今天你上班○。　　　Jīntiān nǐ shàngbān.
　「**吗**」を入れるだけ！！

今天你上班吗?　　　Jīntiān nǐ shàngbān ma?

今日は出勤します<u>か</u>。

出勤します。		出勤しません。
上班。Shàngbān.		**不上班**。Bú shàngbān.

家に帰りますか。
你回家吗?　　Nǐ huí jiā ma?

帰ります。	帰りません。
回家。 Huí jiā.	**不回家。** Bù huí jiā.

電話しますか。
打电话吗?　　Dǎ diànhuà ma?

電話します。	電話しません。
打电话。 Dǎ diànhuà.	**不打电话。** Bù dǎ diànhuà.

② 肯定形＋否定形で少しだけ強調，反復疑問文！　🎧 039

　動詞または形容詞の肯定形と否定形を並べて，少し強調した語気の疑問文のことです。強調といっても，ほとんど諾否疑問文と意味は変わりませんので，諾否疑問文の代わりに使うことができます。また，「**知道** zhīdào」（知っている），「**睡觉** shuìjiào」（眠る），「**喜欢** xǐhuan」（好きである），「**可以** kěyǐ」（できる）のように二音節からなる動詞，形容詞，助動詞では，肯定形の二音節目はふつう，省略されます。

これを知っていますか。
你知（道）不知道这个?　　Nǐ zhī(dào) bu zhīdào zhège?
　　肯定形　否定形

知っています。	知りません。
知道。 Zhīdào.	**不知道。** Bù zhīdào.

＊「**知道**」の「**道**」は軽声で発音されることがありますが，「**不知道**」の場合はふつう bù zhīdào となります。

今，彼女は（もう）寝ていますか。
现在她睡（觉）没睡觉?　　Xiànzài tā shuì(jiào) méi shuìjiào?
　　　　肯定形　否定形

寝ました。	（まだ）寝ていません。
睡觉了。 Shuìjiào le.	**没睡觉。** Méi shuìjiào.

＊ここでの「**了**」は，語気助詞と呼ばれるものです（第 19 課参照）。
＊この「**睡觉** shuìjiào 寝る」という動詞は，離合詞（P.52 参照）のひとつです。

③ 「AかBか」を意味する「还是 háishi」を使った選択疑問文！

選択疑問文とは，二つ以上の中から選択を求める疑問文のことです。英語の "A or B" の意味を持つ「A 还是 háishi B」を用いて作ります。

你继续工作还是辞职?　仕事を続けるの？　それとも辞めるの？

Nǐ jìxù gōngzuò háishi cízhí?

Will you continue working <u>or</u> not?

你先吃饭还是先洗澡?　先にご飯にするの？　それともお風呂？

Nǐ xiān chī fàn háishi xiān xǐzǎo?

Will you eat dinner first <u>or</u> take a bath?

---

④ 疑問詞疑問文を日本語の構造と徹底比較！　 041

英語の 5W1H（what, when, where, who, why, how）と同じように，中国語にも，もちろん「何，いつ，どこ，だれ，なぜ，どのような」を意味する単語があります。以下に表でまとめましたので参照してください。

what	when	where	who	why
什么	什么时候	什么地方，哪儿，哪里	谁	为什么，怎么
shénme	shénme shíhou	shénme dìfang, nǎr, nǎli	shéi/shuí	wèi shénme, zěnme
なに，どんな	いつ	どこ	だれ	なぜ

how	which	how many, how much
怎么，怎样，怎么样	哪个，哪	多，多少，几
zěnme, zěnyàng, zěnmeyàng	nǎge/něige, nǎ	duō, duōshao, jǐ
どのように，どうですか	どれ，どの	いくつ，いくら

※**怎么**には日本語の「どうして」と同じように，「どのようにして」と「なぜ」の2つの意味があります。

※**怎么～的**では「どのようにして」，**怎么～了**では「なぜ」という意味に訳すことができます。

　　　例：**你怎么来的?**　Nǐ zěnme lái de?（どうやって来たの？）

　　　　　你怎么来了?　Nǐ zěnme lái le?（なぜ来たの？）

※**怎么**は動詞の前に置き「どのように～する」の意味になり，**怎么样**は目的語の位置に置き「～はどうですか」の意味になります。**怎样**は通常，「**的**」を伴って「どのような～」の意味で名詞の前に置きます。

※**为什么**と**怎么**はどちらも「なぜ」という意味ですが，**为什么**がはっきりと理由を聞いているのに対し，**怎么**は感情的に「なんで！？」という感じです。

　中国語の疑問詞疑問文は，尋ねたい部分を，尋ねたい内容に合う疑問詞に置きかえるだけで作りあげることができます。英語のように常に疑問詞を文頭に持ってくる必要はありません。中国語はこれまで見てきたように，SVO の語順以外はかなりの部分が日本語の文構造に似ています。

S V O
❶这是什么?　　　　Zhè shì shénme?

これは<u>何ですか</u>。

S V O
❷你要什么?　　　　Nǐ yào shénme?

あなたは<u>何が欲しいのですか</u>。

❸他什么时候回来呢?　　Tā shénme shíhou huílai ne?

彼は<u>いつ帰ってきますか</u>。

＊日本語と同じ語順です。「**呢** ne」は疑問詞疑問文のときによく使われる語気助詞「～か？」の意味を持つ言葉です。日本語でこの文の「～か？」を除いても意味が通るように，なくても意味は通りますが，あった方がリズムがよくなり，わかりやすくなります。

S V O
❹你住在哪儿?　　Nǐ zhùzài nǎr?

あなたは<u>どこに住んでいますか</u>。

＊「**住** zhù」は「～に住む」という意味で第 14 課で紹介する結果補語の「**在** zài」がつきます。

67

S V O
⑤ 他 在 哪里?　　　Tā zài nǎli?

彼は<u>どこに</u>いますか。

S(vo)　　　V O
⑥ <u>站在那儿的 是 谁?</u>　Zhànzài nàr de shì shéi?

<u>あそこに立っているのはだれですか。</u>

＊站在那儿的（あそこに立っているの）は站在那儿的人（あそこに立っている人）の省略です。

S V O
⑦ <u>为什么你想干那件事儿?</u>　　Wèi shénme nǐ xiǎng gàn nà jiàn shìr?
<u>なぜ</u>あなたは，そんなことをしようと思うのですか。

S V O
⑧ <u>你怎么去那儿?</u>　　Nǐ zěnme qù nàr?
あなたは<u>どうやって</u>そこに行きますか。

⑨ <u>身体怎么样?</u>　　Shēntǐ zěnmeyàng?
<u>お体はどうですか。</u>

⑩ <u>几点几分开始?</u>　　Jǐ diǎn jǐ fēn kāishǐ?
<u>何時何分に</u>始まりますか。

　以上のように，疑問詞疑問文の語順は基本的に平叙文と変わりません。英語と比べると，疑問詞を入れる位置は日本語により近いとも言えます。

5 「なに」も「なにか」も「什么 shénme」でOK！ 🎧 042

什么 shénme は「何 "what"」の意味のほかに，「何か "something" "anything"」の意味として使うこともできます。また，「**谁** shéi」も同様に，「だれ "who"」の意味のほかに，「だれか "someone" "anyone"」の意味を持ちます。

谁有手机，给老师打个电话。
Shéi yǒu shǒujī, gěi lǎoshī dǎ ge diànhuà.
だれか携帯電話を持っている人がいたら，先生に1本電話を入れてください。

以下の例文では，Aの場合は目的語の位置に「**什么** shénme」を持ってきて「何が欲しい？」という意味の文を作っていますが，Bの場合は，「**什么**」を疑問詞ではなく「一つの目的語の "anything"」として扱っていますので，文の最後に「**吗** ma ?」をつけて疑問文にしています。

A. **你要什么?**　　　　　あなたは何が欲しいですか。
　 Nǐ yào shénme?
　 What do you want?

B. **你要什么吗?**　　　　あなたは何か欲しいですか。
　 Nǐ yào shénme ma?
　 Do you want anything?

---

043

6 数を尋ねる表現 「多少 duōshao」と「几 jǐ」の違い!

「**几 jǐ**」は通常，10までの数が想定されるときに使い，量詞を伴ないますが，「**多少 duōshao**」は数が大きいときに使うことができ，量詞をつける必要はありません。

「何人いますか?」と尋ねる場合，下記の例文Aでは話し手が10以上の大人数を，例文Bでは10人未満の少人数を想定して言っています。

A. **有多少人?**　　何人いますか。《10以上の大人数を想定》
Yǒu duōshao rén?

B. **有几个人?**　　何人いますか。《10人未満の少人数を想定》
Yǒu jǐ ge rén?

ちなみに，何月何日は慣用的に，「**几月几号 jǐ yuè jǐ hào**」という表現を用いています。

今天几月几号?　　今日は何月何日ですか。
Jīntiān jǐ yuè jǐ hào?

---

7 年齢の尋ね方は相手によって変わる!?

044

年齢を尋ねる言い方は，相手が子どもか同輩か，目上の人やお年寄りかなどによって変わってきます。日本語でも，目上の人に「いくつ?」と聞かないのと同じですね。

10歳以下の子どもに	**你几岁?** Nǐ jǐ suì?
子どもや若者，同輩に対して	**你多大?** Nǐ duō dà?
目上の人に対して	**您多大岁数?** Nín duō dà suìshu?
	您多大年纪? Nín duō dà niánjì?
60歳以上のお年寄りに対して	**您高寿?** Nín gāoshòu?

8 長さ，重さなど「程度」を尋ねる疑問文はこう作る！ 🎧 **045**

　英語で《How ＋形容詞》の疑問詞（例えば，How long?，How heavy?…）があるように，中国語では《**多** duō ＋形容詞》の疑問詞があります。ただ，英語のように一番前に持ってくる必要はなく，日本語の語順と同じです。

中国語	英　語	例　文
多长? duō cháng?	how long どれくらいの長さ	**这支铅笔有多长?** Zhè zhī qiānbǐ yǒu duō cháng? この鉛筆はどれくらいの長さですか。
多高? duō gāo?	how tall どれくらいの高さ	**你有多高?** Nǐ yǒu duō gāo? あなたはどれくらいの身長ですか。
多厚? duō hòu?	how thin どれくらいの厚さ	**去年冬天，雪下到最后的时候有多厚?** Qùnián dōngtiān, xuěxià dào zuìhòu de shíhou yǒu duō hòu? 去年の冬，雪が最後に降ったときは，どれくらいの厚さになりましたか。
多宽? duō kuān?	how wide どれくらいの幅	**长江多宽你知道吗?** Chángjiāng duō kuān nǐ zhīdào ma? 長江はどのくらいの幅か知っていますか。
多大? duō dà?	how big どれくらいの大きさ	**中国多大?** Zhōngguó duō dà? 中国はどれくらい大きいですか。
多重? duō zhòng?	how heavy どれくらいの重さ	**你多重?** Nǐ duō zhòng? あなたの体重はどれくらいですか。

9 「呢 ne」をつけるだけ，語尾を上げるだけの疑問文！（音調疑問文）

これまで紹介してきた疑問文のほかに，簡潔に疑問文を作れるものがあります。

▌「呢 ne」をつけるだけの疑問文 ▌

繰り返しを避けるために，わかっていることは省略して，最後に「**呢 ne**」だけつける疑問文があります。例えば，「あなたは？」と聞き返すときには，「**你呢？ Nǐ ne?**」という言い方ができるのがその一例です。

我想去东京！ 你呢？ Wǒ xiǎng qù Dōngjīng! Nǐ ne?	私，東京に行きたいな。あなたは？
他呢？ （＝**他在哪儿？**） Tā ne? （Tā zài nǎr?）	— さっきまで彼がいた場所に戻ってきて — 彼は（どこにいるの）？

▌音調疑問文 ▌

これまでは，疑問文にするために「**吗 ma**」や「**呢 ne**」をつけたり，「**什么 shénme**」などの疑問詞をつけたりする方法を紹介してきましたが，日本語で肯定文の語尾を上げると疑問形になるように，中国語でも語尾を上げるだけで疑問形となります。

通常の疑問文

你喜欢看电影吗？ Nǐ xǐhuan kàn diànyǐng ma?	映画を見るのは好きですか。

音調疑問文   ↓「吗」がない疑問文！

你喜欢看电影？ Nǐ xǐhuan kàn diànyǐng?	映画を見るのは好き？

⑩ 「きっと〜ではないですか?」と強調の意味をこめた疑問文!

　この疑問文では，話し手が思っていることを一歩踏み込んで聞き手に「確認」することができます。「**是不是** shì bu shì」を述語の直前や文の前後に置くことでこの意味をつけることができ，置く位置での意味の違いはほとんどありません。

他是不是去北京出差了?　　もしや彼は北京に出張に行くのではないですか。
Tā shì bu shì qù Běijīng chūchāi le?

他已经回家了，是不是?　　彼はきっとすでに家に帰ったのではないですか。
Tā yǐjīng huí jiā le, shì bu shì?

---

1. 「〜ですか?」は，平叙文の最後に「**吗?**」をつける。《諾否疑問文》

例：**你爱我吗?** （私のこと愛してるの？）

2. 動詞を《肯定形＋否定形》にすることで，**1.** とほぼ同じ意味で少し強調した語気の疑問文を作ることができる。《反復疑問文》

例：**你来不来这儿?** （ここに来るの来ないの？）

3. 2つ以上の中から選択を求める疑問文は，《A 还是 B》を用いて作る。《選択疑問文》

例：**你来，还是不来?** （きみは来るの？　それとも来ないの？）

4. what, when, where, who, why, how に対応する意味の疑問詞「**什么，什么时候，什么地方／哪儿，谁，为什么，怎么**」は，英語のように文頭に持ってくる必要はなく，日本語と同じような語順で配置する。《疑問詞疑問文》

例：**你有什么?** （何を持っているの？）

5. 「**什么**」は something や anything，「**谁**」は someone や anyone の意味としても使え，語順はそのまま。

例：**你有什么吗?** （何かを持っているの？）

6. 10までの数が想定されるときに「**几**」，それ以上の数を数えるときは「**多少**」を使う。

例：**几岁?** （いくつ？《年齢》）／**多少钱?** （いくら？）

7. 《How ＋形容詞》で表わされるような疑問文は《**多**＋形容詞》で表現できる。(語順はそのままで S＋V＋O の「O」の位置に)

例：**你哥哥的个子多高?** （お兄さんの身長はどれくらい？）

8. 文末に「**呢?**」をつけるだけで，簡単な省略疑問文が作れる。

例：**你呢?** （あなたは？）

9. 「**是不是**」を述語の直前や文の前後に置くことで，強調した疑問文が作れる。

例：**他已经回家了，是不是?**

（彼はきっとすでに家に帰ったのではないですか）

什么 shénme	何	怎么样 zěnmeyàng	どのように
什么时候 shénme shíhou	いつ		
		哪 nǎ	どの
什么地方 shénme dìfang	どこ	多少 duōshao	いくつ（10 以上）
		几 jǐ	いくつ（10 以下）
哪儿 nǎr	どこ	多长 duō cháng	どのくらいの長さ
哪里 nǎli	どこ	多高 duō gāo	どのくらいの高さ
谁 shéi	だれ	多厚 duō hòu	どのくらいの厚さ
为什么 wèi shénme	なぜ	多宽 duō kuān	どのくらいの広さ
		多大 duō dà	どのくらいの大きさ
怎么 zěnme	どうして，どのように	多重 duō zhòng	どのくらいの重さ

上班 shàngbān	出勤する	事儿 shìr	こと
回 huí	帰る	身体 shēntǐ	体
打电话 dǎ diànhuà	電話する	手机 shǒujī	携帯電話
		岁 suì	〜歳
睡觉 shuìjiào	寝る	冬天 dōngtiān	冬
继续 jìxù	続ける	雪 xuě	雪
辞职 cízhí	仕事を辞める	最后 zuìhòu	最後
先 xiān	先に	时候 shíhou	とき
吃饭 chī fàn	食事する	长江 Chángjiāng	長江
洗澡 xǐzǎo	入浴する	东京 Dōngjīng	東京
要 yào	欲しい	电影 diànyǐng	映画
住 zhù	住む，泊まる	北京 Běijīng	北京
站 zhàn	立つ	出差 chūchāi	出張（する）
干 gàn	する	已经 yǐjīng	すでに

動詞が連なった文を作ってみよう!（連動文） 🎧 **048**

　連動文とは，2つ以上の動作（例えば，「東京に行ってお母さんに会う」など）を1つの文で表わす文のことです。文構造は決して難しくはありません。英語や日本語と同じく動詞を並べていきますが，英語の and に相当するものはいりません。

連 動 文 の 文 型
S + V1（+ O）+ V2（+ O）：V1 をして V2 をする。

2つ以上の動作を1つの文で表わすとは，
　　　①後の動詞によって，前の動詞の「目的」を説明する
　　　②前の動詞が，後の動作の「手段」や「方法」を説明する
の二種類があります。

　では，まずは①の例を見てみましょう。

日本語： 私は東京に行ってお母さんに会います。
英　語： I will go to Tokyo and see my mom.
中国語： **我去东京见妈妈。** Wǒ qù Dōngjīng jiàn māma.

　以上のように，「**我**」に「**去东京**（東京へ行く）」と「**见妈妈**（お母さんに会う）」を並べるだけなので，英語のように and がない分，簡単かもしれません。この動詞の部分が増えても，動詞の順序は時間の流れに沿って《S + V + O + V + O + V + O...》と続いていきます。基本的には動詞のあとには目的語 O がきますが，「**去**」と「**来**」だけは，そのまま次の動詞につながることもあります。では，例文を見てみましょう。

我去看电影。	私は映画を見にいきます。
Wǒ qù kàn diànyǐng.	
他来吃饭。	彼はご飯を食べにきます。
Tā lái chī fàn.	

　以上は，日本語の「**〜しにいく**」，「**〜しにくる**」という表現にあたりますが，英語と比べてみるとどうでしょうか。

我<u>去看</u>电影。　　　私は映画を見に行きます。
Wǒ qù kàn diànyǐng.
⬇
I will <u>go</u> to see a movie.

他<u>来吃</u>饭。　　　彼はご飯を食べに来ます。
Tā lái chī fàn.
⬇
He will <u>come</u> to eat dinner.

　いかがでしょうか？　①の連動文は英語の語順と同じようです。それはもちろん，中国語の元の構文《ＳＶＯ》が英語と同じ並びになっていることと関係しています。つまり，ＳＶＯを基本とした大きな枠組みは英語と似ているということです。

　次に，②の例を見てみましょう。

日本語：　私は<u>自転車に乗って大学に行きます</u>。
英　語：　I go to the University by bicycle.
中国語：　**我<u>骑自行车去大学</u>。** Wǒ qí zìxíngchē qù dàxué.

　上記の例を見てみると，前の動詞句「**骑自行车**（自転車に乗って）」が，後ろの動作「**去大学**（大学に行く）」の手段を説明していることがわかりますね。

② 連動文を否定，修飾，過去形にしてみよう！ 🎧 049

　連動文を否定，修飾したりするときの語句は最初の動詞の前につけます。また過去形にする場合は，「**了** le」を一番後ろの動詞の後につけます。文末に「**了**」がくる場合もありますが，その場合の「**了**」は 19 課で説明する語気助詞の「**了**」です。

> **我不去东京玩儿。**　　東京に行って遊びません。
> Wǒ bú qù Dōngjīng wánr.
>
> **他们都回家睡觉。**　　彼らはみんな帰って寝ます。
> Tāmen dōu huí jiā shuìjiào.
>
> **我开车去了朋友家。**　私は車を運転して友だちの家に行きました。
> Wǒ kāichē qùle péngyou jiā.
>
> ＊**她来吃了饭。**（彼女はご飯を食べにきました）と言う場合，日本語では「きました」
> 　となっていますが，「**去**」や「**来**」は後にくる動詞との結びつきが強く，「**她来了吃饭。**」
> 　とはならないので気をつけてください。

③ 「ちょっと〜してみる」と，微妙なニュアンスを出してみよう！ 🎧 050

　同じ動詞を繰り返すことで，「**ちょっと〜してみる**」「**試しに〜してみる**」という意味になり，動作の時間が短いことや回数が少ないこと，また，試しに行なうというニュアンスを表わします。このように，動詞を繰り返して用いることを動詞の「重ね型」といいます。
　例えば，単音節（1 つの漢字）から成る動詞を「重ね型」にする場合は，
　　　说说 shuōshuo（ちょっと話す）　　**看看** kànkan（ちょっと見る）
　　　听听 tīngting（ちょっと聞く）　　**写写** xiěxie（ちょっと書く）
となり，あとの語は軽声になります。
　学习 xuéxí（学習［勉強］する）や**休息** xiūxi（休む，休憩する）などの 2 音節（2 つの漢字）から成る動詞の場合は《ABAB》のパターンとなり，
　　　学习学习 xuéxíxuexi（ちょっと勉強する）　**休息休息** xiūxixiuxi（ちょっと休憩する）

78

となります。このとき，《ABAB》のパターンの後の AB は軽声となります。

> **我说说我的意见吧。** 私の意見をちょっと言わせてください。
> Wǒ shuōshuo wǒ de yìjiàn ba.
>
> **你休息休息吧。** ちょっと休んだら？
> Nǐ xiūxixiuxi ba.
>
> **我收拾收拾屋子。** ちょっと部屋を片付けます。
> Wǒ shōushishoushi wūzi.
>
> ＊「**收拾**」は「片付ける，整理する，修理する」。「**屋子**」は「部屋」。

　単音節（1つの漢字）から成る動詞を「重ね型」にする場合，動詞と動詞の間に「一 yi」を挟んだりもします。「一 yi」を入れないときと意味に違いはありません。このとき，「一」は軽声になります。ちなみに，二音節動詞の重ね型では「一」はつけることはできません。

> **看一看。** ちょっと見て。
> Kànyikan.
>
> **尝一尝。** ちょっと食べてみて。
> Chángyichang.

　また，単音節動詞を「重ね型」にする場合，「ちょっと～した」とすでに実現した動作の完了を表わすとき，「**看了看** kànlekan（ちょっと見た）」，「**听了（一）听** tīngle(yi)ting（ちょっと聞いた）」のように，動詞と動詞の間に「了 le」「了一 leyi」が入ることがあります。

　さらに，「**散步** sàn bù」（散歩する）や「**打球** dǎ qiú」（球技をする）など，動詞の成り立ちが《動詞＋目的語》となっているものは，《AAB》のパターンで，

　　　散散步 sànsanbù（ちょっと散歩する）　　**打打球** dǎdaqiú（ちょっと球技する）

となります。

　動詞の「重ね型」では，心理行動（**爱** ài，**喜欢** xǐhuan），存在（**在** zài，**有** yǒu），変化（**增加** zēngjiā），知覚（**明白** míngbai）を表わすものなど，重ね型を作ることができない動詞もあります。

使役表現「～させる」も連動文のひとつ！

　述語の部分が2つの動詞から構成され，前の動詞の目的語が後の動詞の主語を兼ねることを兼語といい，この文のことを「兼語文」といいます。その中でも英語の let にあたる「**让** ràng」「**叫** jiào」「**使** shǐ」のような「（人に）～させる」という意味をもった文を使役文と呼びます。否定形にするときは，「**让**」「**叫**」「**使**」の前に，"**不** bù" や "**没（有）**méi(you)" を置きます。

兼 語 文 の 文 型
主語＋「**让** ràng」「**叫** jiào」「**使** shǐ」＋目的語〔主語〕＋動詞句

让
ràng

この使役動詞は，「（相手のしたいように）～させる」という意味で，英語の let にあたります。

　"**让我**～"，"**让我们**～" など，"**让**" の後ろが一人称のときは「～させてほしい」という願望の意味をもちます。

让我做自我介绍。　　私に自己紹介をさせてください。
Ràng wǒ zuò zìwǒ jièshào.
⬇
Let me introduce myself.

让我说一下。　　私に少し話をさせてください。
Ràng wǒ shuō yíxià.
⬇
Let me speak a little.

爸爸不让我买新车。　お父さんは私に新車を買わせてくれません。
Bàba bú ràng wǒ mǎi xīn chē.
⬇
My father doesn't let me buy a new car.

叫 jiào	この使役動詞は，「（命じて）〜させる」という意味で，英語の tell にあたります。

他们叫我去买啤酒了。 彼らは私にビールを買いに行かせました。

Tāmen jiào wǒ qù mǎi píjiǔ le.

They told me to go to buy some beer.

＊英語としては They told me to go get some beer. が自然。

使 shǐ	この使役動詞は「〜させる」という意味ですが，「喜ばせる」や「満足させる」など，静的なものに対し状態を変化させる場合に用います。英語の《make ＋人＋状態を表わす形容詞》にあたります。

他考上大学使我很高兴。 彼が大学に受かることは私を喜ばせてくれます。

Tā kǎoshàng dàxué shǐ wǒ hěn gāoxìng.

His passing the exam will make me happy.

使顾客满意　　顾客を満足させる

shǐ gùkè mǎnyì.

make a customer happy

　もちろん，使役の疑問文もこれまでの文法規則と同じく，最後に「**吗**」をつけるか，使役動詞を《肯定形＋否定形》にすることで作ることができます。

你妈妈叫不叫你洗衣服?　　あなたのお母さんはあなたに洗濯をさせますか。

Nǐ māma jiào bu jiào nǐ xǐ yīfu?

　また，兼語文を作る動詞として「**派 pài**」「**求 qiú**」「**请 qǐng**」もよく使われますので，ぜひ覚えておきましょう！

派 pài

この使役動詞は,「派遣して〜させる」という意味で, これも英語の make にあたりますが,「行かせる」という意味を含んでいます。

上司派部下去英国出差了。　　上司は部下をイギリスに出張させました。

Shàngsi pài bùxià qù Yīngguó chūchāi le.

Boss sent the man to England on business.

求 qiú

この使役動詞は,「…に〜するように頼む」という意味で, 英語の ask にあたります。

我的朋友求我帮助了。　　私の友だちが私に助けを求めてきました。

Wǒ de péngyou qiú wǒ bāngzhù le.

My friend asked me for help.

请 qǐng

「招いて〜してもらう」や「…に〜するように頼む」という意味を持った使役動詞です。

他们请我们吃饭了。　　彼らは私たちにごちそうしてくれました。

Tāmen qǐng wǒmen chī fàn le.

They made a feast for us.

⑤ 兼語表現の幅を増やそう！

「让」「叫」などの使役動詞を用いた兼語表現のほか，以下のような兼語がよく使われます。これらも覚えることで，さらに表現力をつけましょう。

有人 yǒu rén	不特定の人が存在することを表わします。

昨天有人给你发传真了吗?

Zuótiān yǒu rén gěi nǐ fā chuánzhēn le ma?

昨日，あなたにファクスを送る人がいましたか。

劝 quàn	「勧める」の簡体字で，意味は日本語と同じです。

上司劝我去中国学习。

Shàngsi quàn wǒ qù Zhōngguó xuéxí.

上司が私に中国へ勉強しに行くよう勧めています。

命令 mìnglìng	日本語の「命令する」と同じ意味です。

公司命令我从中国回来。

Gōngsī mìnglìng wǒ cóng Zhōngguó huílai.

会社は私に中国から帰ってくるよう命じています。

1. 動詞が2つ以上ある場合は，日本語と同じ語順で連ねる。ただし，日本語で「～しにいく」「～しにくる」と表現するものは，英語と同じ語順となる。

> 例：**我去东京见妈妈。**（私は東京に行って母に会います）
>
> **我去看电影。**（私は映画を見にいきます）

2. 否定語句や修飾語句は，最初の動詞の前につける。

> 例：**我不去东京见妈妈。**（私は東京に行って母に会いません）

3. 完了の「**了**」は，一番最後の動詞の後につける。

> 例：**她来吃了饭。**（彼女はご飯を食べに来ました）

4. 「ちょっと～してみる」の意味合いをもたせるには，動詞を2回続ける。

> 例：**你看看！**（ちょっと見てみて！）

5. 使役の意味を持つ主な動詞には，「**让**」「**叫**」「**使**」「**派**」「**求**」「**请**」がある。

> 例：**让我做自我介绍。**（私に自己紹介をさせてください）

本課の最重要単語（使役動詞）

让 ràng	〜させる	**派** pài	派遣する
叫 jiào	言って〜させる	**求** qiú	頼んで〜してもらう
使 shǐ	〜させる（静的）	**请** qǐng	招く，〜してもらう

本課の新出重要単語

见（面） jiàn (miàn)	会う	**考上** kǎoshàng	合格する
妈妈 māma	ママ，お母さん	**高兴** gāoxìng	うれしい
玩儿 wǎnr	遊ぶ	**顾客** gùkè	お客さん
都 dōu	みんな	**满意** mǎnyì	満足する
写 xiě	書く	**上司** shàngsi	上司
休息 xiūxi	休憩する	**部下** bùxià	部下
收拾 shōushi	片付ける	**英国** Yīngguó	イギリス
尝 cháng	味わう	**帮助** bāngzhù	助ける
散步 sàn bù	散歩する	**有人** yǒu rén	不特定の人が存在することを表わす
打球 dǎ qiú	球技をする		
做自我介绍 zuò zìwǒ jièshào	自己紹介する	**发传真** fā chuánzhēn	ファクスを送る
一下 yíxià	少し，ちょっと	**劝** quàn	勧める，説得する，助言する
爸爸 bàba	お父さん		
啤酒 píjiǔ	ビール	**命令** mìnglìng	命令する
洗衣服 xǐ yīfu	洗濯する		

1 英語の前置詞,「介詞(かいし)」をマスター！　🎧 053

　第5課では「**在** zài」などの存在を表わす表現を学びましたが,「駅で"at station"」など,前置詞としての表現は出てきませんでした。第9課で学ぶ介詞とは,まさに英語の前置詞（at, in, from, to など）や日本語の格助詞（に,と,で,へ など）のことをいいます。述語のすぐ前に入れますので,語順は日本語と同じです。それでは以下の例文を見てみましょう。

私は中国で働いています。

我|**在中国**|**工作。**　　Wǒ zài Zhōngguó gōngzuò.

I work|in China|.

　上記のように語順は,**我**（私は）**在中国**（中国で）**工作**（働いています）となっており,文全体では日本語のように考えることができます。「**在中国**」の部分だけを見てみると,英語の"in China"と語順が同じですね。すでに学んだ存在を表わす動詞「**在**」と比べながらチェックしてみましょう。

在 zài	動詞	**我在中国。** Wǒ zài Zhōngguó. 中国にいます。《存在を表わす》
	介詞	**我在中国工作。** Wǒ zài Zhōngguó gōngzuò. 中国で働いています。《場所を表わす》

介　詞　➡　《介詞＋名詞》の形が多く,英語と位置関係が似たものが多い。

■ 基本 15 介詞 ■

在 zài + 場所・時間　～で《場所》　〈at 場所・時間〉
　　　　　　　　　　　　　～に《時間》

> **我在家学习汉语。**　　　家で中国語を勉強します。《場所》
> Wǒ zài jiā xuéxí Hànyǔ.
>
> **我在二十五岁的时候结婚了。**　　私は 25 歳のときに結婚しました。《時間》
> Wǒ zài èrshiwǔ suì de shíhou jiéhūn le.

从 cóng + 場所・時間　～から《起点》　〈from 場所・時間〉

> **我从日本来。**　　　私は日本から来ました。《場所》
> Wǒ cóng Rìběn lái.
>
> **他从这儿去韩国。**　　　彼はここから韓国へ行きます。《場所》
> Tā cóng zhèr qù Hánguó.
>
> **晚会从七点开始了。**　　パーティーは 7 時から始まりました。《時間》
> Wǎnhuì cóng qī diǎn kāishǐ le.

到 dào + 場所・時間　～に［へ］《場所・時間》　〈to 場所・時間〉
　　　　　　　　　　　　～まで《場所・時間》

> **今天我到大阪去。**　　　　今日，私は大阪に行きます。《場所》
> Jīntiān wǒ dào Dàbǎn qù.
>
> **我每天从九点到五点工作。**　　私は毎日 9 時から 5 時まで働いています。《時間》
> Wǒ měitiān cóng jiǔ diǎn dào wǔ diǎn gōngzuò.

| **离** lí | + | **場所・時間** | ～から《距離の隔たり》〈from 場所〉 |
| | | | ～まで《時間の隔たり》〈to/until 時間〉 |

我家离学校有五公里。　　私の家は学校から5kmあります。
Wǒ jiā lí xuéxiào yǒu wǔ gōnglǐ.

离毕业还有半年。　　卒業まであと半年あります。
Lí bìyè háiyǒu bānnián.

| **为** wèi | + | **利益を受ける対象** | ～のために《対象》〈for 人物など〉 |

| **为了** wèile | + | **目的** | ～のために《目的》〈for 目的〉 |

为她买了礼物。　　彼女のためにプレゼントを買いました。
Wèi tā mǎile lǐwù.

为了将来，我们应该学习。　　将来のために，私たちは勉強するべきです。
Wèile jiānglái, wǒmen yīnggāi xuéxí.

| **当** dāng | + | **～的时候** de shíhou | ～する［した］とき《何かが起こる［起きた］時を示す》 〈when 出来事〉 |

当我来北京的时候，朋友已经走了。
Dāng wǒ lái Běijīng de shíhou, péngyou yǐjīng zǒu le.
私が北京に来たときには，友だちはもう帰っていました。

＊「当」はしばしば省略されるので，「～した［する］とき，」＝「～的时候，」と覚えると便利でしょう。

跟 gēn + 対象　〜と（一緒に／比べて）《口語的でよく使われる》
〈with ものごと・人物〉

和 hé + 対象　〜と（一緒に／比べて）《文語的だが，口語で使う人も
多い》〈and ものごと・人物〉　　　　　　　*同や与も同意。

你跟他一起去那里吗?　　彼と一緒にそこに行くのですか。《動作の対象》
Nǐ gēn tā yìqǐ qù nàli ma?

　　　　　　　*「一起」は，「《よく'跟''和'を伴って》一緒に」。

她和你一样高。　　彼女は身長があなたと同じくらいです。《比較の対象》
Tā hé nǐ yíyàng gāo.

　　　　　　　*「一样」は，「《よく'跟''和'を伴って》同じである」。

---

* 英語の A with B は，「B は A についていく」ような意味になりますが，中国語の A 跟 B では，「A
は B についていく」のような反対の意味になります。なお，A 和 B では A と B が対等な関係です。

往 wǎng + 場所　〜の方へ，〜に向かって《方向》 *動く方向を示し，方位などが続く
〈toward/bound for 場所・方位〉

这辆电车往东京开。　　この電車は東京行きです。
Zhè liàng diànchē wǎng Dōngjīng kāi.

向 xiàng + 場所・人物　〜に向かって 《動きの対象・方向を示す》
〈for 場所・人物〉

孩子们向他要了零钱。　　子どもたちは彼に小遣いをねだっています。
Háizimen xiàng tā yàole língqián.

朝 cháo + 場所　〜の方を向いて《向き・方向を表わす》 〈to 場所〉

大门朝南开。　　正門は南向きです。
Dàmen cháo nán kāi.

对 duì ＋ ものごと・人物　〜に対して，〜について《対象》
〈**about** ものごと・人物〉

我对电脑非常精通。　　私はパソコンのことについては非常に詳しいです。
Wǒ duì diànnǎo fēicháng jīngtōng.

对于 duìyú ＋ ものごと・人物　〜に対して，〜にとって，〜に関して《対象》
〈**about** ものごと・人物〉

对于我的工作，你怎么想的?　　私の仕事に関してどう思いますか。
Duìyú wǒ de gōngzuò, nǐ zěnme xiǎng de?

关于 guānyú ＋ ものごと・人物　〜について，〜に関して《関係あるものごと》
〈**about** ものごと・人物〉

关于这个问题，我问一下儿，好吗?　　この問題に関して質問してもいいですか。
Guānyú zhège wèntí, wǒ wèn yíxiàr, hǎo ma?

▌さらに使える5介詞▐

给 gěi ＋ 人物　　〜のために，〜に《サービスの対象》〈**for** 人物など〉

他给我买礼物了。　　彼は私にプレゼントを買ってくれました。
Tā gěi wǒ mǎi lǐwù le.

替 tì ＋ **ものごと・人物** "替"＝"为"～のために《利益を受ける対象》
〈for ものごと・人物など〉

朋友们替我悲伤。 友人らは私のために悲しんでくれました。
Péngyoumen tì wǒ bēishāng.

＊介詞「替」は，もともとは動詞「替」からきており，この例文では「私の代わりに泣いてくれる」
→「私のために泣いてくれる」という意味に転じていることがわかります。

按 àn ＋ **ものごと・人物** ～によって，～にしたがって《準拠》
〈by ものごと〉

按小时计算。 時間単位で計算します。
Àn xiǎoshí jìsuàn.

据 jù ＋ **ものごと・人物** ～によると《準拠》
〈according to ものごと・人物〉

据他说，那没有意思。 彼によると，あれは面白くありません。
Jù tā shuō, nà méiyǒu yìsi.

除了 chúle ＋ **ものごと・人物** ～を除いて，～以外には《除外，例外》
〈except ものごと・人物〉

除了电脑以外，没有想要的东西。 パソコン以外，欲しいものがありません。
Chúle diànnǎo yǐwài, méiyǒu xiǎng yào de dōngxi.

＊「除了～以外，」という形にすることが多い。

91

　動詞と同じように，介詞も「**不**」や「**没（有）**」を，否定したい言葉（動詞・形容詞・介詞）の前に置いて否定します。中国語の場合，語順がとても大事になりますので，否定語の位置はしっかり覚えておきましょう！

---

① **我不在家用电脑。**　私は家ではコンピュータを使いません。《介詞を否定》
　Wǒ bú zài jiā yòng diànnǎo.

　→「家で（使う）」を否定しているので，家では使わないが家以外では使うということ。

② **我在家不用电脑。**　私は家でコンピュータを使いません。《動詞を否定》
　Wǒ zài jiā bú yòng diànnǎo.

　→「パソコンを使う」を否定しているので，家でコンピュータを使う意志・習慣はないということ。

ただし，以下のような文には注意しましょう！

---

③ **我不从这条路走。**　私はこの道を通っては行きません。《介詞を否定》
　Wǒ bù cóng zhè tiáo lù zǒu.

④ **学校离车站不远。**　学校は駅から遠くありません。《形容詞を否定》
　Xuéxiào lí chēzhàn bù yuǎn.

---

　①では「**不在家用**（家で使わない）」としても「家以外では使う」と考えられます。②では「**不用电脑**（〔意志・習慣として〕パソコンを使わない）」としても「パソコン以外の製品は使う」と考えられます。しかし，③では後ろの動詞を否定することはできませんし，④では前の介詞を否定することはできません。

　　→③では「この道を通る」を否定することで，「この道を通って行かない」と全体の否定となっていますので，①や②のように二つの意味に分けることができません。日本語でも「Aを通らないで（Bに）行く」と「Aを通って（Bに）行かない」は両方とも，「Aは通らない（けれどBには行く）」と同じ意味になることからわかります。

→ ④では「（学校は駅から）遠くない」ということを述べていますので，もし「**学校不离车站远。**」としてしまうと「学校は（駅から）ではないが遠い」＝「学校は遠いのは（駅からではない）」のように，「駅からではないが，とにかく学校は遠いんだ！」と意味不明のことを言っているように聞こえてしまいます。

　また，疑問文を作る場合，平叙文に「**吗**」をつける方法と，反復疑問文にする方法とがあります。ただし，反復疑問文は反復するところによって意味が異なります。以下の例文でその違いを見てみましょう。

「吗？」を使った疑問文

> あなたは図書館で英語を勉強しますか。《「図書館で英語を勉強する」こと全体を問う》
>
>
>
> **你在图书馆学英文吗?**
> Nǐ zài túshūguǎn xué Yīngwén ma?

英語を勉強しているか聞く場合

> あなたは図書館で英語を勉強しますか。《「勉強しているのが英語かどうか」を問う》
>
>
>
> **你在图书馆学不学英文?**
> Nǐ zài túshūguǎn xué bu xué Yīngwén?

図書館で勉強しているか聞く場合

> あなたは図書館で英語を勉強しますか。《「勉強している場所が図書館かどうか」を問う》
>
>
>
> **你在不在图书馆学英文?**
> Nǐ zài bu zài túshūguǎn xué Yīngwén?

今日の Point

1. 介詞（前置詞）は，述語の前に入れる。

例：**我在中国工作。**（私は中国で仕事をしています）

2. 介詞の入った文の否定は，介詞が表わす内容を否定するときは介詞の前に「**不**」「**没（有）**」を添え，その他の介詞の表わす内容以外を否定するときは，否定したい語句（動詞，形容詞）の前に添える。

例：**我不从这条路走。**（私はこの道を通りません）

3. 介詞の入った文の疑問は，動詞と同じく最後に「**吗**」を置くか，聞きたい部分（介詞か動詞）を《肯定＋否定》の形にする。

本課の最重要単語（介詞）			
在 zài	～で《場所》，～に《時間》	**向** xiàng	～に向かって《動きの対象・方向を示す》
从 cóng	～から《起点》		
到 dào	～に［へ］《場所・時間》，～まで《場所・時間》	**朝** cháo	～の方を向いて《向き・方向を表わす》
离 lí	～から《距離の隔たり》，～まで《時間の隔たり》	**对** duì	～に対して，～について
为 wèi	～のために《利益を受ける対象》	**对于** duìyú	～に対して，～にとって，～に関して《対象》
为了 wèile	～のために《目的》	**关于** guānyú	～について，～に関して《関係あるものごと》
当～的时候 dāng ~ de shíhou	～する［した］とき《何かが起こる［起きた］時を示す》	**给** gěi	～のために，～に《サービスの対象》
跟 gēn	～と（一緒に／比べて）《動作の対象・比較の対象》	**替** tì	～のために＝"**为**"《利益を受ける対象》
和 hé	～と（一緒に／比べて）《動作の対象・比較の対象》	**按** àn	～によって，～にしたがって《準拠》
		据 jù	～によると《準拠》
往 wǎng	～の方へ，～に向かって《方向》	**除了** chúle	～を除いて，～以外には《除外，例外》

本課の新出重要単語

（做）工作 (zuò) gōngzuò	仕事（をする）	**精通** jīngtōng	よく知っている
		问题 wèntí	問題
韩国 Hánguó	韓国	**问** wèn	質問する
每天 měitiān	毎日	**礼物** lǐwù	プレゼント
公里 gōnglǐ	キロメートル	**计算** jìsuàn	計算する
走 zǒu	歩く，離れる	**有意思** yǒu yìsi	おもしろい
一起 yìqǐ	一緒に	**以外** yǐwài	〜以外
孩子们 háizimen	子どもたち	**路** lù	道
零钱 língqián	小遣い	**车站** chēzhàn	駅
大门 dàmén	正門		

① 副詞を使って表現力数段 UP！　　🎧 055

　副詞には，動詞や形容詞を修飾して意味を付加したり，強めたりする作用があります。また副詞を用いることで，文全体としてのまとまりを作り上げることもあります。非常に多くの副詞がありますが，本書では中でもよく使われるものを紹介していきます。

▎程度を表わすもの ▎

　下記は，形容詞や動詞がどの程度のものかを表現する副詞です。ここにあるのはどれもよく使われるものです。

- **很** hěn（とても）
- **太** tài（たいへん）
- **非常** fēicháng（非常に）
- **稍微** shāowēi（少し）
- **一点儿** yìdiǎnr（少し）
- **有点儿** yǒudiǎnr（少し）
- **还** hái(もっと,さらに,まあまあ)
- **更** gèng（さらに）
- **特别** tèbié（特に）
- **真** zhēn（本当に）
- **最** zuì（最も）

更 gèng	**这个更好。** Zhège gèng hǎo. これはさらによい。

真 zhēn	**这儿真热！** Zhèr zhēn rè! ここは本当に暑い！

太 tài	**她太漂亮了。** Tā tài piàoliang le. 彼女はたいへん美しい。

稍微 shāowēi	**我稍微会说一点儿汉语。** Wǒ shāowēi huì shuō yìdiǎnr Hànyǔ. 私は少しだけ中国語が話せます。

「少し」の違いは少しじゃない！？

一点儿：形容詞・動詞の後に用いる。

有点儿：消極的，否定的な意味を持ち，形容詞・動詞の前に用いる。

▌範囲を表わすもの ▌

次は，動詞や介詞と組み合わせて，その範囲を表わす副詞です。これらも動詞との組み合わせでよく使われるものなので，しっかり覚えておきましょう！

- **只是** zhǐshì（ただ～だけ）
- **不过** búguò（ただ～だけ）
- **只** zhǐ（～だけ）
- **就** jiù（～だけ）
- **才** cái（わずかに）
- **全** quán（すべて）
- **都** dōu（すべて）
- **另外** lìngwài（ほかに〈補足する意味で〉）
- **完全** wánquán（完全に）
- **差不多** chàbuduō（ほとんど）
- **一共** yígòng（合わせて〈買い物のときなどに「これらを合わせて」と使う〉）
- **一块儿** yíkuàir（一緒に〈話し言葉でのみ用いられる〉）
- **一起** yìqǐ（一緒に〈書き言葉でも話し言葉でも用いられる〉）

只 zhǐ	我只去过中国。 Wǒ zhǐ qùguo Zhōngguó. 私は中国にしか行ったことがありません。

一起 yìqǐ	在大学我们一起学习。 Zài dàxué wǒmen yìqǐ xuéxí. 大学で私たちは一緒に勉強しています。

▌頻度を表わすもの ▌

動詞と組み合わせて，その頻度を表わすものを紹介します。英語の "always" や "too"，"again" のようによく使うものばかりなので，覚えないわけにはいきません。日本語の漢字と同じものも多いので，覚えやすいのでは？

- **常常** chángcháng（いつも）
- **时常** shícháng（しょっちゅう，いつも）
- **又** yòu（また，それに加え）
- **再** zài（もう一度）
- **也** yě（～もまた）
- **还** hái（まだ，依然として）

常常 chángcháng	他常常说同一件事儿。 Tā chángcháng shuō tóng yí jiàn shìr. 彼はいつも同じことを言っています。

也 yě	我也想去！ Wǒ yě xiǎng qù! 私も行こうと思います！

又 yòu	昨天见过他，今天又见到他了。 Zuótiān jiànguo tā, jīntiān yòu jiàndào tā le. 昨日彼に会い，今日も彼に会いました。

時間を表わすもの

　ここで紹介しているものは，英語での"ever"，"already"，"soon"などにあたります。ぜひこれらも覚えましょう！

- **从来** cónglái（これまで）
- **曾经** céngjīng（かつて）
- **才** cái（たった今，やっと）
- **刚** gāng（〜したばかり）
- **快** kuài（まもなく）
- **立刻** lìkè（ただちに）
- **已经** yǐjīng（すでに）
- **正在** zhèngzài（ちょうど）
- **就** jiù（すぐに）
- **马上** mǎshàng（すぐに）
- **随时** suíshí（いつでも）

就 jiù	他一回到家就去洗手间了。 Tā yì huídào jiā jiù qù xǐshǒujiān le. 彼は家に帰って，すぐトイレに行きました。

＊「一…就〜」は「…するとすぐ〜する」。

马上 mǎshàng	我马上就得出发。 Wǒ mǎshàng jiù děi chūfā. すぐに出発しなければなりません。

＊「马上」は「就」を伴うことが多い。

否定を表わすもの

　もうすでに習った表現ですね。中国語を話すときには必ず使う言葉ですので，忘れないように復習しておきましょう！

- **不** bù（〜ない）
- **没** méi（〜ない）《"**有**"の否定》
- **没（有）** méi(yǒu)（〜ない，まだ〜ない）《動作・ものごとがまだ行なわれていないことを表わす》

不 bù	**我不知道。** Wǒ bù zhīdào. 私は知りません。

没 méi	**现在没有护照。** Xiànzài méi yǒu hùzhào. 今はパスポートを持っていません。 ＊「有」の否定には「不」を使えず，必ず「没」となります。4・5課参照。

没（有） méi(yǒu)	**大家没（有）来。** Dàjiā méi(yǒu) lái. みんなまだ来ていません。

状態・語気を表わすもの

　基本副詞はこれらで最後です。ここまで自由に扱えてくると，かなり表現の幅が広がります。

●**忽然** hūrán
（急に，ふと）

●**大约** dàyuē
（だいたい，たぶん）

●**可** kě
（〈強調して〉ほんとに）

●**难道** nándào
（まさか～であるまい）

●**也许** yěxǔ
（もしかすると）

●**一定** yídìng
（必ず，きっと）

●**互相** hùxiāng
（互いに）

●**大概** dàgài
（たぶん，おおよそ）

●**恐怕** kǒngpà
（おそらく）

●**却** què
（かえって）

●**可能** kěnéng
（～かもしれない）

●**原来** yuánlái
（なんだ～だったのか）

●**差点儿** chàdiǎnr
（もう少しで[～するところだった]）

●**倒** dào
（～なのに）

●**究竟** jiūjìng
（一体全体，結局）

●**似乎** sìhū
（～らしい，～のようだ）

●**幸亏** xìngkuī
（幸いにも）

互相 hùxiāng	**他们互相不认识。** Tāmen hùxiāng bú rènshi. 彼らはお互いに知り合いではありません。

大概 dàgài	**今天大概要下雨。** Jīntiān dàgài yào xià yǔ. 今日はたぶん雨が降るだろう。

差点儿 chàdiǎnr	**我差点儿来晚了。** Wǒ chàdiǎnr lái wǎn le. もう少しで遅れるところでした。

也许 yěxǔ	**我也许来，也许不来。** Wǒ yěxǔ lái, yěxǔ bù lái. 私は来るかもしれないし，来ないかもしれません。

似乎 sìhū	**看表情，她似乎不明白。** Kàn biǎoqíng, tā sìhū bù míngbai. 表情を見ると，彼女は（どうやら）わからないらしい。

原来 yuánlái	**原来他是男的呀！** Yuánlái tā shì nán de ya! なんと彼は男だったのか！

② 「就 jiù」が持つ意味はこんなにも幅広い！ 🎧 056

「**就**」には日本語に訳すには難しい，いろいろな意味が含まれています。

---

❶ 「～するとすぐに」

他回来就睡觉了。 彼は帰ってくると，すぐに眠りにつきました。
Tā huílai jiù shuìjiào le.

❷ 「もうすでに，とっくに」

他十二岁就来日本了。 彼女は 12 歳のときにはすでに日本に来ていました。
Tā shí'èr suì jiù lái Rìběn le.

❸ 「ほかでもなく，何がなんでも，絶対」

我就想学德语。 私は何がなんでもドイツ語を勉強したいんです。
Wǒ jiù xiǎng xué Déyǔ.

❹ 「～だけ，～のみ」

昨天就他没回家。 昨日，彼だけが家に帰りませんでした。
Zuótiān jiù tā méi huí jiā.

❺ 「…ならば～である，…だから～する」 《前文の条件を受けて結論を表わす》

吃了冰淇淋，你就会凉快了。 アイスクリームを食べたら，涼しくなるよ。
Chīle bīngqílín, nǐ jiù huì liángkuai le.

「**就** jiù」はたいへん多くの意味を持っていて，初級者にとって使いこなすのはかなり至難の業です。見たとき，聞いたときにひとまず意味はわかるように把握しておきましょう！

· ·

　これで文法編も半分が終わりました。ここまで学んだことだけでもかなりのことが話せますが，最後まで読み進めることで表現力が格段にアップします。
　覚えることが多くて中だるみしがちですが，中国語を自在に使えるようになることを夢見て，気持ちを引きしめてがんばりましょう！

副詞とは，動詞や形容詞の前において動詞や形容詞を修飾する品詞。さまざまなものがあり，程度・範囲・頻度・時間・状態・語気などを表わすことができる。

本課の最重要単語（副詞）

很 hěn	とても	还 hái	まだ，依然として
太 tài	たいへん	从来 cónglái	これまで
非常 fēicháng	非常に	曾经 céngjīng	かつて
稍微 shāowēi	少し	才 cái	たった今，やっと
一点儿 yìdiǎnr	少し	刚 gāng	〜したばかり
有点儿 yǒudiǎnr	少し《消極的意味》	快 kuài	まもなく
还 hái	もっと，さらに，まあまあ	立刻 lìkè	ただちに
更 gèng	さらに	已经 yǐjīng	すでに
特别 tèbié	特に	正在 zhèngzài	ちょうど〜している
真 zhēn	本当に	马上 mǎshàng	すぐに
最 zuì	最も	随时 suíshí	いつでも
只是 zhǐshì	ただ〜だけ	忽然 hūrán	急に，ふと
不过 búguò	ただ〜だけ	互相 hùxiāng	互いに
只 zhǐ	〜だけ	差点儿 chàdiǎnr	もう少しで〔〜するところだった〕
才 cái	わずかに	大约 dàyuē	たぶん，おそらく
全 quán	すべて	大概 dàgài	だいたい，たぶん
都 dōu	すべて	倒 dào	〜なのに
另外 lìngwài	ほかに《補足する意味で》	可 kě	《強調して》ほんとに
完全 wánquán	完全に	恐怕 kǒngpà	おそらく
差不多 chàbuduō	ほとんど	究竟 jiūjìng	一体全体，結局
一共 yígòng	合わせて	难道 nándào	まさか〜であるまい
一块儿 yíkuàir	一緒に《話し言葉》	却 què	かえって
一起 yìqǐ	一緒に	似乎 sìhū	〜らしい，〜のようだ
常常 chángcháng	いつも	也许 yěxǔ	もしかすると
时常 shícháng	しょっちゅう，いつも	可能 kěnéng	〜かもしれない
又 yòu	また，それに加え	幸亏 xìngkuī	幸いにも
再 zài	もう一度	一定 yídìng	必ず，きっと
也 yě	〜もまた	原来 yuánlái	なんだ〜だったのか

102

本課の新出重要単語①

就 jiù	〜するとすぐに もうすでに，とっくに ほかでもなく，何がなんでも，絶対 〜だけ，〜のみ …ならば〜である，…だから〜する

本課の新出重要単語②

同 tóng	同じ	表情 biǎoqíng	表情
洗手间 xǐshǒujiān	トイレ，お手洗い	明白 míngbai	わかる
		男的 nán de	男の人
出发 chūfā	出発する	德语 Déyǔ	ドイツ語
护照 hùzhào	パスポート	冰淇淋 bīngqílín	アイスクリーム
认识 rènshi	見知る		
雨 yǔ	雨		
下雨 xià yǔ	雨が降る		

　動詞の前に置かれることによって，「〜できる」や「〜しなければならない」などの意味をつける言葉で，英語の "can"，"must"，"may" などにあたります。

主 な 能 願 動 詞 と 使 い 方			
可能・許可	**可以・能・会** kěyǐ　néng　huì	義務	**应该・该・得・要** yīnggāi　gāi　děi　yào
希望・願望	**要・想・愿意** yào　xiǎng　yuànyì	予測・推測	**该・会・要・能・得** gāi　huì　yào　néng　děi
S（＋副詞）＋ 能願動詞 ＋ V ＋ O			

1　英語の「助動詞」に似た能願動詞で表現力UP！ 🎧 057

▎可能・許可の３大能願動詞！！▎

　英語の "can" に相当する能願動詞は３つあり，それぞれ使われる場面が違いますが，「**能** néng」と「**可以** kěyǐ」は，どちらにも「《能力があって》〜できる」の意味と「《許可を得て》〜できる」の意味があり，どちらも使える場合が多くありますが，以下では各能願動詞の持つ本来的な意味を紹介しています。

　　　　許可など，客観的な条件のもとで「できる」ことを表わします。「〜してもよい」「なんとか〜することができる」と訳せますので，英語の "may" や "can" の意味を持ちます。

你可以［能］坐这儿。 Nǐ kěyǐ[néng] zuò zhèr.	ここに座れますよ。《可能・許可》
你们可以［能］吸烟。 Nǐmen kěyǐ[néng] xīyān.	きみたちタバコを吸ってもいいよ。《可能・許可》

「**可以**」「**能**」の否定には，いずれも「**不能**」を使います。ただし，「**可以不可以？**

（いいですか？）」と聞かれた場合には「**可以**。（いいです。）」「**不可以**。（ダメです。）」
と答えます。

能 néng	能力があって「できる」ことを表わします。病気から回復して再びできるようになった場合には，必ずこの動詞を使います。

我能［可以］修理摩托车。 　私はバイクを修理できます。《可能》
Wǒ néng[kěyǐ] xiūlǐ mótuōchē.

她能［可以］游得非常好。 　彼女は非常に上手に泳げます。《可能》
Tā néng[kěyǐ] yóude fēicháng hǎo.

会 huì	学習や練習によって会得して「できる」ことを表わします。英語ではbe able toにあたりますが，「**不会**」と否定形にすると，英語のcannotにあたる「〜のはずがない」の意味になります。

我们会弹吉他。 　　　　私たちはギターを弾けます。《可能》
Wǒmen huì tán jítā.

我们会开车。 　　　　　私たちは車を運転できます。《可能》
Wǒmen huì kāi chē.

▌**希望の３大能願動詞！！**▌
　英語の"want"や"hope"，"wish"にあたる能願動詞です。

要 yào	主体的・自発的に「〜したい」という意味で，英語の"want"にあたります。

我要学汉语。	私は中国語を勉強したいです。《希望・願望》
Wǒ yào xué Hànyǔ.	
我要见妈妈。	お母さんに会いたいです。《希望・願望》
Wǒ yào jiàn māma.	

想
xiǎng

「〜したい」という意味を含んだ"think"で、「〜しようかなと思う」という意味を表わします。think（〜と思う）の意味の動詞としても使われます。

我想去中国旅游。	私は中国へ旅行に行きたいです。《希望・願望》
Wǒ xiǎng qù Zhōngguó lǚyóu.	
我们想早（一）点（儿）回家。	私たちは少し早めに家に帰りたいのですが。
Wǒmen xiǎng zǎo (yì)diǎn(r) huí jiā.	《希望・願望》

＊早（一）点（儿）＝「少し早く」

注意!!

「要 yào」の否定は「**不要** bú yào」ではなく「**不想** bù xiǎng」となります。「**不要** bú yào」だと、「〜してはいけない」という意味になるので要注意！

我不要见妈妈。	お母さんに会ってはいけません。《禁止》
Wǒ bú yào jiàn māma.	
我不想见妈妈。	お母さんに会いたくありません。《希望・願望の否定》
Wǒ bù xiǎng jiàn māma.	

愿意
yuànyì

「〜したいと望む」という意味で英語の"hope"や"wish"にあたります。

我愿意干这份工作。	この仕事がしたいです。
Wǒ yuànyì gàn zhè fèn gōngzuò.	

＊「份」は「工作」の量詞です。

さらにワンランクアップの能願動詞！！

肯
kěn

「喜んで〜する」「すすんで〜する」という意味で，英語の "be willing to" にあたります。

他肯来，我很高兴。	彼は喜んで来てくれるので，たいへんうれしいです。
Tā kěn lái, wǒ hěn gāoxìng.	

敢
gǎn

「あえて〜する」「思いきって〜する」という意味で，英語の "dare" にあたります。

我敢摸老虎。	私は思いきって虎にさわってみます。
Wǒ gǎn mō lǎohǔ.	

義務の能願動詞

英語の "should" にあたる能願動詞で，「〜すべき」の意味を持ちます。また，"must" や "have to" にあたる能願動詞も紹介します。

该・应该
gāi yīnggāi

「(当然)〜すべきである。」という能願動詞です。「**该** gāi」だけでも「**应该** yīnggāi」としても使われます。

你该打扫你的屋子。 きみは部屋を掃除するべきです。
Nǐ gāi dǎsǎo nǐ de wūzi.

你应该早点儿起床。 きみは早起きすべきです。
Nǐ yīnggāi zǎodiǎnr qǐchuáng.

父母应该夸孩子。 父母は子どもを褒めるべきです。
Fùmǔ yīnggāi kuā háizi.

得
dǐi

英語の"have to"に近い表現で，客観的な状況として「～しなければならない」という能願動詞です。義務としてしなければならない場合に用います。

我得回家去。 私は家に帰らなければなりません。
Wǒ děi huí jiā qù.

我得坐电车上班。 私は電車に乗って会社に行かなければなりません。
Wǒ děi zuò diànchē shàngbān.

要
yào

英語の"must"に近い表現で，主体的・自発的に「～しなければならない」「～する必要がある」という意味です。

你也要注意小偷儿。 きみもスリには気をつけなければいけません。
Nǐ yě yào zhùyì xiǎotōur.

英語の "must" や "may" にあたる「～のはずだ」「～にちがいない」「～かもしれない」の意味を持つ能願動詞です。

| 该・会・要
gāi huì yào
能・得
néng děi | 「～のはずだ」「～にちがいない」という意味で，これらの能願動詞を使うことができます。 |

有考试，他会来的。　　試験があるので，彼は来るはずです。《予測・推測》
Yǒu kǎoshì, tā huì lái de.

　　　　　　　　　　　　＊「的」は文末に用いて，断定・確認の語気を表わす。

明天要下雨。　　　　　明日は雨が降るでしょう。《予測・推測》
Míngtiān yào xià yǔ.

因为要去英国留学，所以他该学英语。
Yīnwèi yào qù Yīngguó liúxué, suǒyǐ tā gāi xué Yīngyǔ.

イギリス留学に行きたいので，彼は英語を勉強するはずです。《予測・推測》

慢一点儿的话，我们就得迟到了。　少し遅くなると，きっと遅刻します。
Màn yìdiǎnr de huà, wǒmen jiù děi chídào le.　　　　　　　　　　《予測・推測》

我的名字他们能不知道吗？　　私の名前を彼らが知らないことがあるだろうか。
Wǒ de míngzi tāmen néng bù zhīdào ma?　　　　　　　　　　　《予測・推測》

可能
kěnéng

英語の "may" は助動詞にあたりますが,「〜かもしれない」という意味の「**可能**」は副詞に分類されています。第 10 課で出てきた「**也许 yěxǔ**」とほぼ同じ意味を持ちます。

飞机可能已经飞走了！　　　飛行機はもう飛びたってしまったかもしれない！
Fēijī kěnéng yǐjīng fēizǒu le!

② 能願動詞は実に多様で幅広い！

　能願動詞は，1 つの漢字でいくつもの意味を持っています。ここでは，どの能願動詞がどういった意味を持っているかを，能願動詞ごとにまとめています。

＊意味が同じ，または似かよっているものを矢印で結んでいます。

●**能**　　　《能力や客観的に見て》〜できる，《可能性があることを表わして》〜のはずだ

●**可以**　　〜してもよい，《能力や客観的に見て》〜できる，〜したらどうだ

●**会**　　　《習得・訓練して》〜できる，〜のはずだ

●**要**　　　〜したい，〜のはずだ，〜しなければならない

●**想**　　　〜と思う，〜したい

●**愿意**　　〜したい

●**应该**　　当然〜すべきだ，《状況から判断して》〜のはずだ

●**该**　　　当然〜すべきだ，〜にちがいない

●**得**　　　義務的に〜しなければならない，〜にちがいない

●**肯**　　すすんで［喜んで］～する

●**敢**　　あえて［思いきって］～する

副詞

●**可能**　　～かもしれない（＝**也许**）

〈英語の may（～かもしれない）ですが，副詞に分類されます〉

 英語では助動詞に分類される may（～かもしれない）の意味を持つ「**也许**」「**可能**」は，中国語では副詞に分類され, will（～するつもり）の意味を持つ「**打算** dǎsuan」は中国語では動詞に分類されます。

③ 能願動詞を含む否定文や疑問文を作ろう！　🎧 058

　能願動詞を否定したり，疑問文を作ったりするときも，これまでと同じく能願動詞の前に否定語句「**不**」をもってきて否定文を作り，文末に「**吗**」をつけたり《肯定＋否定》の形にしたりして疑問文にします。

你不应该生气。　　　　きみは怒るべきではありません。
Nǐ bù yīnggāi shēngqì.

你能不能吃臭豆腐?　　臭豆腐を食べることができますか。
Nǐ néng bu néng chī chòudòufu?

你想抱我的孩子吗?　　子どもを抱きたいですか。
Nǐ xiǎng bào wǒ de háizi ma?

我应该拿我的词典来吗?　辞書を持ってくるべきですか。
Wǒ yīnggāi ná wǒ de cídiǎn lái ma?

ここは気をつけておこう！　間違えやすい & 忘れやすい否定文

　「～しなければならない」の反対が「～しなくてもいい」なのか，「～してはいけない」なのかはわかりにくいので，そういった間違えやすいものや，忘れてしまいそうなものを取り上げます。ぜひしっかりと覚えておきましょう！

不能 bù néng	《能力・許可がなくて》～できない ［cannot］
不会 bú huì	《練習・学習で習得していなくて》～できない ［be not able to］，～のはずがない ［cannot］

不要 bú yào	～してはいけない《禁止》［must not］ ＊文の形で「你不要～。」と使う。単独で「不要。」を使うと「いらない」という意味の返事として使うことができる。
不可能 bù kěnéng	無理である《不可能》［impossible］ ＊漢字のとおり，不可能なさまを表わす。
不行 bùxíng	ダメ，してはいけない ［you can't.］ ＊許可できないときに返事として「不行。（ダメです）［No, you can't.］」とよく使う。許可できる場合は，「行。（いいですよ）［Yes, you can.］」と言う。

不想 bù xiǎng	～したくない ［not want to］
不肯 bù kěn	すすんで～しない ［be unwilling to］
不敢 bù gǎn	あえて～しない，～する勇気がない ［not dare to］

不应该 bù yīnggāi	～すべきでない ［should not］
不用 búyòng	～する必要がない ［need not］
不必 búbì	～する必要がない ［need not］
不～也可以 bù ~ yě kěyǐ	～しなくてもよい ［may not］

我不能喝啤酒。　　　　　　私はビールを飲めません。《元々できない》
Wǒ bù néng hē píjiǔ.

父亲不会用手机。　　　　　父は携帯を使えません。《習得していないのでできない》
Fùqin bú huì yòng shǒujī.

你不要睡觉。　　　　　　　寝てはいけません。《禁止》
Nǐ bú yào shuìjiào.

那个不可能。 Nàge bù kěnéng.	それは無理です。
不行。 Bù xíng.	ダメです。

*能願動詞の否定ではないですが，よく使うので覚えておきましょう！

他不想去。 Tā bù xiǎng qù.	彼は行きたくないんです。
他不肯去。 Tā bù kěn qù.	彼は自分からすすんでは行きたくないんです。
他不敢去。 Tā bù gǎn qù.	彼には行く勇気がありません。
你不应该见他们。 Nǐ bù yīnggāi jiàn tāmen.	彼らには会わないほうがいい［会うべきでない］。
你不用戴眼镜。 Nǐ bú yòng dài yǎnjìng.	眼鏡をかける必要はないです。
我们不必去医院。 Wǒmen bú bì qù yīyuàn.	私たちは病院へ行く必要はありません。
你不来这儿也可以。 Nǐ bù lái zhèr yě kěyǐ.	ここに来なくてもいいです。

「**不～也可以** bù ~ yě kěyǐ」の場合，「**可以**」が後ろにきたり「**也**」があったりして ややこしいようにも見えますが，文構造を見ると簡単ですので見てみましょう。

あなたは	ここに来ない（くても）	も	いい
你	不来这儿	也	可以。

つまり，「**不来这儿**」を１つのかたまりと考えると，やっぱり語順は日本語と同じですね！

▎「不要 bú yào」と「不可以 bù kěyǐ」の違い▎

「**不想** bù xiǎng（〜したくない）」と「**不要** bú yào（〜してはいけない）」の違いは106 ページで紹介しましたが，ここでは「**不可以** bù kěyǐ（〜してはいけない）」との違いを見てみましょう。

你不要回家。　　　家に帰ってはいけません［帰るな！］。《禁止》
Nǐ bú yào huí jiā.

你不可以回家。　　家に帰ってはいけません［帰っていい状態ではない］。
Nǐ bù kěyǐ huí jiā.　　　　　　　　　　　　　　　　　《許可しない》

> ＊同じ「許可しない」という意味で使うこともありますが，基本的に「**不要** bú yào」や「**别** bié」を使って禁止を表わし，「**可以** kěyǐ」「**不可以** bù kěyǐ」で許可のありなしを表わすというふうにとらえておきましょう！

1. 能願動詞とは動詞の前に置くことによって,「～できる」や「～しなければならない」などの意味をつける言葉で,英語の"can, must, may"などにあたる。
2. 能願動詞の否定文を作るときは動詞の否定と同様,能願動詞の前に「**不**」を置く。
3. 能願動詞のついた疑問文を作るときは動詞の疑問と同様,最後に「**吗?**」をつけるか,能願動詞を《肯定形＋否定形》にする。

本課の最重要単語（能願動詞・副詞）

可以 kěyǐ	《能力があって》～できる,《許可を得て》～できる
能 néng	《能力があって》～できる,《許可を得て》～できる;～のはずだ,～にちがいない
会 huì	《学習や練習によって会得して》～できる;～のはずだ,～にちがいない
要 yào	《主体的・自発的に》～したい;～しなければならない,～する必要がある:～のはずだ,～にちがいない
想 xiǎng	～したい,～しようかなと思う
愿意 yuànyì	～したいと望む
肯 kěn	喜んで～する,すすんで～する
敢 gǎn	あえて～する,思いきって～する
该 gāi	(当然) ～すべきである;～のはずだ,～にちがいない
应该 yīnggāi	(当然) ～すべきである
得 děi	～しなければならない;～のはずだ,～にちがいない
可能 kěnéng	～かもしれない《副詞》
不能 bù néng	《能力・許可がなくて》～できない
不会 bú huì	《練習・学習で習得していなくて》～できない,～のはずがない
不要 bú yào	～してはいけない《禁止》
不可能 bù kěnéng	無理である《不可能》
不行 bùxíng	ダメ,してはいけない
不想 bù xiǎng	～したくない
不肯 bù kěn	すすんで～しない
不敢 bù gǎn	あえて～しない,～する勇気がない
不应该 bù yīnggāi	～すべきでない
不用 búyòng	～する必要がない
不必 búbì	～する必要がない
不～也可以 bù ~ yě kěyǐ	～しなくてもよい

本課の新出重要単語

吸烟 xīyān	タバコを吸う	**小偷（儿）** xiǎotōu(r)	スリ，泥棒
修理 xiūlǐ	修理する	**考试** kǎoshì	テスト
摩托车 mótuōchē	バイク	**因为** yīnwèi	～なので
游 yóu	泳ぐ（＝**游泳**）	**留学** liúxué	留学
弹 tán	弾く	**所以** suǒyǐ	だから
吉他 jítā	ギター	**迟到** chídào	遅刻する
旅游 lǚyóu	旅行	**名字** míngzi	名前
早点 zǎodiǎn	少し早めに	**飞机** fēijī	飛行機
份 fèn	仕事を数える量詞	**飞** fēi	飛ぶ
摸 mō	触る	**生气** shēngqì	怒る
老虎 lǎohǔ	虎	**臭豆腐** chòudòufu	臭豆腐
打扫 dǎsǎo	掃除する	**抱** bào	抱く
起床 qǐchuáng	起きる	**拿来** nálai	持ってくる
夸 kuā	褒める		
注意 zhùyì	注意する		

時制のお話

　中国語学習も中盤に入ってきたところで，中国語の時制について知っておきましょう。私（著者）は英語を学ぶ際，現在形・過去形・未来形と学ぶ中で日本語との違いを感じました。

　例えば，「私は病院に行きます。」を英語にすると，"I go to the hospital." かもしれませんし，"I will go to the hospital." かもしれません。また，「私は手紙を送りました。」を英語にすると，"I sent a letter." のほかに完了形で，"I have sent a letter." とも言うことができます。

　そうです，日本語は英語のようにはっきりと時制を区別しません。中国語も日本語に近く，中国語に過去形や未来形は存在しないのです。ではどうやって過去のことか，現在のことか，未来のことかを区別するかというと，やはり1つ目は**文脈**です。

　そして2つ目は**一緒に使われている単語**です。日本語の「明日」と同じく，「**明天**」などを見れば未来のことを話しているのがわかるでしょう。未来に起こることを強調したいときは，「**打算** dǎsuan」を動詞の前に置くことで，「～するつもり」という意味にすることができます。

　最後に3つ目は**アスペクト(相)** と呼ばれるものです。これは日本語の「～している。《進行・持続》」「～した。《完了》」「～したことがある。《経験》」「～しはじめる。《開始》」「～しつづける。《継続》」「まもなく～する。《将然》」という変化に相当するもので，動詞の前後にそれぞれの意味を表わす語句をつけることで文を構成しています（過去を表わすときは完了のアスペクトを使用します）。ですので，時制に関しては日本語の仕組みに近いと考えるとよいと言えます。

　それではそのような前提を知った上で，第12課に進みましょう！

日本語でも英語でも，「ちょうど〜しているところだ」という意味を表わす「現在進行形」があるように，中国語には「進行のアスペクト」，「持続のアスペクト」と，2種類の進行の形があります。ここでは単に「進行相」「持続相」と表わしておきます。

進 行 相 ・ 持 続 相 の 構 文	
進行相	S ＋ 正在 ＋ V ＋ O ＋ 呢：ちょうど〜しているところだ
持続相	S ＋ V ＋ 着 ＋ O：(現在も) 〜をしている

059

①「ちょうど〜しているところ」を表わす進行相をマスター！

「ちょうど〜しているところ」という意味を表わすにあたって，《正在〜呢 zhèngzài〜ne》という構文を使います。「正在 zhèngzài」は進行を表わしたい動詞の前に置き，「呢 ne」は最後につけます。なお，「正」「在」「呢」それぞれ1つだけでも進行を表わすことができます。

我正在做菜呢。　　Wǒ zhèngzài zuò cài ne.

私は今，料理を作っています。

他正在用电脑打字。　　Tā zhèngzài yòng diànnǎo dǎ zì.

彼は今パソコンで文字を入力しています。

她上网呢。　　Tā shàngwǎng ne.

彼女はインターネットをしているところです。

進行相の否定・疑問文

否定文を作るときには，まだ行なわれていないという否定を表わす「**没（有）**
méi(yǒu)」を使って，「**正** zhèng」，「**在** zài」，「**呢** ne」は取り除きます。

＊「**没（有）** méi(yǒu)」の「**有**」は通常，軽声で発音されます。「まだ」ということを強調
する際には，「**还** hái」をつけて「**还没（有）** hái méi(yǒu)」にします。

没有盖公寓。 　　　　Méiyǒu gài gōngyù.

アパートを建てていません。

那个节目没有播送。 　　　Nàge jiémù méiyǒu bōsòng.

あの番組は放送されていません。

疑問文を作るときには通常どおり，平叙文に「**吗**」を最後につけます。

他正在生气吗? 　　Tā zhèngzài shēngqì ma?

彼は今怒っているのですか。

　　　　对，他正在生气。 　　はい，彼は今怒っています。《肯定》
　　　　Duì, tā zhèngzài shēngqì.

　　　　是的。 　　　そうです。《肯定》
　　　　Shì de.

　　　　没有。 　　　いいえ。《否定》
　　　　Méiyǒu.

你在工作吗? 　　Nǐ zài gōngzuò ma?

あなたは今仕事をしていますか。

　　　　对，在工作。 　　はい，仕事をしています。《肯定》
　　　　Duì, zài gōngzuò.

　　　　没有。 　　　いいえ。《否定》
　　　　Méiyǒu.

「まだ持続している」を表わす持続相をマスター！

　進行と持続の違いは少し複雑のように思われます。進行とは単に「その時点において，ある動作が進行中である」ということを表わし，持続とは，「すでに行なわれた動作がまだ持続している」ということを表わします。持続相の用法は，「**着** zhe」を，持続を表わしたい動詞や形容詞の後につけるだけです。持続相にもしばしば文末に「**呢** ne」がつきます。

| 進行相の考え方 |
| 発言の時点 |

↑この時点で進行中という事実がある！

| 持続相の考え方 |
| 発言の時点 |

↑動作が開始から持続している！

それぞれが，上記 ■■▶ で表わされている部分を重視した言い方です。

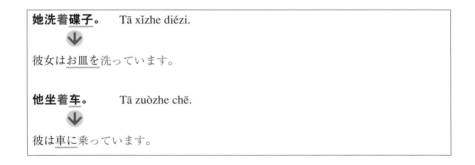

她洗着碟子。　　Tā xǐzhe diézi.
　　⬇
彼女はお皿を洗っています。

他坐着车。　　Tā zuòzhe chē.
　　⬇
彼は車に乗っています。

持続相の否定・疑問文

否定文を作るときには，進行相と同じく「**没（有）**」を使い，一般的に「**着** zhe」は除きます。残存していることを表わす場合や「座っている」「横たわっている」などの身体の状態の持続を表わす場合は否定文にするときにも「**着**」をつけたままにします。疑問文を作るときには通常どおり，「**吗**」を平叙文の最後につけるか，「**～着没有？**」の形にします。

❶否定文の作り方

通常，「**着**」は消えて，「**没有**」がつく
他们没有看电视。　　　　　　彼らはまだテレビを見ていない。 Tāmen méiyǒu kàn diànshì.

存在の持続を示すものや，身体動作の持続は「**着**」が残る
椅子上放着书包。 Yǐzishang fàngzhe shūbāo. 椅子の上にカバンが置いてある。 **椅子上没有放着书包。** Yǐzishang méiyǒu fàngzhe shūbāo. 椅子の上にカバンはもう置いていない。 **他在那儿坐着。** Tā zài nàr zuòzhe. あそこに彼が座っている。 **他没有在那儿坐着。** Tā méiyǒu zài nàr zuòzhe. あそこに彼はもう座っていない。

❷疑問文の作り方

「**吗**」がついた疑問文
商店开着吗？　　　　　　お店はまだ開いていますか。 Shāngdiàn kāizhe ma?

> **还开着。**　　　まだ開いています。《肯定》
> Hái kāizhe.

> **没有。**　　　もう開いていません。《否定》
> Méiyǒu.

「**没有**」がついた疑問文
妈妈做着饭没有？　　　　お母さんはまだご飯を作っていますか。 Māma zuòzhe fàn méiyǒu?

> **做着。**　　　まだ作っています。《肯定》
> Zuòzhe.

> **没有。**　　　もう作っていません。《否定》
> Méiyǒu.

③ 進行相と持続相は同時にも使える！

　進行相と持続相は似ていますので，進行相で使われた構文は持続相の構文の中でも「動作が持続している」ことを表わすものと一緒に使うことができます。

他们在找着工作呢。	彼らは今仕事を探しているところです。
Tāmen zài zhǎozhe gōngzuò ne.	
我们正在喝着酒呢。	私たちは今まだお酒を飲んでいるところです。
Wǒmen zhèngzài hēzhe jiǔ ne.	

今日の Point

1. 進行相（進行のアスペクト）

　「ちょうど〜しているところ」という意味を表わすのに「**正在〜呢**」という構文を使う。「**正在**」は進行を表わしたい動詞の前に置き，「**呢**」は最後につける。「**正**」，「**在**」，「**呢**」それぞれ1つだけでも進行を表わすことができる。否定文を作るときには，まだ行なわれていないという否定を表わす「**没有**」を使って，「**正**」，「**在**」，「**呢**」は取り除く。疑問文を作るときには通常どおり，「**吗**」を最後につける。

　　例：**我正在听音乐呢。**（今音楽を聴いています）

2. 持続相（持続のアスペクト）

　持続とは，「すでに行なわれた動作がまだ持続している」ということを表わす。用法としては「**着**」を，持続を表わしたい動詞や形容詞の後につけるだけで，持続相にも文末に「**呢**」がつくことがある。

　　否定文を作るときには，進行相と同じく「**没有**」を使い，「**着**」は除くが，残存や身体状態の持続を表わす場合は「**着**」をつけたままにする。疑問文を作るときは「**吗**」をつけるか「**〜着没有？**」にする。

　　例：**他坐着车。**（彼は車に乗っています）

3. 進行相と接続相は一緒に使うこともできる。

　　例：**他门在找着工作呢。**（彼らは今仕事を探しているところです）

本課の最重要単語（進行・持続のアスペクト）

正 zhèng	
在 zài	ちょうど～しているところだ
呢 ne	
正在～呢 zhèngzài ~ ne	
着 zhe	～しているところだ《持続》

本課の新出重要単語

做 zuò	作る	公寓 gōngyù	アパート
菜 cài	料理	节目 jiémù	番組・演目
用 yòng	使う	播送 bōsòng	放送する
打 dǎ	打つ	洗 xǐ	洗う
字 zì	字，文字	碟子 diézi	お皿
上网 shàngwǎng	インターネットをする	找 zhǎo	探す
盖 gài	建てる		

第13課では，完了相・経験相・「まもなく」を表わす将然相を紹介します。

完了相・経験相・将然相の構文 （それぞれ基本形）	
完了相	S＋V＋了＋O：〜した。／〜したところだ。
経験相	S＋V＋过＋O：〜をしたことがある。
将然相	S＋要＋V＋了＋O：まもなく〜をする。

「動作が完了した」ことを表わす完了相をマスター！ 🎧062

42ページでもお話したように，中国語には過去形がありません。現在・過去・未来に限らず，「ある動作が完了した」ことを表わすための言葉があります。このことを「完了のアスペクト」と言いますが，ここでは「完了相」と表わしておきます。動作の完了を示すには「了 le」を動詞の後ろにつけます（ただし，「是」などの変化を伴なわない動詞にはつけられません）。では，例を見てみましょう。

我写了我的名字。　　Wǒ xiěle wǒ de míngzi.

自分の名前を書きました。

机票丢了！　　　　航空券を失くした！
Jīpiào diū le!

忘了。　　忘れました。
Wàng le.

＊英語の過去形と完了形を両方含んでおり，過去のことを言う場合は，基本的に「了 le」を使って表わします。日本語の「〜（し）た。」と考えるとわかりやすいのではないでしょうか。

累了！　　疲れた！
Lèi le!

中国語の完了相の否定・疑問文

　否定文を作るときには，進行相と同じく，まだ行なわれていないという否定を表わす「**没（有）**」を使って「**了** le」は取り除きます。また，特に「まだ〜していない」ということを示したいときは「**还没〜呢** háiméi〜ne」が使われます。

　疑問文を作るときには通常どおり「**吗**」を平叙文の最後につける形か，平叙文の最後に「**没有**」をつける形，または《動詞＋**没**＋動詞》という形の三種類があります。

我没有吃饭。　　　　私はご飯をまだ食べていません。《否定》
Wǒ méiyǒu chī fàn.

他没有去欧洲。　　　彼はまだヨーロッパに行っていません。《否定》
Tā méiyǒu qù Ōuzhōu.

这事儿忘了没有?　　このこと，まだ忘れてない？《疑問文》
Zhè shìr wàngle méiyǒu?

累了吗?　　　　　　疲れましたか。《疑問文》
Lèi le ma?

疲れました。	まだです（疲れていません）。
累了。 Lèi le.	**没有。** Méiyǒu.

 # (2) 完了相とまぎらわしい語気助詞の「了 le」！　🎧 **063**

　「**我买了唱片**」や「**我去了北京**」のような文では，「私は CD を買って，」「私は北京に行って，」というふうに途中で文が途切れている状態に聞こえるので，「私は CD を買いました。」「私は北京に行きました。」と文を終わらせるには，最後に「**了**」を入れる必要があります。この「**了**」のことを語気助詞の「**了**」といいます。

我买了唱片，…
Wǒ mǎile chàngpiàn,

私は CD を買って，…

「**了**」をつけると…
→

我买了唱片了。
Wǒ mǎile chàngpiàn le.

私は CD を買いました。

＊文の最後が「**唱片**」だと，「CDを買って，それから…」と文が続きそうな印象を与えてしまいます。

＊文の最後の「**了**」は，「CDを買いました」の「た。」の役目を担い，文がそこで終わりとわかります。

125

我去了北京，…
Wǒ qùle Běijīng,
私は北京に行って，…

我去了北京了。
Wǒ qùle Běijīng le.
私は北京に行きました。

　語気助詞について詳しくは第19課で説明していますので，そちらを参照してください。

　また，語気助詞の「**了**」がある場合は，もともと動詞の後ろに完了相の「**了**」があったことがわかるので，省略しても完了を表わすことができます。

「**了**」省略可！

我买唱片了。
Wǒ mǎi chàngpiàn le.
CDを買いました。

我去北京了。
Wǒ qù Běijīng le.
私は北京に行きました。

　ただし，完了相の「**了** le」をつけた動詞の目的語に修飾語がついている場合は，文末に語気助詞がなくても文が安定するので，語気助詞の「**了** le」をつける必要はなくなります。

我吃了<u>两个</u>馒头。　　　私はマントーを2つ食べました。
Wǒ chīle liǎng ge mántou.

我买了<u>件很漂亮的</u>衣服。　私はとてもきれいな服を買いました。
Wǒ mǎile jiàn hěn piàoliang de yīfu.

③ 「～したことがある」を表わす経験相をマスター！ 🎧 **064**

　経験をしたことを述べるには「**过** guo」《軽声》を動詞の後ろにつけます。この「**过**」のことを「経験のアスペクト」と言いますが，ここでは「経験相」と表わしておきます。
　動詞の後ろに「**过**」をつけるだけでも「～したことがある」という意味にすることができますが，動詞の前にはよく「**曾经** céngjīng」（以前，かつて；英語の ever）という副詞がつけられます（否定文の場合「**从来** cónglái」（ずっと，これまで）になり

ます）。＊英語の ever も，つけなくても経験を表わすことができるので，感覚的には理解しやすいと思います。

我登过**长城。**　　Wǒ dēngguo Chángchéng.

万里の長城に登ったことがあります。

＊動詞の後に「**过**」をつけるだけで経験相になる！！

英語との比較

我曾经去过**美国。**　　Wǒ céngjīng qùguo Měiguó.

I have ever been to America.

以前，アメリカに行ったことがあります。

＊「**曾经**」（否定文の場合は「**从来**」）をつけると，強調も可能！

中国語の経験相の否定・疑問文

否定文を作るには「**没（有）**」を動詞の前につけますが，「**过** guo」もつけたままにしておきます。

我没吃过北京烤鸭。　　北京ダックは食べたことがありません。
Wǒ méi chīguo Běijīng kǎoyā.

我没有学过法语。　　フランス語を勉強したことはありません。
Wǒ méiyǒu xuéguo Fǎyǔ.

疑問文を作るときには通常どおり，「**吗**」を平叙文の最後につける形か，平叙文の最後に「**没有**」をつける形，または《動詞（＋**过**）＋**没**＋動詞＋**过**》の反復疑問文の三種類があります。

你跟他们讨论过吗?	彼らと討論したことがありますか。
Nǐ gēn tāmen tǎolùnguo ma?	
你见过他没有?	あなたは彼に会ったことがありますか。
Nǐ jiànguo tā méiyǒu?	
你打(过)没打过太极拳?	あなたは太極拳をしたことがありますか。
Nǐ dǎ(guo) mei dǎguo tàijíquán?	

＊最初の"过"は省略可能！

④ 「まもなく〜する」を表わす将然相をマスター！ 🎧 065

「将然^{しょうぜん}」というと難しく聞こえますが，「まもなく［もうすぐ］〜する」という意味を表わし，これから行なわれるであろう直近の未来を表わします。「将然のアスペクト」や「将然相」と言いますが，ここでは「将然相」と呼ぶこととします。

「まもなく〜する」という意味を表わすには「**要〜了** yào~le」を動詞の前後につけて挟みこみます。「**要〜了**」以外にも種類がいくつかありますので，それぞれ紹介しましょう。

1	「**要〜了** yào ~ le」は「まもなく〜」の意味で使われます。
2	「**快（要）〜了** kuài(yào)~le」は，より切迫した感じを持ちます。
3	「**就要〜了** jiùyào ~ le」も切迫した感じを持ち，しばしば時間を表わす副詞（例えば，「**马上** mǎshàng」など）と一緒に使われます。
4	「**将要〜了** jiāngyào ~ le」は，文語で使われる言葉です。

电影要开始了。 Diànyǐng yào kāishǐ le.

映画がまもなく始まります。

他快要来这儿了。 彼はまもなくここに来ます。
Tā kuài yào lái zhèr le.

電车马上就要到了。　　　　電車はまもなく到着します。
Diànchē mǎshàng jiù yào dào le.

春天将要来了。　　　　　　春がもうすぐやってきます。
Chūntiān jiāngyào lái le.

中国語の将然相の否定・疑問文

疑問文を作るときには通常どおり，「吗」を平叙文の最後につける形をとり，否定文で答えるときは，「还没（有）～呢」という形をとります。

你妈妈要回来了吗?　　　　お母さんはもうすぐ帰ってきますか。
Nǐ māma yào huílai le ma?

　　　　快回来了。　　　　すぐ帰ってきます。《肯定》
　　　　Kuài huílai le.

　　　　没有。　　　　　　いいえ。《否定》
　　　　Méiyǒu.

学校要开始上课了吗?　　　学校はもうすぐ始まりますか。
Xuéxiào yào kāishǐ shàng kè le ma?

　　　　不，学校还没开始上课呢。　いいえ，学校はまだ始まりません。《否定》
　　　　Bù, xuéxiào hái méi kāishǐ shàng kè ne.

　　　　还没呢。　　　　　　まだです。《否定》
　　　　Hái méi ne.

　　　　对，已经上课了。　　はい，もう始まりました。《肯定》
　　　　Duì, yǐjīng shàng kè le.

　　　　对，就开始了。　　　はい，すぐ始まります。《肯定》
　　　　Duì, jiù kāishǐ le.

1. 完了相（完了のアスペクト）

　「動作が完了したことを示すには「**了**」を動詞の後ろにつける（ただし，「**是**」などの変化を伴なわない動詞につけることはできない）。

　否定文を作るときには，まだ行なわれていないという否定を表わす「**没有**」を使って「**了**」は取り除く。特に「まだ〜していない」ということを示したいときは「**还没〜呢**」が使われる。疑問文を作るときには通常どおり，「**吗**」を平叙文の最後につける形か，最後に「**没有**」をつける形，または《動詞＋**没**＋動詞》という形の三種類がある。

　　　例：**他们来了！**（彼らが来ました！）

2. 語気助詞の「**了**」

　「**我买了唱片**」や「**我去了北京**」のような文では，「私はCDを買って，」「私は北京に行って，」というふうに途中で文が途切れている状態に聞こえるので，「私はCDを買った。」「彼は北京に行った。」と文を終わらせるには，最後に「**了**」を入れる必要がある。この「**了**」のことを語気助詞の「**了**」という（第19課参照）。

　　　例：**我买（了）唱片了。**（私はCDを買いました）
　　　　《1つ目の「**了**」は省略可能》

3. 経験相（経験のアスペクト）

　経験をしたことを述べるには「**过**」を動詞の後ろにつける。動詞の前にはよく「**曾经**」（以前，かつて；英語の ever）という副詞がつけられる（否定文の場合「**从来**」になる）。

　　　例：**我曾经去过美国。**（以前，アメリカに行ったことがあります）

4. 将然相（将然のアスペクト）

　「まもなく〜する」という意味を表わすには「**要〜了**」を動詞の前後につけて挟みこむ。疑問文を作るときには通常通り「**吗**」を最後につける形をとり，否定文で答えるときは，「**还没（有）〜呢**」という形をとる。

　　　例：**电影要开始了。**（映画がまもなく始まります）

本課の最重要単語（完了・経験を表わす言葉）	
了 le	～（し）た《完了》
曾经 céngjīng	かつて，以前《経験，肯定文》
从来 cónglái	ずっと，これまで《経験，否定文》
过 guo	～したことがある《経験》

本課の新出重要単語			
机票 jīpiào	航空券	**北京烤鸭** Běijīng kǎoyā	北京ダック
丢 diū	失う，なくす		
忘 wàng	忘れる	**法语** Fǎyǔ	フランス語
累 lèi	疲れる	**讨论** tǎolùn	討論する
欧洲 Ōuzhōu	ヨーロッパ	**打太极拳** dǎ tàijíquán	太極拳をする
唱片 chàngpiàn	CD		
登 dēng	登る	**春天** chūntiān	春
长城 Chángchéng	万里の長城		

アスペクト（相）の否定について

　第12課，13課で進行相，持続相，完了相，経験相，将然相を紹介してきました。それぞれ否定するときには「**没有**」「**还没**」を使いますが，その理由については第4課の「**不**」「**没有**」の説明も参照しましょう。進行や持続「～している」を否定すると，「まだ～していない」という意味になりますし，同じく完了「～した」や経験「～したことがある」を否定すると，完了していないのですから「まだ～していない」ということになり，いずれも「**没有**」を使うのが適当だと言えます。

　また，将然「まもなく～する」を否定するとなると，「まもなく（すぐに）起こる」ことを否定することになりますので，「まもなくではない＝まだまだ起こらない」という意味で「**还**」という副詞が含まれた「**还没**」が使われることになります。

　このように，機械的に暗記するのではなく，理屈を考えると覚えも早く，最小限の力で最大限の結果を出すことができます。ですので，中国語を学ぶ際は，「なぜこのような言い回しになるのか」を考えることをぜひお勧めします！

　第 14，15 課では「補語」を紹介します。「補語」とは，形容詞や動詞の後ろに置くことで，形容詞・動詞の程度や結果などを，さらに具体的に補足説明するための言葉です。本課では，後ろから形容詞を修飾する程度補語，後ろから動詞を修飾する様態補語，動詞の結果を表わす結果補語の 3 種類を紹介します。以下の表や本文の説明を参考にして頭の中を整理しましょう！

補 語 を 使 っ た 構 文	
程度補語	S ＋ 形容詞 ＋ 得 ＋「很」など一部の副詞《形容詞の強調》
様態補語	S ＋ V ＋ 得（＋很）＋ 形容詞《V の後ろからの修飾》
	S ＋ V ＋ O ＋ V ＋ 得（＋很）＋ 形容詞 《V の後ろからの修飾（目的語ありの場合）》
結果補語	S ＋ V ＋ 結果補語《V をした結果の表示》

 「程度補語」で形容詞を修飾しよう！　　　🎧 **066**

　程度補語とは，《**得** de ＋ **很**などの副詞》を形容詞の後ろにつけることによって，その形容詞の程度を表わし，「**很**＋形容詞」よりも強調することができる補語のことを言います。つまり，「**很好** hěn hǎo」→「**好得很** hǎode hěn」というふうな書き換えが可能です。

我幸福得很！ Wǒ xìngfúde hěn!	私はとっても幸せだ！
我困得很。 Wǒ kùnde hěn.	私はとても眠いです。

「〜**得很** ~de hěn」のほかに程度補語を表わす表現は，「〜**得多** ~de duō（かなり［ずっと］〜だ）」「〜**得要死** ~de yàosǐ（死ぬほど〜だ）」「〜**得要命** ~de yàomíng（死ぬほど〜だ）」「〜**得不得了** ~de bùdéliǎo（〜でたまらない）」「〜**得了不得** ~de liǎobude（かなり［すごく］〜だ）」などが挙げられます。

在日本生活方便得多。　　日本での生活はとても便利です。
Zài Rìběn shēnghuó fāngbiànde duō.

难受得要死。　　つらくて死にそうだ。
Nánshòude yàosǐ.

　また，次のように「**得** de」なしで程度補語になるものもあります。

我累死了。　　疲れて死にそうだ。
Wǒ lèisǐ le.

病好多了。　　病気がだいぶよくなりました。
Bìng hǎo duō le.

高兴极了！　　うれしくてたまらない！
Gāoxìng jí le.

他急坏了。　　彼はかなり焦っています。
Tā jí huài le

 「様態補語」で動詞（形容詞）を修飾！　　🎧 067

　様態補語とは，《**得** de（＋**很**）＋形容詞》を動詞の後ろにつける形で，その動作の様子を形容詞で説明する補語のことを言います。例えば，「**他跑得很快。** Tā pǎode hěn kuài.（彼は走るのが速い）」では，「**跑**（走る）」の様子が「**很快**（とても速い）」ということを表わしています。

这个问题解答得很快。　　この問題はとても早く解けます。
Zhège wèntí jiědáde hěn kuài.

動詞に目的語を伴なうときの様態補語の作り方

動詞に目的語が伴なう場合,《動詞＋目的語＋動詞＋得 de ＋形容詞》と,動詞を繰り返す形になります。また,目的語を伴なう場合,最初の動詞は省略可能です。

他（说）汉语 说得 很 好。　　　　彼は中国語を話すのが上手です。

動詞　目的語　動詞の繰り返し

Tā (shuō) Hànyǔ shuōde hěn hǎo.

他（说）话说得很好。　　　　彼は話をするのがとても上手です。

Tā (shuō) huà shuōde hěn hǎo.

他（开）车开得很好。　　　　彼は車の運転がとても上手です。

Tā (kāi) chē kāide hěn hǎo.

様態補語の否定文

様態補語を否定する場合は,「不」を補語の形容詞の前につけます。

他 跑得 不 快。　　彼は走るのが速くありません。

動詞　否定語　形容詞

Tā pǎode bú kuài.

我学汉语学得不好。　　私は中国語を勉強するのが苦手です。

Wǒ xué Hànyǔ xuéde bù hǎo.

她花钱花得不多。　　彼女はお金を多く使いません。

Tā huā qián huāde bù duō.

様態補語の疑問文

様態補語の疑問文を作る場合も,否定文を作るときと同じく形容詞を反復させるか（例えば,「**快不快**」）,平叙文の最後に「**吗**」をつけます。また,「**怎么样** zěnmeyàng（《述語として》どうですか）」をつけた疑問文もあります。

他记汉语单词记得快不快?　　彼は中国語の単語を覚えるのが早いですか。

Tā jì Hànyǔ dāncí jìde kuài bu kuài?

很快。／不太快。／不快。

Hěn kuài. / Bú tài kuài. / Bú kuài.

早いです。／そんなに早くありません。／早くありません。

他教汉语教得明白吗? 　　　　彼の中国語の教え方はわかりやすいですか。

Tā jiāo Hànyǔ jiāode míngbai ma?

明白。／不明白。

Míngbai. / Bù míngbai.

わかりやすいです。／わかりにくいです。

他弹吉他弹得好吗? 　　　　彼はギターを弾くのがうまいですか。

Tā tán jítā tán de hǎo ma?

她弹钢琴弹得<u>怎么样</u>? 　　　彼女が弾くピアノ演奏はどうですか。

Tā tán gāngqin tán de zěnmeyàng?

很好。　とても上手です。

Hěn hǎo.

不太好。　そんなにうまくありません。

Bú tài hǎo.

▌ その他の様態補語 ▌

　様態補語では「**得** de」の前が形容詞になることがあります。これは，状態のありさまを具体的に表わします。その場合，「～ので」と訳せばいいでしょう。

她高兴得跳起来了。 　　　　彼女はうれしくて飛び上がりました。

Tā gāoxìngde tiàoqilai le.

她悲伤得哭起来了。 　　　　彼女は悲しくて泣き出しました。

Tā bēishāngde kūqilai le.

動詞の結果を表わす「結果補語」を使いこなそう！

　結果補語とは，動詞の後ろにつけてその動詞の結果を表わす補語のことです。例えば，「食べて満腹になる」のことを中国語では「**吃饱** chībǎo（食べる＋満腹になる）」といいます。このように，結果補語はかなり頻繁に使われますので，結果補語として使える動詞や形容詞にどんなものがあるか，主要なものは把握しておきましょう。

■ 動詞の結果補語

懂 dǒng	わかる	**看懂了。** Kàndǒng le.（見てわかった） **听懂了。** Tīngdǒng le.（聞いてわかった）
完 wán	終わる	**吃完了。** Chīwán le.（食べ終わった） **看完了。** Kànwán le.（見終わった）
到 dào	（目的に）到達する	**买到了。** Mǎidào le.（買って手に入れた） **找到了。** Zhǎodào le.（探して見つかった）
见 jiàn	ある感覚をとらえる	**看见了。** Kànjiàn le.（見えた） **听见了。** Tīngjiàn le.（聞こえた）
给 gěi	物を移動させる	**送给他了。** Sònggěi tā le.（彼に送って渡した） **借给他了。** Jiègěi tā le.（彼に貸した）
成 chéng	変化する	**变成了。** Biànchéng le.（変わった）
会 huì	できるようになる	**学会了。** Xuéhuì le. （勉強してできるようになった＝マスターした）
开 kāi	離れ離れになる	**分开了。** Fēnkāi le.（別れた）
在 zài	場所が定着する	**住在广岛。** Zhùzài Guǎngdǎo.（広島に住む）

着 zháo	目的が達成したこと	睡着了。Shuìzháo le.（寝た）

走 zǒu	ある場所から離れる	跑走了。Pǎozǒu le.（走っていった）

住 zhù	安定・固定する	记住了。Jìzhù le.（覚えて定着した）

■ 形容詞の結果補語

好 hǎo	良好な状態になる	他学好汉语了吗? Tā xuéhǎo Hànyǔ le ma? （彼は中国語をマスターしましたか）

干净 gānjìng	きれいな状態になる	你屋子里打扫干净了吗? Nǐ wūzili dǎsǎogānjìng le ma? （あなたの部屋の中は掃除してきれいですか）

累 lèi	疲れる	我已经走累了！Wǒ yǐjīng zǒulèi le! （もう歩き疲れた！）

清楚 qīngchu	はっきりする	他的话听清楚了吗? Tā de huà tīngqīngchu le ma? （彼の話ははっきり聞こえましたか）

光 guāng	完全になくなる	钱花光了！Qián huāguāng le! （お金を使い果たした！）

結果補語のある否定文・疑問文

　結果補語のある文で否定を作る場合も他の文と同様，動詞の前に「**没（有）**」を
つけます。また疑問文の場合もこれまでと同じく，平叙文の文末に「**吗**」をつけるか，
文末に「**没有**」をつけるのみです。

东西没有卖完。　　　品物はまだ売り切れていません。《否定文》
Dōngxi méiyǒu màiwán.

你吃饱了吗?　　　お腹いっぱいになりましたか。《疑問文》
Nǐ chībǎo le ma?

満腹です。	いいえ（，まだです）。
饱了。 Bǎo le.	**没有。** Méiyǒu.

买到了衣服没有?　　服を買えましたか［買って手に入れましたか］。《疑問文》
Mǎidàole yīfu méiyǒu?

買えました。	いいえ（，買えませんでした）。
买到了。 Mǎidào le.	**没有。** Méiyǒu.

---

4 経験相とまぎらわしい結果補語「过 guo」！ 🎧 **069**

　第13課では経験相の「**过** guo」を紹介しましたが，「**过**」は「過」の簡体字であり，もともと「過ぎる」という意味を持っています。ですので，動詞のあとに置き，「**了**」と併用することによって「動作の終結」を強調することができます。

　また，結果補語の否定形は，動詞の前に「**没（有）**」を置きますが，《**还没（有）〜呢**》という形もよく使われます。

我已经喝过了茶。　　　　　もうお茶は飲み終わりました。

Wǒ yǐjīng hēguole chá.　　　　　　　　　《この場合「**过**」は結果補語》

　　　＊否定形は，「**我还没喝完茶。**」（〔私は〕まだお茶を飲み終えていません）。

他还没到北京呢。　　　　　彼はまだ北京に着いていません。

Tā hái méi dào Běijīng ne.

　　　　　＊肯定形は，「**他已经到北京了。**」（彼はもう北京に着きました）。

---

1. 程度補語とは《**得** + （**很**などの副詞）》を形容詞の後ろにつけることによって，「**很** + 形容詞」を少し強調することができる補語のこと。つまり，「**很好**」→「**好得很**」というふうな書き換えが可能。

例：**我幸福得很！**（私はとっても幸せだ！）

2. 様態補語とは，程度補語と同じように「**得**」を使い，動作の様子を後ろから説明する補語のこと。動詞が目的語を伴なうとき，《動詞 + 目的語 + 動詞 + 得 de + 形容詞》のように動詞を繰り返す。

例：**他说汉语说得很好。**（彼は中国語を話すのがうまい）

3. 様態補語を否定する場合は，補語の形容詞に「**不**」をつけて否定。疑問文を作る場合も，否定文を作るときと同じく形容詞を反復させるか（例えば，「**快不快**」），最後に「**吗**」をつける。

例：**我学汉语学得不好。**（中国語を勉強するのが苦手です）

4. 結果補語とは，動詞の後ろにつけてその動詞の結果を表わす補語のこと。

例：**我吃饱了。**（〔食べて〕満腹になりました）

5. 「**过**」を「**了**」と併用することによって「動作の終結」を強調することができ，否定するときには《**还没（有）～呢**》という形になる。

例：**我已经喝过了茶。**（もうお茶は飲み終わりました）

本課の最重要単語（程度・様態補語）

得 de《程度補語》	前の形容詞を後ろの副詞で強調	要死 yàosǐ	～でたまらない
累死 lèisǐ	死ぬほど疲れる	得 de《様態補語》	前の動詞を後ろの副詞＋形容詞で強調

本課の最重要単語（結果補語）

懂 dǒng	わかる	着 zháo	目的が達成したこと
完 wán	終わる	走 zǒu	ある場所から離れる
到 dào	（目的に）到達する	住 zhù	安定・固定する
见 jiàn	ある感覚をとらえる	好 hǎo	良好な状態になる
给 gěi	物を移動させる	干净 gānjìng	きれいな状態になる
成 chéng	変化する	累 lèi	疲れる
会 huì	できるようになる	清楚 qīngchu	はっきりする
开 kāi	離れ離れになる	光 guāng	完全になくなる
在 zài	場所が定着する		

本課の新出重要単語

幸福 xìngfú	幸せだ	记 jì	覚える
困 kùn	眠い	钢琴 gāngqín	ピアノ
方便 fāngbiàn	便利だ	悲伤 bēishāng	悲しむ
难受 nánshòu	つらい	哭 kū	泣く
解答 jiědá	解答	送 sòng	送る
话 huà	話	借 jiè	借りる，借用する
花 huā	費やす	变 biàn	変わる
钱 qián	お金	分 fēn	別れる
单词 dāncí	単語	广岛 Guǎngdǎo	広島

① 動詞の方向を表わす「方向補語」をマスター！ 🎧 070

方向補語とは，移動を表わす動詞の後について「その動作が行なわれる方向を補足説明する言葉」のことです。日本語でも「歩いていく」「走ってくる」というふうに「歩いて」と「いく」,「走って」と「くる」といった複合した動詞を使いますが，中国語でもそれと同様のものがあり，基本は日本語と同じ語順なので簡単です。そのために用いられる言葉は，「行く」の意味である「去」と「来る」の意味である「来」です。方向補語には大きく分けて「単純方向補語（「**去**」と「**来**」）」,「単純方向補語（「**上**」「**下**」などの八大方向補語）」と「複合方向補語」の３種類があります。これら方向補語は通常，軽声で発音されます。

補語を使った構文	
単純方向補語 （「去」と「来」）	Ｓ＋Ｖ（＋目的語）＋方向補語（「去」や「来」）
単純方向補語 （八大方向補語）	Ｓ＋Ｖ＋八大方向補語〔Ｖをした後の方向の表示〕（＋目的語）
複合方向補語	Ｓ＋Ｖ＋八大方向補語（＋目的語）＋方向補語（「去」や「来」）

＊ 複合方向補語で，目的語が持ち運べないものの場合は必ず「**去**」,「**来**」の前に目的語を置きますが，持ち運べるもので動作が完了している（完了のアスペクト「**了**」がついている）場合は「**去**」,「**来**」の後ろにも目的語を置くことができます。

▌単純方向補語▌

では，まずは「**去**」や「**来**」を使う単純方向補語の例文を見てみましょう。

那个男的	**朝那边**	**走去了。**
Nàge nán de	cháo nàbian	zǒuqu le.
あの男性は	あっちへ	歩いていった。

＊ 「的」は「《名詞の代わりになって》～のもの［人］」。

从那边	跑来的人	是	我们的老师。
Cóng nàbian	pǎolai de rén	shì	wǒmen de lǎoshī.
あそこから	走ってきている人	は	私たちの先生だ。

走去 歩いていく	日本語と 語順は同じ！！	跑来 走ってくる

「**去**」「**来**」を使う単純方向補語で代表的なものには次のようなものがあります。

进去 jìnqu（入っていく）	**进来** jìnlai（入ってくる）
出去 chūqu（出ていく）	**出来** chūlai（出てくる）
回去 huíqu（帰っていく）	**回来** huílai（帰ってくる）
拿去 náqu（持っていく）	**拿来** nálai（持ってくる）

▌「去」「来」と同じく，動作の方向を表わす八大方向補語 ▌

上記では「**去**」「**来**」を紹介しましたが，同じく，動作の方向を表わす補語が 8 つあります。「**上** shàng，**下** xià，**进** jìn，**出** chū，**回** huí，**过** guò，**起** qǐ，**开** kāi」の 8 つで，大事ですので，しっかり覚えましょう！

上 shàng	**飞机飞上了天。** Fēijī fēishangle tiān. 飛行機が飛び立った。

下から上への移動を表わす

下 xià	**我走下台阶的时候，他正好来了。** Wǒ zǒuxia táijiē de shíhou, tā zhènghǎo lái le. 私が階段を歩いて降りようとしたとき， 彼がちょうど来た。

上から下への移動を表わす

进 jìn	**一个人跑进了雨中。** Yí ge rén pǎojinle yǔzhōng. 雨の中，1 人の人が走って入ってきた。

外から中への移動を表わす

出 chū	他们跑出了教室。 Tāmen pǎochule jiàoshì. 彼らは教室を走って出た。	 中から外への移動を表わす

回 huí	孩子们跑回家了。 Háizimen pǎohui jiā le. 子どもたちは走って家に帰った。	 もとの所へ戻ることを表わす

过 guò	他走过邮局了。 Tā zǒuguo yóujú le. 彼は郵便局を歩いて過ぎた。	 ある所を通過することを表わす

起 qǐ	他拿起了书包。 Tā náqile shūbāo. 彼はカバンを持ち上げた。	 ある動作によって下から上に移動することを表わす

开 kāi	他推开了正门。 Tā tuīkaile zhèngmén. 彼は正門を押し開けた。	 開いたり、離れたり、分かれたりすることを表わす

▌「来，去」と八大方向補語の複合型！ ▌

　「**来，去**」と「**上** shàng，**下** xià，**进** jìn，**出** chū，**回** huí，**过** guò，**起** qǐ，**开** kāi」は併せて使うこともでき（「複合方向補語」という），「**跑出来** pǎochulai」（走って出てくる），「**带回去** dàihuiqu」（持って帰っていく）のように使うことができます。日本語の語順と同じで覚えやすいので，すぐに使えるようになるはずです！

	去 qù	来 lái
上 shàng	- **上去** -shangqu	- **上来** -shanglai
下 xià	- **下去** -xiaqu	- **下来** -xialai
进 jìn	- **进去** -jinqu	- **进来** -jinlai
出 chū	- **出去** -chuqu	- **出来** -chulai
回 huí	- **回去** -huiqu	- **回来** -huilai
过 guò	- **过去** -guoqu	- **过来** -guolai
起 qǐ		- **起来** -qilai
开 kāi		- **开来** -kailai

＊複合方向補語は通常，軽声で発音されます。

他从学校跑出来了。

Tā cóng xuéxiào pǎochulai le.

彼は学校から走って出てきた。

跑	出	来
pǎo	chu	lai
走って	出て	くる

＊日本語の語順と同じ！

他把钱带回去了。

Tā bǎ qián dàihuiqu le.

彼はお金を持って帰っていった。

＊ **“把”** は「～を」。166 ページ参照。

▌方向補語を含む文の目的語の位置 ▌

142 ページの表にカッコで目的語の位置を示しているとおり，

1. 「**去**」「**来**」を使う単純方向補語の場合は，「**去**」「**来**」の直前に目的語を入れる。
2. 「**上** shàng，**下** xià，**进** jìn，**出** chū，**回** huí，**过** guò，**起** qǐ，**开** kāi」を使う単純方向補語（八大方向補語）の場合は，補語の後ろに目的語を入れる。
3. 「**去**」「**来**」と八大方向補語とを併用する複合方向補語の場合は，「**去**」「**来**」の前に目的語を入れる。
   ＊持ち運べるもので動作が完了している（完了のアスペクト「**了**」がついている）場合は「**去**」「**来**」の後ろに目的語を置くことも可能。

というふうになります。

●「去」,「来」を使う単純方向補語

鸟飞南方去了。　　　　　　鳥が南へ飛んでいった。
Niǎo fēi nánfāng qù le.

朋友们跑这儿来了。　　　　友だちたちは走ってここにきた。
Péngyoumen pǎo zhèr lái le.

●八大方向補語を使う単純方向補語

孩子们跑回家了。　　　　　子どもたちは走って家へ帰った。
Háizimen pǎohui jiā le.

公共汽车开过汽车站了。　　バスはバス停を走って通りすぎた。
Gōnggōng qìchē kāiguo qìchēzhàn le.

●八大方向補語と「去」,「来」との複合方向補語

飞机飞上天空去了。　　　　飛行機は大空へ飛んでいった。
Fēijī fēishang tiānkōng qù le.

父亲带回来寿司了。　　　　父は寿司を持って帰ってきた。
Fùqin dàihuilai shòusī le.

＊持ち運べるもので動作が完了している（完了のアスペクト「了」がついている）場合は,「去」「来」
の後ろにも目的語を置くことも可能な例。

方向補語の文の否定

「**来, 去**」が補語の文,「**上** shàng, **下** xià, **进** jìn, **出** chū, **回** huí, **过** guò, **起** qǐ, **开** kāi」が補語の文,両方が補語として動詞についている文,すべての文が「**没（有）**」を動詞の前につけて否定します。ただし,条件文では「**不**」で否定します。

他们没跑来。　　　彼らは（まだ）走ってこない。
Tāmen méi pǎolai.

＊現時点で「（来て）いない」が,これから来る可能性があるので,「**没（有）**」を使います。

哥哥没有上楼来。　　お兄ちゃんは（まだ）上ってこない。
Gēge méiyǒu shàng lóu lái.

《条件文のときの否定》

如果他不回来，我不能出去。 もし彼が帰ってこなかったら，私は出ていけない。
Rúguǒ tā bù huílai, wǒ bù néng chūqu.

 ＊条件として，最終的に「(帰ってこ) ない」場合を想定しているので，「**不**」を使います。

---

② 方向補語の派生的意味は結構大切！ 🎧 071

　中国語の漢字には，それぞれ本来の意味から派生した意味を持つものが多くあります。覚えるのは少し大変だと思いますが，特によく使われるものの派生した意味を紹介しますので，しっかりと押さえておきましょう。

- 上
-shàng

「目標に到達すること」「分かれているものがくっつくこと」を表わします。

　　他赶上末班车了。 彼は終電に間に合った。
　　Tā gǎnshang mòbānchē le.

　　↑「間に合う」という目標に到達すること

- 下
-xià

「動作・行為の結果として何かが残ること」を表わします。

　　昨天记下了朋友的电话号码。 昨日，友だちの電話番号を書き記した。
　　Zuótiān jìxiale péngyou de diànhuà hàomǎ.

　　↑書いて，数字が紙の上に残った状態

- 来
-lái

「**看，想，听，说**」について，「ある面から推し量ること」を表わします。

　　看来，他要结婚了。 見たところ，彼は結婚したいようだ。
　　Kànlai, tā yào jiéhūn le.

　　↑見て推し量っている状態

上来
shànglai

「動作や状態が徐々に広がる，深まるなど，はっきりしてきたこと」を表わします。

天阴上来了。 空が曇ってきた。
Tiān yīnshanglai le.

➜ 「曇っている」状態がひどくなる様

下来
xiàlai

「結果に到達して留まること」「分離させること」を表わします。

入学通知还没下来。 入学通知がまだ来ない。
Rùxué tōngzhī hái méi xiàlai.

➜ まだ通知が到着して「いない（**没有**）」こと

- 下去
-xiàqu

「現在の動作を続けていくこと」「ある状態が続いていくこと」を表わします。

我想一直说下去。 私はずっと言い続けていこうと思います。
Wǒ xiǎng yìzhí shuōxiaqu.

➜ 「言う」という行動を続けていくこと

- 起来
-qǐlai

「動作や状態が実際に始まること」を表わします。

婴儿站起来了。 赤ちゃんが立ちあがった。
Yīng'ér zhànqilai le.

➜ 「立つ」という動作が始まること

想起来，他已经去五年了。 考えてみれば，彼が行ってもう5年になる。
Xiǎngqilai, tā yǐjīng qù wǔ nián le.

➜ 「考える」という行動を始めてみること

3 結果・方向補語で可能を表わす「可能補語」も！ 🎧 072

「**听懂** tīngdǒng」（聞き取れる，聞いてわかる）などの結果補語，「**回来** huílai」（〔元のところへ〕帰ってくる）などの方向補語は，動詞と補語の間に「**得** de」を入れることによって可能を表わすことができ（**听得懂** tīngdedǒng〔聞いてわかる，聞いて理解できる〕など），「**不**」を入れることによって不可能を表わすことができます（**回不来** huíbulái〔帰ってこられない〕など）。

听懂＋不→听不懂 （聞いてわからない）	听懂＋得→听得懂 （聞いてわかる）

听不懂他的话 tīngbudǒng tā de huà	彼の話を聞いてもわからない
赶得上办留学手续 gǎndeshàng bàn liúxué shǒuxù	留学手続きが間に合う
看得懂汉语书 kàndedǒng Hànyǔ shū	中国語の本が見てわかる
说不好自己的意见 shuōbuhǎo zìjǐ de yìjiàn	自分の意見をうまく言えない

また，結果補語や方向補語の文に「**能** néng」や「**可以** kěyǐ」を入れることで，可能の意味を付け加えることもできます。

你可以关上门。 Nǐ kěyǐ guānshang mén.	扉を閉めてもいいですよ。
一定能找到你的手机。 Yídìng néng zhǎodao nǐ de shǒujī.	絶対あなたの携帯電話は見つかります。

▌可能補語でよく使われるもの▐

　以下の表のように，可能補語は常に《動詞＋**得** de ／**不** bu ＋「**来**」「**上**」などの補語となる言葉》という形をとります。147 ページの派生的意味も参照しながら，表を見てみましょう。可能補語では「**得**」が「〜できる」，「**不**」が「〜できない」の意味を持っています。

吃得上 chīdeshàng	食事に間に合う	食べる＋間に合う	**吃不上** chībushàng	食べ損ねる
说得上	はっきりと言う，言える	言う＋達する	**说不上**	はっきりと言えない
说得清 shuōdeqīng	はっきりと言える	言う＋はっきりと	**说不清** shuōbuqīng	断言できない
听得清楚 tīngdeqīngchu	はっきりと聞こえる	聞く＋はっきりと	**听不清楚** tīngbuqīngchu	はっきり聞こえない
看得清楚	はっきりと見える	見る＋はっきりと	**看不清楚**	はっきり見えない
看得明白	見てわかる	見る＋わかる	**看不明白**	見てもわからない
看得到	会える	会う（見る）＋到達する	**看不到**	会えない
想得到	考えつく	思う＋到達する	**想不到**	考えつかない
找得到 zhǎodedào	見つけられる	探す＋到達する	**找不到** zhǎobudào	見つけられない
说得出	言い出せる	言う＋出る	**说不出**	言い出せない
想得出	思いつく	思う＋出る	**想不出**	思いつかない
看得见	見える	見る＋感じとる	**看不见**	見えない
听得见	聞こえる	聞く＋感じとる	**听不见**	聞こえない
说得好	うまいことを言える	言う＋よい	**说不好**	うまく言えない
睡得好	よく眠れる	眠る＋よい	**睡不好**	よく眠れない
睡得着 shuìdezháo	寝つける	眠る＋達成する	**睡不着** shuìbuzháo	寝つけない
来得及 láidejí	来るのが間に合う	来る＋間に合う	**来不及** láibují	来るのが間に合わない
吃得了 chīdeliǎo	食べきれる	食べる＋できる	**吃不了** chībuliǎo	食べきれない
来得了	来ることができる	来る＋できる	**来不了**	来ることができない
去得了	行くことができる	行く＋できる	**去不了**	行くことができない
忘得了 wàngdeliǎo	忘れられる	忘れる＋できる	**忘不了** wàngbuliǎo	忘れられない

＊ここでの "**了**" は "liǎo" と発音し，補語として可能を表わします。

また，以下の可能補語は口語で特によく使いますので，覚えておきましょう。

対不起 duìbuqǐ	申し訳ない （すみません）	申し訳が立つ
差不多 chàbuduō	大差ない	差がある＋多い

 動詞の回数や時間を表わす数量補語をマスター！ 🎧 **073**

中国語では，文中で「1回，2回」などの回数や，「1日，2日」などの時間を表わすためにも補語が用いられ，数量補語と呼ばれています。

補 語 を 使 っ た 構 文		
数量補語（目的語なし）	S＋V＋数量補語	
（目的語あり）	S＋V＋数量補語＋O	要注意！
	S＋V＋O＋V＋数量補語	要注意！
（目的語が代詞）	S＋V＋O〔代詞〕＋数量補語	要注意！

まず，これが基本形です。

> **我睡八个小时了。** 私は8時間寝ました。
> Wǒ shuì bā ge xiǎoshí le.

次に，目的語がある場合です。目的語は数量詞の後ろにつきます。

> **他学一年汉语了。** 彼は1年間中国語を勉強しました。
> Tā xué yì nián Hànyǔ le.

また，このように言い換えることもできます。

> **他学汉语学一年了。** 彼は1年間中国語を勉強しました。
> Tā xué Hànyǔ xué yì nián le.

ただ，目的語が代詞の場合は，その代詞を前の動詞にくっつけておく必要があります。

> **我们帮他两次了。**　　私たちは 2 回彼を手伝いました。
> Wǒmen bāng tā liǎng cì le.

数量補語が表わす時間

まず，以下の例文を見比べてください。

1　**他们跑三十分了。**　　彼らは 30 分間走りました。
Tāmen pǎo sānshí fēn le.

2　**老师死了一年了。**　　先生が亡くなって 1 年になります。
Lǎoshī sǐle yì nián le.

例文 1 の「**三十分**」が，走っている時間の長さを表わしているのに対し，例文 2 の「**一年**」は，死んでから経過した時間の長さを表わしています。このように数量補語は，動詞が持続を表わすものであれば持続時間を表わし，動詞が主観的な動作を表わすものであれば，その動作からの経過時間を表わします。

　　＊英語の "My teacher has been dead for a year." と感覚的には近いといえるでしょう。

借用動量詞

数量補語として使う「**次** cì」や「**遍** biàn」などのことを「動量詞」と呼びますが，体の一部の名称を動量詞として使う借用動量詞というものもありますので，少しだけ紹介しておきます。

　　　　尝了一口（ひと口味わった）　　　**看了一眼**（ひと目見た）
　　　　chángle yìkǒu　　　　　　　　　　　kànle yìyǎn

数量補語の文の否定

数量補語を含んだ文を否定する場合，数量補語が修飾している動詞の前に「**没 (有)**」をつけますが，そのままでは文が成り立ちません。「**他没学一年汉语，只学了半年。** Tā méi xué yì nián Hànyǔ, zhǐ xuéle bànnían.」（彼は中国語を一年ではなく，半年だけ勉強した）のように，「～ではなく…だ，…であって～ではない」と回数や時間を弁明する文章にするか，別の動詞を使って言いかえる必要があります。ただし，条件文の場合は「**不**」を用います。

他学汉语还没到一年。　　　彼は，中国語を学んでまだ1年たっていません。
Tā xué Hànyǔ hái méi dào yì nián.

如果你不去一次中国，就不（能）知道中国的生活。
Rúguǒ nǐ bú qù yí cì Zhōngguó, jiù bù (néng) zhīdào Zhōngguó de shēnghuó.
　　　　　一度中国に行かなければ，中国での生活を知ることなんてできません。

頻度を表わす場合

「一日に3回」など頻度を表わす場合は，期間を表わす言葉を動詞の前に置きます。

語順の違い

日本語	一週間に1度

中国語	一个星期（動詞）一次

英　語	once a week

日本語と語順が似ている！！

你得一天吃三次药。　　　あなたは一日3回薬を飲まなければいけません。
Nǐ děi yì tiān chī sān cì yào.

我一个月去一次卡拉OK。　　私は1か月に一度カラオケに行きます。
Wǒ yí ge yuè qù yí cì kǎlāOK.

あと残り4分の1で文法編は終わりです。「進行」「持続」などの状態を表わす「アスペクト（相）」，形容詞や動詞を補足説明する「補語」などはページ数も多く大変だったでしょう。残りの文法事項も大切なことばかりですので，ラストスパートをかけて最後の一課までしっかり習得してしまいましょう！

1. 方向補語とは，「歩いていく」「走ってくる」の「歩いて」と「いく」，「走って」と「くる」といった複合した動詞を作るための補語のことで，「**去**」「**来**」が代表的です。

　　例：**那个男的朝那边走去了。**（あの男性はあっちへ歩いていった）

2. 「**上，下，进，出，回，过，起，开**」の8つも動詞の後ろについて，複合した動詞を作る方向補語となります。

　　例：**飞机飞上了天。**（飛行機は飛び立った）

3. 「**来，去**」と「**上，下，进，出，回，过，起，开**」は併せて使用でき「**跑出来**」「**带回去**」のように使うことができます。

　　例：**他从学校跑出来。**（彼は学校から走って出てきた）

4. 動詞＋「**上，下，进，出，回，过，起，开**」の場合は，すぐ後ろに目的語を置くことができ，「**来，去**」と併用のものや，「**来，去**」のみが補語として動詞につく場合，つまり「**来，去**」が入る文では，目的語は「**来，去**」の前に置きます。

　　例：**孩子们跑回家去了。**（子どもたちは走って家へ帰っていった）

5. 方向補語のつく，すべての文が「**没（有）**」を動詞の前につけて否定します。ただし，条件文では「**不**」で否定します。

6. 「**上**」「**下**」「**上来**」「**下来**」など方向補語にはそれぞれ本来の意味から派生した意味を持つものが多くあります。

　　例：**天阴上来了。**（空が曇ってきた）

7. 結果補語，方向補語は，動詞と補語の間に「**得**」を入れることによって可能を表わすことができ（**吃得饱**など），「**不**」を入れることによって不可能を表わす（**回不来**など）ことができます（可能補語）。これに，さらに「**能**」や「**可以**」を入れることで，意味を強めることができます。

　　例：**听不懂他的话。**（彼の話は聞いてもわからない）

8. 数量補語とは，「1回，2回」など回数や，「1日，2日」など時間を表わすための補語のことで，動詞の後ろに置くが，目的語のありなし（目的語が代詞の場合も）によって置く場所が多少異なる。

　　例：**他学一年汉语了。**（彼は一年間中国語を勉強しました）

本課の最重要単語（方向補語）

単純方向補語	**- 来** lái	話し手に近づく動作を示す
	- 去 qù	"〜しにいく" ことを示す
	- 上 -shang	下から上への移動を表わす
	- 下 -xia	上から下への移動を表わす
	- 进 -jin	外から中への移動を表わす
	- 出 -chu	中から外への移動を表わす
	- 回 -hui	もとの所へ戻ることを表わす
	- 过 -guo	ある所を通過することを表わす
	- 起 -qi	ある動作によって下から上に移動することを表わす
	- 开 -kai	開いたり，離れたり，分かれたりすることを表わす
複合方向補語	**- 上来** -shanglai	低い所から高い所へ［遠い所から近い所へ］来る
	- 上去 -shangqu	低い所から高い所へ［近くから遠くへ］離れて行く
	- 下来 -xialai	動作が高い所から低い所へ［遠くから近くへ］向かってなされることを示す
	- 下去 -xiaqu	動作が高い所から低い所へ［近くから遠くへ］向けてなされることを示す
	- 进来 -jinlai	中にいる話し手から見て動作が外から行われることを示す
	- 进去 -jinqu	外にいる話し手の目から見て動作が外から中に向かって行われることを示す
	- 出来 -chulai	動作が中から外へ，かつ話し手の方向に行なわれることを示す
	- 出去 -chuqu	外にいる話し手の目から見て動作が外から中に向かって行われることを示す
	- 回来 -huilai	本来の場所に戻ってくることを示す
	- 回去 -huiqu	本来の場所に戻って行くことを示す
	- 过来 -guolai	あちらからこちらへ移ってくる，動いてくることを示す
	- 过去 -guoqu	こちらからあちらへ移ってゆく，動いてゆくことを示す
	- 起来 -qilai	動作が下から上に向かうことを示す，動作が始まり持続することを示す
	- 开来 -kailai	人や事物が動作の結果分かれたり，広がることを示す

本課の最重要単語（方向補語の派生的な意味）

- **上** -shàng	「目標に到達すること」「分かれているものがくっつくこと」を表わす
- **下** -xià	「動作・行為の結果として何かが残ること」を表わす
- **来** lái	「**看，想，听，说**」について，「ある面から推し量ること」を表わす
*- **过** -guò	「ものの場所が別のところに移動すること」「ものの向きを変えること」を表わす
- **上来** -shànglai	「動作や状態が徐々に広がる，深まるなど，はっきりしてきたこと」を表わす
- **下来** -xiàlai	「結果に到達して留まること」「分離させること」を表わす
- **下去** -xiàqu	「現在の動作を続けていくこと」「ある状態が続いていくこと」を表わす
- **起来** -qǐlai	「動作や状態が実際に始まること」「実際に"〜してみると"」という意味を表わす
*- **出来** -chūlai	「何かがわかること」「何かが出来上がること」を表わす
*- **过来** -guòlai	「こちらを向くこと」「本来の正常な状態になること」を表わす
*- **过去** -guòqu	「あちらを向くこと」「本来の正常な状態でなくなること」を表わす

＊マークの単語は本課では紹介していませんが，リストに掲載しています。

本課の新出重要単語（補語）

走去 zǒuqu	歩いていく	**推开** tuīkai	押し開ける
跑来 pǎolai	走ってくる	**跑出来** pǎochulai	走って出てくる
进去 jìnqu	入っていく	**带回去** dàihuiqu	持って帰っていく
进来 jìnlai	入ってくる	**飞去** fēiqu	飛んでいく
出去 chūqu	出ていく	**跑过** pǎoguo	走って通りすぎる
出来 chūlai	出てくる	**飞上去** fēishangqu	飛び立っていく
回去 huíqu	帰っていく	**带回来** dàihuilai	持って帰ってくる
回来 huílai	帰ってくる	**赶上** gǎnshang	間に合う，追いつく
拿去 náqu	持っていく	**记下** jìxia	書き留める
拿来 nálai	持ってくる	**看来** kànlai	見たところ
飞上 fēishang	飛び立つ	**站起来** zhànqilai	立ちあがる
走下 zǒuxia	歩いて降りる	**想起来** xiǎngqilai	考えてみれば
跑进 pǎojin	走って入ってくる	**听不懂** tīngbudǒng	聞いてもわからない
跑出 pǎochu	走って出ていく	**赶得上** gǎndeshang	間に合う
跑回 pǎohui	走って帰る	**看得懂** kàndedǒng	見てわかる
走过 zǒuguo	歩いて通りすぎる	**说不好** shuōbuhǎo	うまく言えない
拿起 náqi	持ち上げる	**关上** guānshang	閉める

本課の新出重要単語（その他）

台阶 táijiē	階段	**通知** tōngzhī	通知（する），知らせ
正好 zhènghǎo	ちょうど，折よく	**一直** yìzhí	ずっと
推 tuī	押す	**婴儿** yīng'ér	赤ちゃん
正门 zhèngmén	正門	**手续** shǒuxù	手続き
鸟 niǎo	鳥	**自己** zìjǐ	自分
楼 lóu	階，フロア	**次** cì	〜回
末班车 mòbānchē	終電	**如果〜（的话）** rúguǒ 〜 (de huà)	もし〜ならば
电话号码 diànhuà hàomǎ	電話番号	**药** yào	薬
阴 yīn	曇っている	**卡拉 OK** kǎlāOK	カラオケ

＊「如果〜的话」は「如果〜」「〜的话」とそれぞれ単体で使うこともできます。

英語で原級・比較級・最上級があるように，中国語にももちろん比較表現があります。中国語の基礎をしっかり押さえるためには，ここで気を抜かずにがんばりましょう！　中国語の比較表現には４種類あります。以下の表を見てみましょう。

比　較　表　現　の　構　文	
原級 1	S ＋ 跟 gēn ＋ 比較対象 ＋ 一样 yíyàng ＋ 形容詞
原級 2	S ＋ 有 yǒu ＋ 比較対象 ＋（那么 nàme〔または这么 zhème〕）＋ 形容詞
比較級	S ＋ 比 bǐ ＋ 比較対象 ＋ 形容詞
最上級	S ＋（〜の中で〔在 zài 〜，〜里 li など〕）＋ 最 zuì ＋ 形容詞 S ＋ 比 bǐ ＋ 疑問代詞 ＋ 都 dōu ＋ 形容詞

🎧 **074**

1 原級 1「同じくらい〜だ。」を中国語で言ってみよう！

　原級，つまり「同じくらい背が高い」や「同じくらい歳をとっている」などを表わすのに，中国語では次のような表わし方をします。

S	＋	跟 gēn	＋	比較の対象	＋	一样 yíyàng	＋	形容詞

　語順は日本語と似ており，形容詞の場合以外でも二者の比較をする際には使うことができます。「跟」の代わりに「和 hé」も使用可能です。

我个子跟他一样高。　　Wǒ gēzi gēn tā yíyàng gāo.

私の身長は彼と同じくらい高いです。

她的手机跟我的一样。　　彼女の携帯は私のと同じです。
Tā de shǒujī gēn wǒ de yíyàng.

否定する場合は,「**一样** yíyàng」の前に「**不**」をつけて「**不一样** bù yíyàng」とするのが一般的です。

> **他想去的地方跟我想去的不一样。**
> Tā xiǎng qù de dìfang gēn wǒ xiǎng qù de bù yíyàng.
> 　　　　　　　　　　彼が行きたい場所と，私が行きたい場所とは違います。
>
> **黑龙江的温度跟上海的一点儿也不一样。**
> Hēilóngjiāng de wēndù gēn Shànghǎi de yìdiǎnr yě bù yíyàng.
> 　　　　　　　　　　　　黒龍江の温度は上海とは全く違います。

原級で疑問文を作るときも,以前と同じように「**吗**」をつけるか「**一样不一样** yíyàng bu yíyàng」のように《肯定＋否定》の形にします。

> **坐电车跟坐汽车用的时间一样吗?**
> Zuò diànchē gēn zuò qìchē yòng de shíjiān yíyàng ma?
> 　　　　　　　　　電車で行くのは車で行くのと,時間は同じですか。
> 　　　　　　　　　　　＊「**用的时间**」は「要する時間」。
>
> **中国的生活习惯跟日本的一样不一样?**
> Zhōngguó de shēnghuó xíguàn gēn Rìběn de yíyàng bu yíyàng?
> 　　　　　　　　中国の生活習慣は日本と同じですか,それとも違いますか。

② 原級 2「〜くらい…だ」という原級表現もぜひ学ぼう！ ○ 075

原級の表現は 1 つではなく,日本語でも同じくらいであることを表わすのに「身長が私ぐらいある,屋根ぐらいの高さがある」という言い方をするように,「**有**」を使った「(…は) 〜くらい…だ」という意味の表現があります。

| S | ＋ | **有** yǒu | ＋ | 比較の対象 | ＋ | **(那么** nàme) (または **这么** zhème) | ＋ | 形容詞 |

以上のような文型になりますが，「**那么**《比較の対象が主語より遠くの場合》」，「**这么**《比較の対象が主語の近くの場合》」は話者の遠近感を表わし，省略可能です。

他有我（这么）高。　　Tā yǒu wǒ (zhème) gāo.

彼は私くらい背が高い。

她有老师（那么）聪明。　彼女は先生くらい賢い。
Tā yǒu lǎoshī (nàme) cōngmíng.

▌原級2の否定・疑問▐

原級2における否定文は「**有**」を「**没有**」にして，「…ほど〜ない」という意味になり，疑問文は原級1と同様で「**吗**」を文末につけるか「**有没有**」という形にします。

爸爸没有妈妈说汉语说得好。
Bàba méiyǒu māma shuō Hànyǔ shuōde hǎo.

お父さんはお母さんほど中国語をうまく話しません。《否定》

上海有东京大吗?
Shànghǎi yǒu Dōngjīng dà ma?

上海は東京と同じくらい大きいですか。《疑問文》

上海有没有东京大?
Shànghǎi yǒu méiyǒu Dōngjīng dà?

上海は東京と同じくらい大きいですか。《疑問文》

🎧 **076**

③ 比較級「…より〜だ」と中国語で比較をしてみよう！

　AとBのどちらが大きいか，どちらの方が背が高いかなどを比較するのにはどうすればいいでしょう。中国語では《A ＋ **比** bǐ ＋ B ＋形容詞（または動詞＋目的語，補語）》（AはBより〜だ）という形にします。

A	+	比 bǐ	+	B	+	形容詞 (「高 gāo」など)
Aは		Bと比較すると				～だ (「高い」など)

それでは，例文を見ていきましょう。

中国比日本大。　　Zhōngguó bǐ Rìběn dà.

中国は日本と比べて大きい。→中国は日本より大きい。

这本书比那本有意思。　　この本はあの本より面白い。
Zhè běn shū bǐ nà běn yǒu yìsi.

具体的な数字で差を述べる場合は，形容詞の後ろに数量詞を置きます。

我的体重比你重五公斤。　　私の体重はあなたより５キロ重い。
Wǒ de tǐzhòng bǐ nǐ zhòng wǔ gōngjīn.

她的留学时间比我的多一年。　　彼女の留学期間は，私より１年多い［長い］。
Tā de liúxué shíjiān bǐ wǒ de duō yì nián.

　抽象的に差を述べる場合は，形容詞の後ろに「～**得多** ~deduō」（ずっと～だ），「**一点儿** yìdiǎnr」（少し），「**一些** yìxiē」（少し）を置いて表わします（**很**，**非常**などは使えません）。

台湾的天气比大阪的暖和得多。　　台湾の天候は大阪のと比べてかなり暖かい。
Táiwān de tiānqì bǐ Dàbǎn de nuǎnhuode duō.

这棵树比那棵高一点儿。　　この木はあの木より少し高い。
Zhè kē shù bǐ nà kē gāo yìdiǎnr.

汉语的发音比英语的难一些。　　中国語の発音は英語より少し難しい。
Hànyǔ de fāyīn bǐ Yīngyǔ de nán yìxiē.

▌「さらに」の意味をこめた比較の表現 ▌

《A ＋ **比** bǐ ＋ B ＋ **还** hái［**更** gèng］＋形容詞》で，「B は確かに『形容詞の表わす状態』であるが，A はさらに『形容詞の表わす状態』が強い」という意味です。

「**还**」には感情が入っているのに対して，「**更**」は客観的な意見を述べるときに使います。

你的个子比哥哥的还高。	あなたの身長はお兄さんよりも，もっと高い。
Nǐ de gèzi bǐ gēge de hái gāo.	
我比爸爸更有劲儿。	私はお父さんと比べてさらに力が強い。
Wǒ bǐ bàba gèng yǒu jìnr.	

▌比較級の否定，疑問 ▌

比較級において否定文を作る際は，「**比** bǐ」の代わりに「**有**」を使って「**没有**」にします。また疑問文を作る際は，これまでどおり，文末に「**吗**」をつけるか「**有没有**」の形にします。

他家没有我家富裕。	彼の家は私の家ほど裕福ではない。
Tā jiā méiyǒu wǒ jiā fùyù.	

「吗」をつけた疑問文にすると…

他家比我家富裕吗?	彼の家は私の家よりも裕福ですか。
Tā jiā bǐ wǒ jiā fùyù ma?	

「有没有」をつけた疑問文にすると…

他家有没有我家富裕?	彼の家は私の家ぐらい裕福ですか。
Tā jiā yǒu méiyǒu wǒ jiā fùyù?	

077

4 最上級「最も〜である」の表現は「最」をつけるだけ！

3つ以上の中で比較して「最も〜である」ということを述べるときには，形容詞の前に「**最** zuì」をつけるか，《主語＋**比**＋疑問代詞＋**都**＋形容詞》の形を作ります。

她在班里最聪明。　　Tā zài bānli zuì cōngmíng.

彼女は<u>クラスの中で最も頭がよい</u>。

他比谁都聪明。　　　　　彼はだれよりも頭がよい。
Tā bǐ shéi dōu cōngmíng.

今天是今年里最忙的一天。　今日は，今年で一番忙しい日だ。
Jīntiān shì jīnniánli zuì máng de yì tiān.

---

5 覚えておくと便利な「比 bǐ」を使った慣用表現！

ここでは「**比** bǐ」を使った頻出の慣用表現を紹介します。気軽に使える表現ですので，ぜひ覚えましょう！

一天比一天（日ごとに）yì tiān bǐ yì tiān

天气一天比一天冷了。　　日ごとに寒くなってきました。
Tiānqì yì tiān bǐ yì tiān lěng le.

一年比一年（年々）yì nián bǐ yì nián

工资一年比一年多了。　　給料が年々あがってきました。
Gōngzī yì nián bǐ yì nián duō le.

一次比一次（回数を増すごとに）yí cì bǐ yí cì

节目一次比一次有意思了。　番組は回を増すごとに面白くなった。
Jiémù yí cì bǐ yí cì yǒu yìsi le.

今日の
Point

1. 原級の構文 1

《主語 + **跟** + 比較の対象 + **一样** + 形容詞》

　否定する場合は「**一样**」の前に「**不**」をつけて「**不一样**」とする。疑問文を作るときは,「**吗**」をつけるか「**一样不一样**」のようにする。

　　　例：**她的手机跟我的一样。**

　　　（彼女の携帯は私のと同じです）

2. 原級の構文 2

　「～くらいある」という意味で「**有**」を使うこともできる。

《主語 + **有** + 比較の対象 （ + **那么**または**这么**） + 形容詞》

　　　　　　　　　　　　（「**那么**」や「**这么**」は省略可能）

　　　例：**他有我（这么）高。**（彼は私くらい背が高い）

3. 比較級の構文

《A + **比** + B + 形容詞 （または動詞 + 目的語, 補語)》

　「**还（更）**」を形容詞の前に入れることで,「さらに」という意味合いを持たせることができる。「**还**」には感情が入っているのに対して,「**更**」は客観的な意見を述べるときに使われる。

　　　例：**你的个子比哥哥的还高。**

　　　（あなたの身長はお兄さんよりも, もっと高い）

4. 比較級の否定文は,「**比**」の代わりに「**没有**」を置く。疑問文は, これまでと同じく文末に「**吗**」をつけるか「**有没有**」の形にする。

　　　例：**爸爸没有妈妈说汉语说得好。**

　　　（お父さんはお母さんほど中国語をうまく話しません）

　　　上海比东京大吗?（上海は東京より大きいですか）

　　　上海有没有东京大?（上海は東京と同じくらい大きいですか）

5. 最上級の構文

①形容詞の前に「**最**」をつける。

②《主語 + **比** + 疑問代詞 + **都** + 形容詞》の形を作る。

　　　例：**她在班里最聪明。**（彼女はクラスで一番頭がよい）

　　　他比谁都聪明。（彼はだれよりも頭がよい）

本課の最重要単語（原級・比較級・最上級でよく使われるもの）

跟 gēn	〜と《比較対象》
一样 yíyàng	同じである
跟〜一样 gēn yíyàng	〜と同じである
有 yǒu	（〜ほど）ある
这么 zhème	比較対象が主語に近い場合
那么 nàme	比較対象が主語より遠い場合
比 bǐ	《比較の対象を引き出して》〜より《介詞》，比べる《動詞》
最 zuì	最も［いちばん］（〜である）《副詞》
〜得多 ~de duō	ずっと〜だ
一点儿 yìdiǎnr	少し，ちょっと，少しばかり，わずか
一些 yìxiē	少し《相対的にわずかな数量・程度を示す》
还 hái	さらに，もっと
更 gèng	さらに，もっと
一天比一天 yì tiān bǐ yì tiān	日ごとに
一年比一年 yì nián bǐ yì nián	年々
一次比一次 yí cì bǐ yí cì	回数を増すごとに

本課の新出重要単語

个子 gèzi	身長	**公斤** gōngjīn	キログラム
地方 dìfang	場所	**期间** qījiān	期間
黑龙江 Hēilóngjiāng	黒龍江	**台湾** Táiwān	台湾
温度 wēndù	温度	**树** shù	木
汽车 qìchē	車	**发音** fāyīn	発音
习惯 xíguàn	習慣	**有劲儿** yǒu jìnr	力がある
聪明 cōngmíng	賢い	**富裕** fùyù	裕福
体重 tǐzhòng	体重	**班** bān	クラス

1 なんと目的語が前にもくる「把 bǎ」構文！　　🎧 **079**

　把構文とは，目的語を動詞の前に持ってくることによって「～をどうしたか」を強調する構文をいいます。《(主語＋) 把 bǎ ＋目的語＋動詞》と文の順序が日本語に近くなるので，直感的にはわかりやすいかもしれません。

　目的語を伴なう動詞の目的語が前にくることで動詞だけの状態になってしまうので，「**了**」をつけるなど，結果を示している必要があります。

「 把 」 構 文
(S ＋) 把 ＋ O ＋ V ＋ 了《目的語に起こった結果の強調》

▎把構文 ▎

> **我把她的雨伞弄坏了。**　　Wǒ bǎ tā de yǔsǎn nònghuài le.
>
>
>
> 私は彼女の傘をいじって壊してしまった。
>
> 　　　　　　　　　　　　　　　　　　＊"**弄坏**"は「いじって壊す」。
>
> **我帮他把工作做完了。**　　私は彼の仕事を終わらせるのを手伝った。
> Wǒ bāng tā bǎ gōngzuò zuòwán le.
>
> 　　　　　　　　　＊"**做完**"の"**完**"は「～し終わる」《結果補語》の意味。
>
> **谁把花瓶打了。**　　　　　だれかが花瓶を割った。
> Shéi bǎ huāpíng dǎ le.
>
> 　　　　　　　　　　　　　　　　　　　　＊"**打**"は「壊す，割る」。

▎把構文の否定 ▎

　「**把**」構文を否定する場合は「**把**」構文のすぐ前に「**没 (有)**」を置きます。また，仮定を表わすときや能願動詞がつく場合の否定は「**不**」を用います。

166

我没（有）把我妹妹带来。　　私は妹を連れてきませんでした。
Wǒ méi(yǒu) bǎ wǒ mèimei dàilai.

我没（有）把这张纸复印。　　まだこの紙をコピーしていません。
Wǒ méi(yǒu) bǎ zhè zhāng zhǐ fùyìn.

我不把这本书读完不睡觉。　　私はこの本が読み終わるまで寝ません。
Wǒ bù bǎ zhè běn shū dúwán bú shuìjiào.

＊「不～不…」で「～しなければ … しない」。

我不能把这个问题解决。　　私はこの問題を解決できません。
Wǒ bù néng bǎ zhège wèntí jiějué.

把構文の疑問文

　これまでと同じように，文末に「**吗**」を付けるのが一般的です。また，文末に「**没有**」をつけるか，「**把没把** bǎ méi bǎ」のように，**把**の肯定と否定を繰り返すこともあります。

你把作业写完了吗?　　宿題は書き終わりましたか。《文末に**吗**をつけた疑問文》
Nǐ bǎ zuòyè xiěwán le ma?

你把词典拿来了没有?　　辞書は持ってきましたか。《文末に**没有**をつけた疑問文》
Nǐ bǎ cídiǎn nálai le méiyǒu?

你把没把词典拿来?　　辞書は持ってきましたか。《反復疑問文》
Nǐ bǎ méi bǎ cídiǎn nálai?

 2 「把」構文を使った位置付け，変化表現！　🎧 **080**

　「…を～に置く」や「…を～に貼る」など，ものを位置付けるとき，またはものを変化させたり，両替したりするときには，結果補語である「**在** zài」や「**到** dào」などと組み合わせた「**把**」構文がよく使われます。

把书放在书架上　　　bǎ shū fàngzài shūjiàshang

本を本棚に置く［入れる］

你把菜放在冰箱里。　　　料理を冷蔵庫の中に入れといて。
Nǐ bǎ cài fàngzài bīngxiāngli.

我想把日元换成人民币。　日本円を人民元に換えたいのですが。
Wǒ xiǎng bǎ Rìyuán huànchéng Rénmínbì.

妈妈把礼物送给我了。　　お母さんはプレゼントを私に贈ってくれました。
Māma bǎ lǐwù sònggěi wǒ le.

＊動詞に結果補語の"在"，"到"，"给"，"成"がついて，「～を…にVする」という
　表現になるときは，「把」構文が用いられます。

 「是～的 shì~de」で文を強調してみよう！ 🎧 081

　ある行為が起こったときの付随した情報（例えば，いつ，だれと）を特に強調し
たいときに《是～的 shì~de》の構文を使うことによって強調することができます。
　　　　　　　　　　　　　　　　　　　＊強調している箇所に下線をつけています。

ご飯いつ食べたっけ？ ―― 12 時に食べたよ。
咱们是什么时候吃的？ ―― 是十二点钟吃的。
Zánmen shì shénme shíhou chī de? ―― Shì shí'èr diǎn zhōng chī de.

どこから来たの？ ―― 日本から来ました。
你是从哪儿来的？ ―― 我是从日本来的。
Nǐ shì cóng nǎr lái de? ―― Wǒ shì cóng Rìběn lái de.

韓国から来たのではありません。日本から来ました。
我不是从韩国来的。我是从日本来的。
Wǒ bú shì cóng Hánguó lái de. Wǒ shì cóng Rìběn lái de.

1. 「把」構文とは，目的語を動詞の前に持ってくることで「〜をどうしたか」を強調する構文。《把＋目的語＋動詞》と文の順序が日本語に近くなる。

> 例：**我把她的雨伞弄坏了。**（私は彼女の傘を〔いじって〕壊した）

2. 「把」構文を否定する場合は，「把」構文のすぐ前に「**没（有）**」を置く。仮定を表わすときや能願動詞がつく場合の否定は「**不**」を用いる。疑問文は文末に「**吗**」をつけるのが一般的。文末に「**没有**」をつけたり，「**把没把**」のように，**把**の肯定と否定を繰り返すこともある。

> 例：**我没（有）把我妹妹带来。**（私は妹を連れてきませんでした）

3. 「…を〜に置く」や「…を〜に貼る」など，ものを位置付けるとき，またはものを変化させたり，両替したりするときにも「**把**」構文がよく使われる。

> 例：**我想把日元换成人民币。**
> （日本円を人民元に換えたいのですが）

4. 文を強調したい場合は，強調したい部分（介詞や動詞，疑問詞）の前に「**是**」を置き，文末に「**的**」を置く。「**是〜的**」構文という。

> 例：**我是从日本来的。**（私は日本から来ました）

本課の最重要単語（把構文）	
把 bǎ	〜を《（既知の）直接目的語を動詞の前に出して処置の意味を際立たせる働きをする》

本課の新出重要単語			
雨伞 yǔsǎn	雨傘	**复印** fùyìn	コピーする
弄坏 nònghuài	いじって壊す	**作业** zuòyè	（教師が課す）宿題；作業，仕事
花瓶 huāpíng	花瓶		
打 dǎ	ぶつけて壊す	**日元** Rìyuán	日本円
带来 dàilai	連れてくる	**换** huàn	換える
纸 zhǐ	紙	**人民币** Rénmínbì	人民元

中国語の受け身文には大きく分けて，「被 bèi」，「让 ràng」，「叫 jiào」などを用いた受け身文のほか，能動態で意味的には受け身を表わすものの2つがあります。

1 「被 bèi」を使って，受け身文を作ろう！ 🎧 082

受 け 身 文 の 基 本 構 文	
「被 bèi」構文	ある行為をされる側 + 被 bèi + 行為者 + V
能動態受け身文	ある行為をされる側 + V

　日本語で「〜された」と表現するような文を中国語で表わす場合，「被 bèi」などを主語の後ろに置いて表現します。ここではまずもっともポピュラーな「被」を用いた表現を紹介します。

你的杯子被他用了。　　Nǐ de bēizi bèi tā yòng le.

あなたのコップ，彼に使われていたよ。

我被爸爸训了。　　私はお父さんに叱られました。
Wǒ bèi bàba xùn le.

＊「训」は「叱る」。

我的蛋糕被妹妹吃了。　　私のケーキは妹に食べられました。
Wǒ de dàngāo bèi mèimei chī le.

---

② 「让 ràng」「给 gěi」「叫 jiào」で受け身文を作ろう！ 🎧 083

「**被** bèi」と同じように使われますが，口語的に会話の中で使われます。「**让** ràng」「**叫** jiào」は動詞とそのままつながることはなく，後に動作の行為者が置かれますが，意味はほとんど「**被**」と同じです。「**给** gěi」は「**被**」と用法も意味もほとんど同じです。

> **我让老师批评了。** 　　　私は先生に批判されました。
> Wǒ ràng lǎoshī pīpíng le.
>
> **他叫自行车撞倒了。** 　　彼は自転車にはねられて倒れた。
> Tā jiào zìxíngchē zhuàngdǎo le.
>
> **我的行李给拿走了。** 　　私の荷物は持っていかれてしまった。
> Wǒ de xíngli gěi názǒu le.

③ 能動態と同じ形で意味上の受け身文を作ろう！ 🎧 084

上記で「**被**」を使った受け身文を紹介しましたが，日本語で「〜れる（〜られる）」を使わなくても受け身を表現できるのと同じく，中国語でも目的語を前に持ってくることや，「**作业做完了。**」（宿題はやり終えました）のように，日本語でもよく見られるような意味上の受け身の形をとることがあります。

> <u>**菜已经做好了。**</u> 　　Cài yǐjīng zuòhǎo le.
>
> <u>料理はもうちゃんと作られています。</u> 　→料理はもう作ってあります。
> 　　　　　　　　　＊"**做好**"の"**好**"は「完成した」ことを示している。
>
> **礼物给爸爸了。** 　　　プレゼントはお父さんに贈られました。
> Lǐwù gěi bàba le. 　　　　→プレゼントはお父さんに贈りました。
> 　　　　　　　　　＊「**给**」は「与える，（人に）あげる，（自分に）くれる」。

分析！ どういう仕組みで主語の位置に目的語がくるのでしょうか？
元の文と比較することで分析してみました。

【目的語が 1 つのとき】

普通の能動文

S ＋ V ＋ O

我已经做好菜了。
　s　　　 v　o

▼

意味上の受け身文

O（＋S）＋ V ＋ O

菜 （＋我） 已经做好了。

＊O が前に移動！そのあと主語が省略されることで，このような語順になっています。

【目的語が 2 つのとき】

普通の能動文

S ＋ V ＋ O1 ＋ O2

我给爸爸礼物了。
　s　v　O1　O2

▼

意味上の受け身文

O2（＋S）＋ V ＋ O1 ＋ O2

礼物 （＋我） 给爸爸了。

＊2 つ目の O が前に移動！そのあと主語が省略されることで，このような語順になっています。

受け身文の否定や省略，呼応の仕方も知っておこう！

▌否定語や助動詞のついた受け身文 ▌

　受け身文を否定したり助動詞をつけたり，一般的に副詞をつけたりするときは，通常の平叙文のように，「**被**」「**让**」「**叫**」の前に置きます。

> **他从来没有让妈妈操过心。**　　彼はこれまで母親に心配されたことがありません。
> Tā cónglái méiyǒu ràng māma cāoguo xīn.
>
> *　"**操心**"「心配する，気に病む」。
>
> **那个小偷儿能被逮捕吗?**　　あの泥棒は捕まえられますか。
> Nàge xiǎotōur néng bèi dàibǔ ma?

▌行為者を省略した受け身文 ▌

　ある行為を行なった側が一般の人々であったり，特定される必要がない場合には，「**被**」と動詞の間に行為者を入れなくても文を作ることができます。ただし，「**让**」「**叫**」の場合は作ることができません。

> **他的行李被偷走了。**　　彼の荷物は盗まれてしまいました。
> Tā de xíngli bèi tōuzǒu le.

▌「给」と呼応した受け身文 ▌

　「**被**」「**让**」「**叫**」と呼応する形で，動詞の直前に「**给**」《助詞》が使われる場合もあります。

> **我的书叫他给借去了。**　　私の本は彼に借りていかれました。
> Wǒ de shū jiào tā gěi jièqu le.
>
> **今天我叫老师给训了。**　　今日，私は先生に怒られました。
> Jīntiān wǒ jiào lǎoshī gěi xùn le.

1. 「被」を使うことによって「〜された」という意味を持つ文を作ることができ，ネガティブな意味でよく使われる。

   例：**我被爸爸训了。**（私はお父さんに叱られました）

2. 「被」のほかに，「让」や「给」，「叫」といった言葉を使って，「〜された」という意味の文を作ることができ，意味はほぼ「被」と同じ。

   例：**他叫自行车撞倒了。**（彼は自転車にはねられて倒れた）

3. 受身の文を作るには，主語の位置に目的語を持ってくることによる日本語的な受け身文を作ることができる。

   例：**菜已经做好了。**（料理はもうちゃんと作られています）

4. 受け身文に，否定語句・助動詞・副詞をつけるときは，通常の平叙文のように「被」「让」「叫」の前に置く。

   例：**他从来没（有）让妈妈操过心。**

   （彼はこれまで母親に心配されたことがありません）

5. ある行為を行った側が一般の人々であったり，特定される必要がない場合には，「被」と動詞の間に行為者を入れずに文を作ることができる。

   例：**他的行李被偷走了。**（彼の荷物は盗まれてしまいました）

6. 「被」「让」「叫」と呼応する形で，動詞の直前に「给」《助詞》が使われる場合もある。

   例：**我的书叫他给借去了。**（私の本は彼に借りていかれた）

本課の最重要単語（受け身）

被 bèi	～される	**给** gěi	～される（≒**被**）
让 ràng	～される（≒**被**）	**叫** jiào	～される（≒**被**）

本課の新出重要単語

杯子 bēizi	コップ	**倒** dǎo	倒れる
训 xùn	叱る	**行李** xíngli	荷物
蛋糕 dàngāo	ケーキ，カステラ風洋菓子	**操心** cāo xīn	心配する，気に病む
批评 pīpíng	批評する	**逮捕** dàibǔ	逮捕する
自行车 zìxíngchē	自転車	**偷** tōu	盗む
撞 zhuàng	ぶつかる，ぶつける		

気持ちよく言い切る「語気助詞」で表現力 UP ！ 🎧 **086**

　語気助詞とは，文末につけることによって文を整え，話者の気持ちをこめるためのもので，日本語の「〜ね。」や「〜よ。」などにあたります。実際の会話では，文末に何らかの語気助詞がつくことが多いので，しっかり学習しましょう！

吗 ma	疑問の語気を表わす

　疑問文の語気助詞です。疑問・質問の語気（〜〔です〕か？）を表わし，疑問文を作るときに文末に添えます。

▌語気助詞「吗 ma」を使った文例 ▌

　これまでの課でもよく出てきた語気助詞です。

> **你知道吗？** Nǐ zhīdào ma? 　（あなたは）知っていますか。《疑問》
>
> **真的吗？** Zhēnde ma? 　　　　本当ですか。《疑問》

了 le	①状態・状況・気持ちの変化が生じたこと　②これから状態・状況の変化が生じること　③催促　④禁止・制止　⑤程度の強調を表わす

　「**了**」には完了形の助詞「**了**」と語気助詞の「**了**」があり，語気助詞の「**了**」は，変化・新たな状況が生じたこと，これからある状況の変化が生じることなどを最後の言い切りの形で表わしています（完了相の「了」は 13 課参照）。

▌語気助詞「了 le」を使った文例 ▌

> **我看了电影了。** Wǒ kànle diànyǐng le.《状態の変化（変化済み）》
> 私は映画を見ました。
>
> **明天不去她家了。** Míngtiān bú qù tā jiā le.《気持ちの変化》
> 明日，彼女の家には行かないことにしました。

＊この語気助詞「**了**」は気持ちの変化（行く→行かない）が起こっていることを表わしています。

休息了！ Xiūxi le!《状況の変化（変化する時点）》
休みだ（休みが始まった）！

走了，走了。 Zǒu le, zǒu le.（≒ **走吧，走吧。** Zǒu ba, zǒu ba.）《催促》
行こう，行こう。

别说话了。 Bié shuō huà le.《禁止》
おしゃべりはやめなさい。　＊「**别**」は「〜するな」。

太好了。 Tài hǎo le.《程度の強調》
すばらしい。

的 de　①断定・確認を表わす　②述語動詞のあとに用いて，すでに発生した動作について，時間や場所，方法，その行為者などを強調する

　文末に用いる断定（「〜だ」）の語気助詞です。「**一定〜的** yídìng ~ de（きっと〜のはずだ）」「**会〜的** huì ~ de（きっと〜のはずだ）」「**是〜的** shì ~ de《強調》」の形としてよく使われます。

▎ 語気助詞「的 de」を使った文例 ▎

这支铅笔一定是老师的。 Zhè zhī qiānbǐ yídìng shì lǎoshī de.《断定》
この鉛筆はきっと先生のだ。

我是坐飞机去的。 Wǒ shì zuò fēijī qù de.《強調》
《強調して》飛行機に乗って行ったのです。

呢 ne　①疑問　②確認・誇張　③持続・進行　④一呼吸（ポーズ）を置く　⑤省略疑問文の文末につけ，「〜は？」の意を表わす

　疑問詞疑問文の文末や，省略疑問文の文末に「呢」をつけ，「〜は？」という意味になります。肯定文ではよく，「**正在〜呢** zhèngzài ~ ne」（ちょうど〜しているところ），「**着〜呢** zhe ~ ne」（〔現在も〕〜をしている），「**可〜呢** kě ~ ne」（すごく〜なんだよ）というふうに一緒に用いられます。また，「**我呢，买电视了。** Wǒ ne, mǎi diànshì le.（私はね，テレビを買ったよ）」のように，一呼吸置くことにもよく使われます。

什么时候去学校呢? Shénme shíhou qù xuéxiào ne?《疑問》
いつ学校に行くの?

今天真热呢。 Jīntiān zhēn rè ne.《確認》
今日は本当に暑いね。

我们正在搬行李呢。 Wǒmen zhèngzài bān xíngli ne.《進行》
私たちは荷物を運んでいるところです。

我呢，买电视了。 Wǒ ne, mǎi diànshì le.《ポーズ》
私はね，テレビを買ったよ。

你呢? Nǐ ne?《省略疑問》
あなたは? ＊「私は行くけど，<u>あなたは?</u>」のような，省略に使われます。

吧
ba
　①提案・依頼　②同意・譲歩　③推量を表わす

「～しようよ」「～よね?」というふうに疑問文や命令文の調子を和らげるために用いられます。また，「好吧！」のように同意や譲歩の意味にもよく使われます。

■ 語気助詞「吧 ba」を使った文例 ■

给我们表演一个节目吧。 Gěi wǒmen biǎoyǎn yí ge jiémù ba.《依頼》
私たちに，演目を1つ演じてみせてよ。

我们一起去吧。 Wǒmen yìqǐ qù ba.《提案》
一緒に行きましょう。

好吧。我们一起去吧。 Hǎo ba. Wǒmen yìqǐ qù ba.《同意，依頼》
いいでしょう。一緒に行きましょう。

他已经去大阪出差了吧。 Tā yǐjīng qù Dàban chūchāi le ba.《推量》
彼はもう大阪出張に行ってしまったでしょう。

啊 a	①感嘆　②肯定・催促・念押し　③選択疑問文や疑問詞疑問文の語気を弱める　④疑問や命令，あいさつのときに，親しげな感じやぞんざいな感じを示す

　疑問や命令の時に感情を込めて付け足し，親しげな感じや，ぞんざいな感じを示します。前の母音によって「呀 ya，哇 wa，哪 na」に変化しますが，意味は同じです。肯定文でも，しばしば「**再见哪！**」のように付け足されます。「**啊** a」は前の母音によって，以下のように漢字や読み方が変わります。

"啊 a" の前の母音	変化後の音	漢字
a, e, i, o, ü	ya	呀
u, ao, ou	wa	哇
-i [ɿ]	za	啊
-i [ʂ]	ra	啊
-ng	nga	啊
-n	na	哪

■ 語気助詞「啊 a」を使った文例 ■

多美的风景啊！ Duō měi de fēngjǐng a.《感嘆》
美しい風景だなぁ。

对呀。 Duì ya.《肯定》
そうだよ。

你到底买不买呀？ Nǐ dàodǐ mǎi bù mǎi ya?《疑問を弱める》
結局，買うの？　買わないの？

有哇。 Yǒu wa.《親しみ・ぞんざい》
あるよ。

稍等我一会儿，啊。《念押し》
Shāo děng wǒ yíhuìr, a.
ちょっとの間待ってね。

再见哪！《親しみ・ぞんざい》
zàijiàn na!
またな！

その他の語気助詞

嘛
ma

　話者が「当たり前のことだ。なぜそうできない（思わない）んだ。」と思ったときの文末につける語気助詞です。また，勧めたり阻止したりといった他者への働きかけの意味も持っています。

> **你已经是大人了**嘛！ Nǐ yǐjīng shì dàrén le ma!《当然そうあるべきだという語気》
> きみはもう大人だろう！
>
> **你有意见，就说**嘛！ Nǐ yǒu yìjiàn, jiù shuō ma!《勧め》
> 不満があるなら言ってよ！

罢了
bàle

　「**不过～罢了** búguò~bàle」や「**只是～罢了** zhǐshì~bàle」という形になって，「ただ～だけだ［にすぎない］」という意味になります。「**不过**」や「**只是**」単独でも使うことができます。

> **这只是开一个玩笑**罢了。 Zhè zhǐshì kāi yí ge wánxiào bàle.《ただ～だけだという語気》
> これはただの冗談だよ。

着呢
zhene

　主に形容詞の後ろにつき，その形容詞の性質を大げさに言うための語気助詞です。

> **她呀，温柔着呢！** Tā ya, wēnróu zhene.《誇張》
> 彼女はね，とっても優しい人だよ！

来着
láizhe

　「ついさっきあった［起こった］こと（過去の出来事）」などを思い出したり，回想している様子を表わす語気助詞です。

他叫什么来着? Tā jiào shénme láizhe?《想起》
彼の名前は何て言ったっけ?

这个字怎么读来着? Zhège zì zěnme dú láizhe?《想起》
この字は何て読むんだっけ?

啦
la

「**了** le」と「**啊** a」が複合したもので，感嘆や緊張，興奮の意味を含む語気助詞です。

你干什么去啦! Nǐ gàn shénme qù la!《感嘆》
一体何てことをしてくれたの!

中国語には反語の表現があります。「だれが言うだろうか？」という疑問文のような言い方をして，暗に「いや，そんなことはだれも言わない」という意味を含んだ表現のことです。以下にいくつか紹介します。

不是～吗?
bú shì ~ ma?　「～ではないか」

> **（难道）这不是谎言吗?**　　(Nándào)zhè bú shì huǎngyán ma?
> （まさか）嘘じゃないでしょうね？→嘘でしょ？
>
> **我不是说了吗?**　　Wǒ bú shì shuō le ma?
> 私は言いませんでしたか。→言ったでしょ？

难道～吗?
nándào ~ ma?　「まさか～ではあるまい」

> **难道我的本子丢了吗?**　　Nándào wǒ de běnzi diū le ma?
> まさか私のノートをなくしたんじゃないでしょうね？
> →私のノートをなくしたでしょ！

什么～！
Shénme ~!　「何が～なものか」

> **你知道什么！**　　Nǐ zhīdào shénme!
> あなたが何を知っているというの！　→あなたは何も知らないでしょ！
>
> **跟你有什么关系！**　　Gēn nǐ yǒu shénme guānxi!
> あなたと何の関係があるの！　→あなたに関係ないでしょ！

哪儿～啊！
Nǎr ~ a!　　「どこに～なことがあるものか」

哪儿会吃这种东西啊！　Nǎr huì chī zhè zhōng dōngxi a!
どこでこんなものが食べられるでしょう！　→こんなもの食べられるか！

还～?
Hái ~?　　「まだ～なのか，～なことがあるものか」

还在等我呀？　Hái zài děng wǒ ya?
まだ待っていてくれたの！？《申し訳ない気持ちで》

谁～?
Shéi ~?　　「だれが～なものか」

谁能明白他的理论？　Shéi néng míngbai tā de lǐlùn?
だれが彼の理論をわかるものか。

谁让你不交作业呢？　Shéi ràng nǐ bù jiāo zuòyè ne?
だれがあなたに宿題を提出させないようにしたの？
→なぜ宿題をしていないの？の意。

怎么会～（呢）？ / 怎么能～（呢）？
Zěnme huì ~ (ne)?　/ Zěnme néng ~ (ne)?　　「どうして～できるものか」

怎么会这样！　Zěnme huì zhèyàng!
どうしてこんなことができるものか！
→「いや普通はできない」という意味をこめて。

怎么会有台风呢！　Zěnme huì yǒu táifēng ne!
どうして台風など来るものか！
→「台風など来るはずがない」という意味をこめて。

怎么会不行呢！　Zěnme huì bùxíng ne!
どうしてダメなものか！→「いやダメなはずはない」という意味をこめて。

1. 語気助詞とは，文末につけることによって文の調子を整え，話者の気持ちをこめるためのもので「〜ね。」や「〜よ。」などにあたる。実際の会話では何らかの語気助詞がつくことが多い。

例：**给我们表演一个节目吧。**

（私たちに，演目を1つ演じてみせてよ）

2. 反語とは，「だれが言うだろうか？」という疑問文のような言い方で，暗に「いや，そんなことはだれも言わない」という意味を含んだ表現のことです。

例：**难道我的本子丢了吗？**

（まさか私のノートをなくしたんじゃないでしょうね？

→私のノートをなくしたでしょ！）

本課の最重要単語（よく使われる語気助詞のまとめ）

吗 ma	疑問の語気を表わす
了 le	①状態・状況・気持ちの変化が生じたこと　②これから状態・状況の変化が生じること　③催促　④禁止・制止　⑤程度の強調を表わす
的 de	①断定・確認を表わす　②述語動詞のあとに用いて，すでに発生した動作について，時間や場所，方法，その行為者などを強調する
呢 ne	①疑問　②確認・誇張　③持続・進行　④一呼吸（ポーズ）を置く⑤省略疑問文の文末につけ，「〜は？」の意を表わす
吧 ba	①提案・依頼　②同意・譲歩　③推量を表わす
啊 a	①感嘆　②肯定・催促・念押し　③選択疑問文や疑問詞疑問文の語気を弱める　④疑問や命令，あいさつのときに，親しげな感じやぞんざいな感じを示す
嘛 ma	話者が「当たり前のことだ。なぜそうできない（思わない）んだ。」と思ったときの文末につける語気助詞
罢了 bàle	「**不过〜罢了** bú guò〜bàle」や「**只是〜罢了** zhǐshì〜bàle」という形になって，「ただ〜だけだ［にすぎない］」という意味を表わす
着呢 zhene	主に形容詞の後ろにつき，その形容詞の性質を大げさに言うための語気助詞
来着 láizhe	「ついさっきあった［起こった］こと（過去の出来事）」などを思い出したり，回想している様子を表わす語気助詞
啦 la	「**了** le」と「**啊** a」が複合したもので，感嘆や緊張，興奮の意味を含む語気助詞

本課の最重要単語（反語表現）

不是～吗？ búshì ~ ma?	～ではないか
难道～吗？ nándào ~ ma?	まさか～ではあるまい
什么～！ shénme~!	何が～なものか
哪儿～啊！ Nǎr ~ a!	どこに～なことがあるものか
还～? hái ~?	まだ～なのか, ～なことがあるものか
谁～? shéi ~?	だれが～なものか
怎么会～（呢）? Zěnme huì ~ (ne)?	どうして～できるものか
怎么能～（呢）? Zěnme néng ~ (ne)?	

本課の新出重要単語

说话 shuō huà	しゃべる，話をする	**意见** yìjiàn	不満，文句；意見，考え
搬 bān	運ぶ，移す	**玩笑** wánxiào	冗談
表演 biǎoyǎn	演じる，演技［演奏］ する；実演してみせる	**温柔** wēnróu	優しい
		谎言 huǎngyán	嘘
多 duō	《感嘆文で》なんと～	**难道** nándào	まさか （～ではあるまい）
美 měi	美しい		
风景 fēngjǐng	風景	**关系** guānxi	関係
到底 dàodǐ	《疑問文に用いて》一体, 結局	**种** zhǒng	種類を数える量詞
		理论 lǐlùn	理論
稍 shāo	少し，ちょっと	**交** jiāo	引き渡す，手渡す，納 める
等 děng	待つ		
一会儿 yíhuìr	ちょっとの間	**行** xíng	よろしい
大人 dàrén	大人		

① まずは単文と複文の違いを知ろう！　　🎧 088

　単文とは，ＳＶ（＋Ｏ）が一つで成っている単体の文のことです。また，複文とは，二つ以上の単文から成っている文のことをいいます。以下に単文・複文の例を挙げますので，見比べてください。

主語＋動詞＋目的語《単文》

我学习汉语。　　Wǒ xuéxí Hànyǔ.
私は中国語を勉強しています。

主語＋動詞＋目的語＋目的語《単文》

我给她钱了。　　Wǒ gěi tā qián le.
私は彼女にお金をあげました。

主語＋動詞＋目的語，主語＋動詞＋目的語《複文》

我借了钱，我谢他了。　　Wǒ jièle qián, wǒ xiè tā le.
私はお金を借りて，彼にお礼を言いました。

弟弟吃完早饭，（他）去学校了。　　Dìdi chīwán zǎofàn, (tā) qù xuéxiào le.
弟は朝ごはんを食べ終わったので，学校に行きました。

主語＋動詞，目的語〔主語＋動詞＋目的語〕《単文》

大家都知道，他是好人。　　Dàjiā dōu zhīdào, tā shì hǎorén.
みんな知っています，彼がよい人だってことは。

　　＊この文は一見，複文にも見えますが，「**他是好人**」が「**知道**」の目的語となった単文です。

　複文は，単純に単文を二つ並べるだけでも作ることができ，また，関連詞（「だから」「しかし」など）を加えて，関係を明確に表わすことも可能です。本課では，複文を作るための関連詞を紹介しましょう。

② 関連詞で話を論理的に展開しよう！　🎧 089

　ここでは，複文において前後の文やフレーズの接続の役目をする，「関連詞」と呼ばれるものを紹介します。

　「関連詞」は前後で一組になっていますが，前後を必ず呼応させるもの（**越〜越**… yuè ~ yuè...〔〜すればするほど…〕，**一边〜一边**… yìbiān ~ yìbiān ...〔〜しながら…する〕，など），どちらか一方だけでも使えるもの（**虽然〜但是**… suīrán ~ dànshì ...〔〜だが…だ〕，**因为〜所以**… yīnwèi ~ suǒyi ...〔〜なので…だ〕など），後ろのみでも使えるもの（〔**如果**〕〜**就**… [rúguǒ] ~ jiù ...〔もし〜なら…〕，〔**不但**〕〜**而且**… [búdàn] ~ érqiě ...〔〜だけでなく…も〕など）があります。

　　＊ここでは，英語と対照させると理解につながりやすいものについてのみ，相当する英単語を載せています。

▌並列関係の関連詞▐

「A をするし，B もする」のように，前後の文が並列関係になっているものです。

也 yě	〜も "too", "also"

我买这本书，他也买这本书。
Wǒ mǎi zhè běn shū, tā yě mǎi zhè běn shū.
私はこの本を買うし，彼もこの本を買います。

(又)〜又… (yòu) ~ yòu ...	〜であり、また…でもある "too", "also"

他又去学校，又去公司。
Tā yòu qù xuéxiào, yòu qù gōngsī.
彼は学校に行っており，また会社にも行っています。

一边〜一边… yìbiān ~ yìbiān ...	〜しながら…する

他一边走路一边唱歌儿。
Tā yìbiān zǒu lù yìbiān chàng gēr.
彼は道を歩きながら歌を歌います。

【その他の並列関係】

(既)〜又… (jì) ~ yòu ...	〜でもあり…でもある
不是〜而是… búshì ~ érshì ...	〜ではなくて…だ
一面〜一面… yímiàn ~ yímiàn ...	〜しながら…する

187

▌選択関係の関連詞 ▌

「～か，もしくは～か」のように，前後の文を選択するときに使われます。

（或者）～或者… (huòzhě) ~ huòzhě ...	～か、あるいは…か "or"

或者我们去看电影，或者逛街都可以。

Huòzhě wǒmen qù kàn diànyǐng, huòzhě guàng jiē dōu kěyǐ.

映画を見に行くか，街をぶらぶらするかはどちらでもいいです。

要么～要么… yàome ~ yàome ...	～するか、もしくは…するか "or"

明天要么我见他，要么我的弟弟见他，我们应该决定。

Míngtiān yàome wǒ jiàn tā, yàome wǒ de dìdi jiàn tā, wǒmen yīnggāi juédìng.

明日は私が彼に会うか，弟が彼に会うか決めるべきです。

【その他の選択関係】

（是）～还是… (shì) ~ háishì ...	～か、それとも…か
不是～就是… búshì ~ jiùshì ...	～でなければ…だ，～か…のどちらかだ

▌譲歩関係の関連詞 ▌

「～さえすれば…する」のように，譲歩の意味を表わします。

（只要）～就… (zhǐyào) ~ jiù ...	～さえすれば…する

只要我学好汉语，我就能跟她谈话。

Zhǐyào wǒ xuéhǎo Hànyǔ, wǒ jiù néng gēn tā tán huà.

私が中国語をマスターすれば，彼女と話ができます。

只有～才… zhǐyǒu ~ cái...	～して初めて…だ，～の場合に限って…だ

只有患病，才知道健康好。

Zhǐyǒu huàn bìng, cái zhīdào jiànkāng hǎo.

病気になって初めて，健康のよさがわかります。

【その他の譲歩関係】

不管［无论／不论］～都［也／总］… bùguǎn[wúlùn/búlùn] ~ dōu[yě/zǒng] ...
～であろうと…だ

▌逆接関係の関連詞 ▌

「〜だが…だ」のように，前の文とは反対のことを後ろの文で述べるときに使われます。

（虽然）〜但是… (suīrán) ~ dànshì ...	〜だが…だ "but"
「**虽然**」の代わりに「**尽管** jǐnguǎn」「**虽说** suīshuō」を，「**但是**」の代わりに「**可是** kěshì」「**不过** búguò」などを使うこともできます。	

他虽然写了答案，但是用橡皮擦掉了。
Tā suīrán xiěle dá'àn, dànshì yòng xiàngpí cādiào le.
彼は答えを記入したが，消しゴムで消した。

我去过上海留学，但是我的汉语不太好。
Wǒ qùguo Shànghǎi liúxué, dànshì wǒ de Hànyǔ bú tài hǎo.
私は上海に留学したことがありますが，私の中国語はそんなにうまくありません。

▌因果関係の関連詞 ▌

「〜なので…だ」のように，前の文で原因や理由を述べ，後ろの文でその結果などを述べるときに使われます。

（因为）〜（所以）… (yīnwèi) ~ (suǒyǐ) ...	〜なので…だ "because ~, so ..."
「**因为**〜**所以**…」で「〜なので…だ」という順接の意味の複文となります。「**因为**」を省略しても意味は通じますが，because（〜なので）の意味を持っているので省略しない方がわかりやすいでしょう。「**所以**」は and や so（だから）の意味を持っています。「**所以**」だけ省略することも可能です。	

因为他感冒了，所以没来公司。
Yīnwèi tā gǎnmào le, suǒyǐ méi lái gōngsī.
彼は風邪をひいたので，会社に来ていません。

因为有过敏症，所以吃药。
Yīnwèi yǒu guòmǐnzhèng, suǒyǐ chī yào.
アレルギーを持っているので，薬を飲んでいます。

▌累加関係の関連詞 ▌

「〜だけでなく…も」のように，前の文に後ろの文で説明などを付け加えるときに使われます。

（**不但**）~**而且**… (búdàn) ~ érqiě...	~だけでなく…も "not only ~ but also"

「**不但**」の代わりに「**不仅** bùjǐn」「**不只** bùzhǐ」「**不光** bùguāng」を、「**而且**」の代わりに「**并且** bìngqiě」や副詞の「**也** yě」「**还** hái」などが呼応します。

她不但个子高，而且漂亮。

Tā búdàn gēzi gāo, érqiě piàoliang.

彼女は身長が高いだけでなく，美しい。

▌仮定・条件関係の関連詞 ▌

「もし~なら…だ」のように，前の文で状況を仮定した場合の結果を，後ろの文で述べるときに使われます。

（**如果**）~**就**… (rúguǒ) ~ jiù ...	もし~なら…だ "If ~ , then..."

「**如果**」の代わりに「**要是** yàoshi」（もしも）を、「**就**」の代わりに「**那么**」などを使うこともできます。「**就**」だけで用いることも可能です。その場合の意味合いとしては「それならば」。英語の "If ~ , then..." と考えることができます。

如果你在日本，就见父亲。

Rúguǒ nǐ zài Rìběn, jiù jiàn fùqin.

もし日本にいるのなら，父親に会いなさい。

一~**就**… yī ~ jiù ...	~するとすぐ…だ

他一看上司的脸，就出去了。

Tā yí kàn shàngsi de liǎn, jiù chūqu le.

彼は上司の顔を見ると，すぐ出ていってしまった。

▌その他の関連詞 ▌

関連詞は数多くあり，すべてを覚えるのはかなり大変ですので，よく使うものを重点的に覚えるようにしましょう。

除了~**以外，A（也**）… chúle ~ yǐwài, A (yě) ...	~以外にAも…だ
除了~**以外，（还**）… chúle ~ yǐwài, (hái) ...	~以外にも…だ

除了田中先生以外，铃木先生也得了满分。

Chúle Tiǎnzhōng xiānsheng yǐwài, Língmù xiānsheng yě déle mǎnfēn.

田中さん以外に，鈴木さんも満点を取りました。

| 好像～似的 hǎoxiàng ~ shìde | まるで～のようだ "like" |

他好像日本人似的。

Tā hǎoxiàng Rìběnrén shìde.

彼は日本人みたいだ（日本人ではないが，日本人のように見える）。

疑問代詞を用いた複文関係

疑問代詞を 2 回用いることで，複文関係を作ることができます。

冰箱里有什么，做什么。

Bīngxiāngli yǒu shénme, zuò shénme.

冷蔵庫の中にあるもので，何か作ります。

谁饿了，给谁吃。

Shéi è le, gěi shéi chī.

お腹がすいた人がいたら，その人に食べさせて。

 関連詞を省略して，緊縮文でより中国語らしく！ 🎧 **090**

緊縮文とは，本来複文になるようなコンマでつながれる 2 つの文を簡略化して 1 つの文にしてしまったもののことをいいます。

複文
如果天气好，我们就去郊游吧。 Rúguǒ tiānqì hǎo, wǒmen jiù qù jiāoyóu ba. もし天気がよければ，ピクニックに行きましょう。

 簡略化！！

緊縮文
天气好我们就去郊游吧。 Tiānqì hǎo wǒmen jiù qù jiāoyóu ba. 天気がよければ，ピクニックに行きましょう。

簡略化！！

連鎖関係を表わす緊縮文

「〜すればするほど…だ」のように，前に述べたものの影響・結果によって後ろに述べたものが強化される意味をもった緊縮文です。

越游**越**累了。　Yuè yóu yuè lèi le.
泳げば泳ぐほど疲れた。　　*越〜越…「〜すればするほど…」。

温度**越来越**高了。Wēndù yuè lái yuè gāo le.
温度がだんだん高くなってきた。　　*越来越〜「《時間の経過とともに》ますます〜」。

また，その他にも構文の形で緊縮されているものがいくつかあります。

他**一**听我说的话**就**走了。　Tā yì tīng wǒ shuō de huà jiù zǒu le.
彼は私の話を聞くとすぐ行ってしまった。　　*一〜就…「〜するとすぐ…だ」。

他**再**忙**也**学习英文。　Tā zài máng yě xuéxí Yīngwén.
彼はどんなに忙しくても英語の勉強はする。　　*再〜也…「どんなに〜でも…だ」。

その他，緊縮文によく使われるもの

非〜不可 [不行] fēi 〜 bùkě [bùxíng]	どうしても〜しなくてはならない《必要性》
不〜不… bù 〜 bù ...	〜しなければ…しない《仮定関係》
不〜也… bù 〜 yě ...	たとえ〜なくても…だ《仮定関係》

1. 単文とはＳＶＯ単体の文で，複文とは単文が２つ以上連なった文のこと。

　　単文：**我学习汉语。**（私は中国語を勉強しています）

　　複文：**如果天气好，我们就去郊游吧。**

　　　　（もし天気がよければ，ピクニックに行きましょう）

2. 緊縮文とは，ＳＶＯ同士がコンマで連なっている複文を圧縮して，１つの文にしてしまった文のこと。

　　緊縮文：**天气好我们就去郊游吧。**

　　　　（天気がよければピクニックに行きましょう）

也 yě	～も
（又）～又… (yòu) ~ yòu ...	～であり、また…でもある
一边～一边… yìbiān ~ yìbiān ...	～しながら…する
（既）～又… (jì) ~ yòu ...	～でもあり…でもある
不是～而是… búshì ~ érshì ...	～ではなくて…だ
一面～一面… yímiàn ~ yímiàn ...	～しながら…する
（或者）～或者… (huòzhě) ~ huòzhě ...	～か、あるいは…か
要么～要么… yàome ~ yàome ...	～するか、もしくは…するか
（是）～还是… (shì) ~ háishì ...	～か、それとも…か
不是～就是… búshì ~ jiùshì ...	～でなければ…だ，～か…かのどちらかだ
（只要）～就… (zhǐyào) ~ jiù ...	～さえすれば…する
只有～才… zhǐyǒu ~ cái ...	～して初めて…だ，～の場合に限って…だ
不管［无论／不论］～都［也／总］… bùguǎn[wúlùn/búlùn] ~ dōu[yě/zǒng] ...	～であろうと…だ
（虽然）～但是… (suīrán) ~ dànshì ...	～だが…だ
（因为）～（所以）… (yīnwèi) ~ (suǒyǐ) ...	～なので…だ
（不但）～而且… (búdàn) ~ érqiě ...	～だけでなく…も
（如果）～就… (rúguǒ) ~ jiù ...	もし～なら…だ
一～就… yī ~ jiù ...	～するとすぐ…だ
除了～以外，A（也）… chúle ~ yǐwài, A (yě) ...	～以外にAも…だ
除了～以外，（还）… chúle ~ yǐwài, (hái) ...	～以外にも…だ
好像～似的 hǎoxiàng ~ shìde	まるで～のようだ
越～越… yuè ~ yuè ...	～すればするほど…
越来越～ yuè lái yuè ~	《時間の経過とともに》ますます～
再～也… zài ~ yě ...	どんなに～でも…だ
非～不可［不行］fēi ~ bùkě[bùxíng]	どうしても～しなくてはならない《必要性》
不～不… bù ~ bù ...	～しなければ…しない《仮定関係》
不～也… bù ~ yě ...	たとえ～なくても…《仮定関係》

本課の新出重要単語

谢 xiè	お礼を言う	**掉** diào	動詞のあとに付けて，排除することを表わす
早饭 zǎofàn	朝食		
好人 hǎorén	いい人，立派な人；おひとよし	**感冒** gǎnmào	風邪（をひく）
逛 guàng	ぶらつく	**过敏症** guòmǐnzhèng	アレルギー
街 jiē	街	**父亲** fùqin	父親
谈话 tán huà	話をする	**脸** liǎn	顔
患病 huàn bìng	病気にかかる，患う	**得满分** dé mǎnfēn	満点を取る
答案 dá'àn	答案	**饿** è	お腹がすく
橡皮 xiàngpí	消しゴム	**郊游** jiāoyóu	ピクニック
擦 cā	消す，ぬぐい取る	**失败** shībài	失敗する

　お疲れさまでした！　以上で必修文法編は終わりです。いかがだったでしょうか？　外国語を学ぶということはとても骨が折れることですが，ここまでたどりつかれたみなさんなら，会話練習を積むことで，きっとすぐに中級レベルになることができるでしょう。

　この調子でぜひ会話表現編もマスターして，使える中国語をあなたのものにしましょう。

快速マスター
「会話表現」編

　「**你好** Nǐ hǎo.」の「**好**」は"good"！　敬意を払うときは心をこめるから「**你**」を「**您** nín」にするだけです！　あいさつからしっかり覚えましょう！　文法編の第 1 課のピンインの読み方，発音を覚えてからの方が好ましいのですが，カタカナで読む場合も声調（P.4 参照）には気をつけて読みましょう。

🎧 **091**

---

❶ こんにちは。

你好。　ニー ハオ。 Nǐ hǎo.	＊「おはよう」「こんにちは」「こんばんは」と，一日を通して使える。

❷-a こんにちは，みなさん。

你们好。　ニーメン ハオ。 Nǐmen hǎo. **大家好。**　ダージャー ハオ。 Dàjiā hǎo.	＊相手が複数のときに使う。"您们好。"とは言わない。**大家**は「みんな，皆さん」。

❷-b こんにちは。

您好。　ニン ハオ。 Nín hǎo.	＊自分より年上の人や目上の人に対して使う。また，"您"の代わりに相手の役職をつけて，"老师好。"（先生，こんにちは）などと言ったりする。

❸ おはよう。

早上好。　ザオシャン ハオ。 Zǎoshang hǎo.	＊"你早。Nǐ zǎo.""早晨好。Zǎochén hǎo."とも言う。

❹ こんばんは。

晚上好。　ワンシャン ハオ。 Wǎnshang hǎo.	＊「こんばんは」は"你好。"が一般的。"晚上好。"はパーティーなどの公の場で使われることが多い。

❺ お元気ですか。

你好吗?　ニーハオ マ? Nǐ hǎo ma?	＊丁寧な言い方は"您好吗?"。

---

❺-a 元気です。

很好。　ヘン ハオ。
Hěn hǎo.

❺-b まあまあです。

还可以。　ハイ クオイー。
Hái kěyǐ

⑤ -c 相変わらずです。

还是老样子。 ハイシー ラオ ヤンツ。
Háishi lǎo yàngzi.

⑤ -d あまり元気でないです。

不太好。 ブタイ ハオ。
Bú tài hǎo.

＊ "不太～" は「あまり～ない」の意。

⑤ -e あなたは？

你呢? ニー ナ？
Nǐ ne?

⑥ ご家族の皆さんはお元気ですか。

你家里人都好吗? ニー ジャーリ レン ドゥ ハオ マ？
Nǐ jiāli rén dōu hǎo ma?

⑦ ひさしぶり。

好久不见了。 ハオ ジュウ ブ ジェン ラ。
Hǎo jiǔ bú jiàn le.

＊ "好久没见了。" でもよい。「そうですね」
と答えるには "是啊。Shì a."。

⑧ お体はどうですか。

你身体好吗? ニー シェンティ ハオ マ？
Nǐ shēntǐ hǎo ma?

＊相手の体調を尋ねる表現。

⑨ 最近どうですか。

最近怎么样? ツイジン ゼンマヤン？
Zuìjìn zěnmeyàng?

＊ "怎么样" は「どうですか」の意。

⑩ ようこそ！

欢迎光临！ フアンイン グウンリン！
Huānyíng guānglín!

＊中国でお店やレストランに入ると，「欢
迎光临！」と出迎えてくれる。お店など
でお客に言う「いらっしゃいませ」。

欢迎，欢迎！ フアンイン, フアンイン！
Huānyíng, huānyíng!

＊来客に対して歓迎の意を表わして「いら
っしゃい」「ようこそ」。

⑪ もしもし。

喂? ウェイ？
Wéi?

＊相手を呼び止めるときや電話で「もしもし」
というときに使う。電話では第2声だが，
相手に呼びかけるときは第4声。

＊ここからは，入れ替え可能な部分（数字・国名など）に色をつけています。部分的に単語を入れ替える
　ことで，状況に応じた会話文を作ることができますので，実践に役立てましょう！

🎧 **092**

❶ さようなら。

再见。　ザイジエン。
Zàijiàn.

＊「また会いましょう」の意。

❷ またあとで会いましょう。

回头见。　フイトウ ジエン。
Huítóu jiàn.

＊"回头"は「あとで」。

❸ 明日また会いましょう。

明天见。　ミンティエン ジエン。
Míngtiān jiàn.

＊「あさって会いましょう」なら"后天见。
Hòutiān jiàn."。

❹ お先に失礼します。

我先走了。　ウォー シエン ゾウ ラ。
Wǒ xiān zǒu le.

＊"我回去了。Wǒ huíqu le." ／ "我走了。
Wǒ zǒu le."（帰ります）も覚えておこう。

❺ 今度は北京で会いましょう。

下次北京见。　シアッ ベイジン ジエン。
Xiàcì Běijīng jiàn.

＊"再见"の"再"の代わりに，今度会う
場所を入れた表現。"下次"は「この次，
次回」。

❻ お気をつけて。

请慢走。　チン マン ゾウ。
Qǐng màn zǒu.

＊「ゆっくり行きなさいよ」から転じて「お
気をつけて」の意。"请"は動詞の前に
置いて，命令形を丁寧にする。

小心点儿。　シャオシン ディアル。
Xiǎoxīn diǎnr.

＊"小心"は「気をつける，注意する」。

一路平安。　イールー ピンアン。
Yí lù píng'ān.

＊"一路平安。"とは旅に出る人や遠くに行
ってしまう人に使う。

❼ おやすみなさい。

晚安。　ワンアン。
Wǎn'ān.

8 もう遅くなりましたので，失礼します。

太晚了，我该走了。
タイ ワン ラ，ウォー ガイ ゾウ ラ。
Tài wǎn le. Wǒ gāi zǒu le.

＊"该"「〜すべきである」。

9 すみません，そろそろ失礼します。

对不起，我该走了。
ドゥイブチー，ウォー ガイ ゾウ ラ。
Duìbuqǐ, wǒ gāi zǒu le.

10 また来てください。

再来。　ザイ ライ。
Zài lái.

11 ご両親によろしくお伝えください。

代我向你父母问好。
ダイ ウォー シャン ニー フームー ウェン ハオ。
Dài wǒ xiàng nǐ fùmǔ wèn hǎo.

＊"代"「〜に代わって」。

12 お元気で。

多保重。　ドゥオ バオチョン。
Duō bǎozhòng.

＊"保重"「体を大事にする」。しばらく会わない人に向かって使う。

13 電話してね。

给我打电话。　ゲイ ウォー ダー ディエンホア。
Gěi wǒ dǎ diànhuà.

＊"打电话"「電話する」。

14 バイバイ。

拜拜。　バイ バイ。
Bài bai.

＊英語の Bye-bye の音訳。

🎧 **093**

1 自己紹介させてください。

请让我自我介绍一下。
チン ラン ウォー ズーウォー ジエシャオ イーシア。
Qǐng ràng wǒ zìwǒ jièshào yíxià.

＊"让"「～させる」。

2 私の姓は田中，名は由美です。

我姓田中，叫由美。
ウォー シン ティエンチョン，ジャオ ヨウメイ。
Wǒ xìng Tiánzhōng, jiào Yóuměi.

＊姓と名を分けて言うとき。

3 私の名前は田中由美です。

我叫田中由美。 ウォー ジャオ ティエンチョン ヨウメイ。
Wǒ jiào Tiánzhōng Yóuměi.

＊名前を簡単に言うとき。

4 はじめまして。

你好。 / 您好。 ニー ハオ。／ニン ハオ。
Nǐ hǎo. / Nín hǎo.

＊「はじめまして」にあたる中国語表現はなく，"你好。/ 您好。"で OK。

5 どうぞよろしく。

请多关照。 チン ドゥオ グワンジャオ。
Qǐng duō guānzhào.

＊"请(你)多多关照。"と言えば，丁寧になる。

6 お知り合いになれてとてもうれしいです。

认识您，我很高兴。 レンシ ニン，ウォー ヘン ガオシン。
Rènshi nín, wǒ hěn gāoxìng.

＊"认识"は「見知る」，"高兴"は「うれしい」。

7 私は日本人です。

我是日本人。 ウォー シー リーベンレン。
Wǒ shì Rìběnrén.

8 私の趣味は旅行です。

我的爱好是旅游。 ウォー ダ アイハオ シー リュウヨウ。
Wǒ de àihào shì lǚyóu.

＊"爱好"「趣味，好み」。

9 私は大学生です。

我是大学生。 ウォー シー ダーシュエション。
Wǒ shì dàxuésheng.

⑩ 大学での専攻は法学です。

我的大学专业是法学。   *"专业"「専攻」。

ウォー ダ ダーシュエ ジュアンイェ シー ファーシュエ。
Wǒ de dàxué zhuānyè shì fǎxué.

⑪ 東京で仕事をしています。

我在东京工作。 ウォー ザイ ドンジン ゴンツオ。   *"工作"「働く，仕事（をする）」。
Wǒ zài Dōngjīng gōngzuò.

⑫ 私は公務員です。

我是公务员。 ウォー シー ゴンウーユエン。   *「会社員」なら"公司职员 gōngsī zhíyuán"。
Wǒ shì gōngwùyuán.

⑬ 今現在，大阪に住んでいます。

现在我住在大阪。 シエンザイ ウォー ジューザイ ダーバン。   *"住在〜"「〜に住んでいる」。
Xiànzài wǒ zhùzài Dàbǎn.

⑭ 3年前には神奈川に住んでいました。

我三年前住在神奈川。

ウォー サン ニェン チエン ジューザイ シェンナイチュアン。
Wǒ sān nián qián zhùzài Shénnàichuān.

⑮ 音楽を聴くのが好きです。

我喜欢听音乐。 ウォー シーファン ティン インユエ。   *"喜欢"「〜が好きである」。
Wǒ xǐhuan tīng yīnyuè.

⑯ 映画を見るのが好きです。

我喜欢看电影。 ウォー シーファン カン ディエンイン。   *「テレビを見る」は**"看电视** kàn diànshì"。
Wǒ xǐhuan kàn diànyǐng.

⑰ お名前は何とおっしゃいますか。

你叫什么名字? ニー ジャオ シェンマ ミンツ?   *フルネームを尋ねる言い方。
Nǐ jiào shénme míngzi?

您贵姓? ニン グイ シン?   *名字を尋ねる言い方。
Nín guì xìng?

⑱ お歳はおいくつですか。— 45歳です。

您多大年纪? — 四十五岁。   *目上の人に対して使う。"岁"「〜歳」。

ニン ドゥオダー ニェンジー?　　スーシーウー スイ。
Nín duōdà niánjì?— Sìshiwǔ suì.

感謝表現　　　🎧 094

❶ ありがとう。

谢谢。 シエシエ。　　**／多谢。** ドゥオシエ。
Xièxie.　　　　　　　Duōxiè.

＊"谢谢" のあとに "你""您" を付け加えても OK。

❷ どうもありがとうございます。

太感谢您了。 タイ ガンシエ ニン ラ。
Tài gǎnxiè nín le.

＊敬語を使う相手に。

❸ 手伝ってくれてありがとう。

谢谢你的帮忙。 シエシエ ニー ダ バンマン。
Xièxie nǐ de bāngmáng.

＊"帮忙"「助け；手伝う」。

❹ 非常に感謝しています。

非常感谢你。 フェイチャン ガンシエ ニー。
Fēicháng gǎnxiè nǐ.

❺ ご好意ありがとうございます。

谢谢您的好意。 シエシエ ニン ダ ハオイー。
Xièxie nín de hǎoyì.

＊"好意" の代わりに "礼物 lǐwù"（プレゼント）など，ほかのものとの入れ替えも可能。

❻ お心づかいありがとう。

谢谢你的关心。 シエシエ ニー ダ グヮンシン。
Xièxie nǐ de guānxīn.

＊"关心"「関心（をもつ）」。

❼ どういたしまして。

不谢。 ブーシエ。**／不用谢。** ブヨン シエ。
Búxiè.　　　　　　Bú yòng xiè.

哪儿的话。 ナール ダ ホア。**／哪里，哪里。** ナーリ, ナーリ。
Nǎr de huà.　　　　　　Nǎli, nǎli.

❽ 遠慮しないでください。

不客气。 ブクォチ。**／不用客气。** ブヨンクォチ。
Bú kèqi.　　　　　　Bú yòng kèqi.

别客气。 ビエクォチ。
Bié kèqi.

＊"客气"「遠慮深い；礼儀正しい，丁寧な」。"别"「〜するな」。

⑨ 当然のことをしたまでです。

这是应该做的。 チョー シー インガイ ツオ ダ。　　* "应该"「当然〜すべきだ」。
Zhè shì yīnggāi zuò de.

謝罪表現　　🎧 **095**

⑩ すみません。

对不起。 ドゥイブチー。　/**不好意思。** ブハオイース。　* "实在 Shízài 对不起。" "真 Zhēn 对不起。"
Duìbuqǐ.　　　　　　　　　　　Bù hǎoyìsi.　　　　　で「本当にごめんなさい」の意。また，"不
　　　　　　　　　　　　　　　　　　　　　　　　　好意思。" は "对不起。" より軽く「すみ
⑪ 本当に申し訳ありません。　　　　　　　　　　　　ません」のニュアンス。

实在抱歉。 シーザイ バオチエン。　　　* "实在"「実に，本当に」。
Shízài bàoqiàn.

⑫ お手数をおかけしました。

麻烦您了。 マーファ ニンラ。　　　* "麻烦"「面倒をかける，煩わす」。
Máfan nín le.

⑬ 本当にすみませんでした。

太对不起您了。 タイ ドゥイブチー ニン ラ。　　* "太"「とても，大変，すごく」。
Tài duìbuqǐ nín le.

⑭ すべて私の責任です。

都是我的责任。 ドウ シー ウォーダ ズォレン。　　* "都"「みんな，すべて」。
Dōu shì wǒ de zérèn.

⑮ 大丈夫ですよ。

没关系。 メイ グヮンシー。
Méi guānxi.

没事儿。 メイ シアル。
Méi shìr.

⑯ いえいえ，お気づかいいただいて。

您太客气了。 ニン タイ クォチ ラ。　　* 「たいへんご丁寧に，恐れ入ります」の
Nín tài kèqi le.　　　　　　　　　　　　ニュアンス。

⑰ 何でもありません。

没什么。 メイ シェンマ。　/**没问题。** メイ ウェンティ。
Méi shénme.　　　　　　Méi wèntí.

205

🎧 **096**

1 うれしい！

　真高兴！　チェン ガオシン！
　Zhēn gāoxìng!

　　＊"太高兴了。"とも言える。

　高兴得要死！　ガオシンダ ヤオス！
　Gāoxìngde yàosǐ!

　　＊"〜得要死"で「死ぬほど〜」。

2 楽しいな！

　真愉快！　チェン ユークヮイ！
　Zhēn yúkuài!

　　＊"愉快"「愉快な，楽しい」。

3 おもしろい！

　好玩儿！　ハオ ワンル！
　Hǎo wánr!

　很有趣！　ヘン ヨウチュイ！
　Hěn yǒuqù!

　　＊"好玩儿！"には「(愛嬌があって) かわいい」の意もある。小さめのものや動物，ぽっちゃりしているもの，丸々しているものなどに使う。

4 すごい！

　真了不起！　チェン リャオブチー！
　Zhēn liǎobuqǐ!

　　＊"了不起"「すばらしい，ただものではない」。

　太棒了！　タイバン ラ！
　Tài bàng le!

　　＊"棒"「《体力，能力面で》すごい，すばらしい」。

　好极了！　ハオ ジー ラ！
　Hǎo jí le!

　　＊"好极了"は「すばらしい，すごいですね」。

5 たいしたもんだ！

　真不简单！　チェン ブー ジェンダン！
　Zhēn bù jiǎndān!

　　＊"简单"「簡単だ，平凡である」。例文のように否定形で使われることが多い。

6 頑張って！

　加油！　ジャーヨウ！
　Jiāyóu!

　　＊"加油"「頑張る，さらに努力する」。

7 よかったね！

　太好了！　タイハオ ラ！
　Tài hǎo le!

⑧ とても残念です。

真遺憾。　チェン イーハン。
Zhēn yíhàn.

＊"遺憾"「残念な，遺憾な」。

⑨ がっかり（したなあ）。

失望了。　シーワン ラ。
Shīwàng le.

＊"失望"「がっかりする，失望する」。

⑩ かわいそうに。

（真）可怜。　（チェン）クォリェン。
(Zhēn) kělián.

＊"很可怜。"《男性がよく使う》，"好可怜。"
《女性がよく使う》ともいえる。

⑪ 元気出してね。

打起精神来。　ダーチ ジンシェン ライ。
Dǎqǐ jīngshen lái.

＊"精神"「元気，活力」。"起"は「動作の
始まりを表わす補語」。

⑫ (飛び上がるほど) びっくりした。

吓了我一跳！　シア ラ ウォー イー テャオ！
Xiàle wǒ yí tiào!

＊"吓"「びっくりさせる」。"吓了一跳！"「び
っくりした」。"吓死我了。"「(死ぬほど)
びっくりした」なども類似表現。

⑬ そんなはずないでしょ！（うそでしょ！）

不会吧！　ブー フイ バ！
Bú huì ba!

＊"会"「～するはずである」。"吧"は「文
末で推量の語気を表わす」。

⑭ 信じられない！

不能相信！（不可相信！）
Bù néng xiāngxìn! (Bù kě xiāngxìn!)
ブー ノン シャンシン！（ブー クォ シャンシン！）

＊"相信"「信じる，信用する」。

⑮ 冗談でしょう！

别开玩笑了！　ビエ カイ ワンシャオ ラ！
Bié kāi wánxiào le!

＊"开玩笑"「冗談を言う」。「冗談だよ。」
という意味にもなる。

⑯ うそつき！

骗人！　ピェン レン！
Piàn rén!

＊「うそつかないで」は"不要骗我。"。

⑰ 腹が立つ！

气死了！　チース ラ！
Qì sǐ le!

气死我了！　チース ウォー ラ！
Qì sǐ wǒ le!

＊"气"は「怒る，腹が立つ」。"～死"は
程度が極限に達したことを表わす。"发
火了。fā huǒ le."とも言える。「めちゃ
くちゃむかつく」のニュアンス。ほかに，
「むかつく」は"可恶 kěwù"。

207

18 怒らないで。

不要生气。 ブヤオ ションチー。
Bú yào shēngqì.

    * "生气"「怒る」。

19 何をするの！

干什么呢！ ガン シェンマ ナ！
Gàn shénme ne!

    * "干什么"「何をする，何かをする」。

20 もういいよ。

算了。 スワンラ。
Suàn le.

    * "算了"「もういいよ」とか「やめよう」
というニュアンス。

21 耐えられない。

受不了。 ショウブリャオ。
Shòubuliǎo.

    * "受不了"「耐えられない，たまらない」。

22 しかたないよ。

没办法。 メイバンファー。
Méi bànfǎ.

    * "办法"「方法，やり方」。

23 つらい。

真难受。 チェン ナンショウ。
Zhēn nánshòu.

    * "难受"「つらい」。心身共に使える。

24 面倒だ。

真麻烦。 チェン マーファン。
Zhēn máfan.

    * "麻烦"「面倒だ，煩わしい」。

25 いやねぇ。／嫌いです。

真讨厌。 チェン タオイェン。
Zhēn tǎoyàn.

    * "讨厌"「いやだ；嫌いだ」。

26 あぁ！

哎呀！ アイヤー！／エイヤー！
Āiyā!/Ēiyā!

    * "哎呀"「《驚き，称賛，非難などの》わぁ，
まぁ」。

27 しまった！

糟了！ ザオ ラ！
Zāo le!

    * "糟"「まずい，具合が悪い，めちゃくち
ゃだ」。

糟糕！ ザオガオ！
Zāogāo!

    * "糟糕"「駄目だ，めちゃめちゃだ」。

㉘ 焦らないで！

别着急！ ビエ ジャオジー！
Bié zháojí!

＊"着急"「焦る，いらいらする」。

㉙ 少し落ち着いて！

冷静（一）点儿！ ロンジン（イー）ディアル！
Lěngjìng (yì)diǎnr!

＊"冷静"「冷静な，沈着な」。

㉚ 変だなぁ。／おかしいなぁ。

奇怪。 チーグワイ。
Qíguài.

＊"奇怪"「珍しい，不思議な」。

㉛ あ，そうだ！

对了！ ドゥイ ラ！
Duì le!

＊"对了"は，突然思い出したときに用いられる。

㉜ ついてる（＝lucky）！

运气好！ ユンチ ハオ！
Yùnqi hǎo!

＊"运气"「運，運命」。

㉜ うらやましい！

真羡慕。 チェン シエンムー。
Zhēn xiànmù.

＊"羡慕"「うらやむ，羨望する」。

㉞ おめでとう。

恭喜，恭喜。 ゴンシー ゴンシー。
Gōngxǐ, gōngxǐ.

＊「誕生日おめでとう」なら"**生日快乐。** Shēngrì kuàilè."。

㉟ お疲れさま。

辛苦了。 シンクー ラ。
Xīnkǔ le.

＊"辛苦"「苦労をかける」。"**真辛苦你了。**" で「本当にご苦労さまでした」。

感情表現とは異なりますが，他にもよく使う表現を以下に紹介しておきましょう。

痛っ！	**疼！** Téng! トン！ **真疼！** Zhēn téng! チェン トン！
本当！？	**真的？** Zhēn de? チェン ダ？ **真的吗？** Zhēn de ma? チェン ダ マ？
かっこいい！（＝cool!)	**酷！** Kù! クー！
なるほど。	**原来如此。** Yuánláirúcǐ. ユエンライ ルーツ。
確かに。	**的确。** Díquè. ディーチュエ。
思っていたとおり。	**果然。** Guǒrán. グオラン。

ホテル編

🎧 **097**

❶ チェックインしたいのですが。

> **我想办住宿手续。**
> Wǒ xiǎng bàn zhùsù shǒuxù.
> ウォー シャン バン ジュースー ショウシュー。

＊"想"「～したいと思う，～と思う，考える」。"办"「する，処理する」。"住宿手续"「宿泊手続き」。

❷ 部屋を予約されていますか。

> **你预订房间了吗?**　ニー ユーディン ファンジエン ラ マ?
> Nǐ yùdìng fángjiān le ma?

＊"预订"「予約する」。"房间"「(ホテルやアパートの) 部屋」。

②-a¹ はい。予約しておりました田中です。

> **是的。我是在这儿预订了房间的田中。**
> Shì de. Wǒ shì zài zhèr yùdìng le fángjiān de Tiánzhōng.
> シー ダ。　ウォー シー ザイ チョール ユーディン ラ ファンジエン ダ ティエンチョン。

＊"是的"「はい (そうです)」。

②-a² 東京で予約しました。

> **在东京预订的。**　ザイ ドンジン ユーディン ダ。
> Zài Dōngjīng yùdìng de.

＊"在"「～で」。"的"「文末に用いて断定・確認の語気を表わす」。

②-b まだ予約していません。

> **没预订。**　メイ ユーディン。
> Méi yùdìng.

＊"没"「(まだ) ～ない」。

❸ 部屋は空いていますか。

> **有空房间吗?**　ヨウ コン ファンジエン マ?
> Yǒu kōng fángjiān ma?

＊"空"「空っぽである，空いている」。

③-a はい，空いています。

> **是的，有。**　シー ダ，ヨウ。
> Shì de, yǒu.

③-b いいえ，満室です。

> **没有，已满员了。**　メイヨウ，イー マンユエン ラ。
> Méi yǒu, yǐ mǎnyuán le.

＊"已"「すでに」。"满员"「満員である」。

❹ 何泊されますか。

> **您住几天?**　ニン ジュー ジー ティエン?
> Nín zhù jǐ tiān?

＊"住"「宿泊する，住む」。"住多少 duōshao 天?"「何日お泊まりですか (通常，10日以上の宿泊を想定)」も覚えておこう。

④ 5泊します。

住五天。 ジュー ウー ティエン。
Zhù wǔ tiān.

＊ "五天" 「5日」。"~天" 「~日」。

❺ シングル［ツイン］は1泊いくらですか。

单人［双人］房间一晚上多少钱?
Dānrén [shuāngrén] fángjiān yì wǎnshang duōshao qián?

ダンレン［シュアンレン］ファンジエン イー ワンシャン ドゥオシャオ チエン?

＊ "单人房间" 「（ホテルの）シングル」。"双人房间" 「（ホテルの）ツイン」。"多少钱?" 「（いくら（ですか）?」。

⑤ シングル［ツイン］は1泊400元です。

单人［双人］房间一晚上四百块钱。
Dānrén [shuāngrén] fángjiān yì wǎnshang sìbǎi kuài qián.

ダンレン［シュアンレン］ファンジエン イー ワンシャン スーバイ クワイ チエン。

＊ "块钱" は "元 yuán" の口語表現。

❻ もう少し安い部屋はありますか。

有稍微便宜一点儿的房间吗?
Yǒu shāowēi piányi yìdiǎnr de fángjiān ma?

ヨウ シャオウェイ ピエンイー イーディアル ダ ファンジエン マ?

＊ "稍微" 「少し」《よく "一点儿"（少し）を伴う》。"便宜" 「（値段が）安い」。「（値段が）高い」は "贵 guì"。

⑥-a 小さい部屋なら1泊300元です。

小房间的话，一晚三百块钱。
Xiǎo fángjiān de huà, yì wǎn sānbǎi kuài qián.

シャオ ファンジエン ダ ホア, イーワン サンバイ クワイ チエン。

＊ "~的话" 「《仮定を表わす文節の末尾で》（もし）~なら」。

⑥-b ありません。

没有。 メイ ヨウ。
Méi yǒu.

❼ いいですよ，その部屋にします。

好，就那个房间吧。 ハオ, ジゥネイガ ファンジエン バ。
Hǎo, jiù nèige fángjiān ba.

＊ "好" 「同意や賛成の語気を示す」。

❽ そうですか，わかりました。

是吗，知道了。 シーマ, ジーダオラ。
Shì ma, zhīdào le.

＊ "知道" 「知る，知っている，わかる」。

❾ 朝食は付いていますか。

带早餐吗? ダイ ザオツァン マ?
Dài zǎocān ma?

＊ "带" 「~が付く，付随する」。

211

⑨-a はい，朝食つきです。

是的，带早餐。　シーダ，ダイ ザオツァン。
Shì de, dài zǎocān.

⑨-b いいえ，朝食は別料金です。

不带，早餐要另收费。
Bú dài, zǎocān yào lìng shōufèi.

ブーダイ，ザオツァン ヤオ リン ショウフェイ。

＊"要"「必要とする」。"另"「別の」。"收费"「費用を取る」。

⑩ パスポートを拝見します。

给我看一下护照。　ゲイ ウォー カン イーシア フージャオ。
Gěi wǒ kàn yíxià hùzhào.

＊"给我～"「～させてください」。"看"「見る，読む」。"一下"「ちょっと」。"护照"「パスポート」。

⑩ どうぞ。

请。　チン。
Qǐng.

⑪ クレジットカードは使えますか。

信用卡能用吗?　シンヨンカー ノン ヨン マ?
Xìnyòng kǎ néng yòng ma?

＊クレジットカードは"信用卡"と訳しますが，日本と同じように"卡"（カード）だけでも通じます。"能"「できる」。"用"「使う」。

⑪-a 使えます。

能用。　ノン ヨン。
Néng yòng.

⑪-b 使えません。

不能用。　ブー ノン ヨン。
Bù néng yòng.

⑫ お部屋は3階の302号室です。

您的房间在三楼的三零二号。
Nín de fángjiān zài sān lóu de sān líng èr hào.

ニン ダ ファンジエン ザイ サンロウ ダ サンリンアル ハオ。

＊"在"「～にある」。"楼"「階」。

⑬ これが部屋のキーです。

这是房间的钥匙。
Zhè shì fángjiān de yàoshi.

チョー シー ファンジエン ダ ヤオシー。

＊"钥匙"「鍵」。

⑭ チェックアウトしたいのですが。

我想办退宿手续。
Wǒ xiǎng bàn tuìsù shǒuxù.

ウォー シャン バン トゥイスー ショウシュー。

＊"办退宿手续"「チェックアウトする」。

1 何名様ですか。

请问，几位? チンウェン, ジー ウェイ?
Qǐngwèn, jǐ wèi?

＊"请问"「ちょっとお尋ねしますが，お教えいただきたいのですが」。"几位?"「何名様ですか」。"位"「敬意を伴って人数を数える量詞」。

① 3人です。

三个人。 サン ガ レン。
Sān ge rén.

＊"个"「人や事物を数える量詞」。

2 予約はされていますか。

您预约了吗? ニン ユーユエ ラ マ?
Nín yùyuē le ma?

② -a 予約しました。

预约了。 ユーユエ ラ。
Yùyuē le.

② -b 予約していません。

没预约。 メイ ユーユエ。
Méi yùyuē.

3 おタバコをお吸いになりますか。

您吸烟吗? ニン シー イェン マ?
Nín xī yān ma?

＊"吸烟"「タバコを吸う」。"抽烟 chōu yān"とも言う。

③ -a 吸います。

吸。 シー。
Xī.

③ -b 吸いません。

不吸。 ブー シー。
Bù xī.

4 こちらへどうぞ。

您这边儿请。 ニン チョービアル チン。
Nín zhèbianr qǐng.

＊"这边"「こちら，ここ」。

5 メニューを見せてください。

请给我菜单。 チン ゲイ ウォー ツァイダン。
Qǐng gěi wǒ càidān.

＊"菜单"「（料理の）メニュー」。

P.26 で詳しく説明されていますが，2 皿以上頼む場合や飲み物を 2 杯以上頼む場合は，量詞と呼ばれる言葉（日本語で言う，ひと皿ふた皿…の「皿」や 1 杯 2 杯の「杯」）をつける必要があります。

北京ダックを 2 人分ください。
请给我来两份北京烤鸭。
Qǐng gěi wǒ lái liǎng fèn Běijīng kǎoyā.

ビールを 2 杯ください。
请给我来两杯啤酒。
Qǐng gěi wǒ lái liǎng bēi píjiǔ.

＊"份"「ひとそろい，〜人前などを数える量詞」。"烤鸭"「炉の上に吊して焼いたアヒル」。

＊"杯"「コップなどの容器を単位に液体の量を数える量詞」。

ほかにも，食べたときや飲んだときの感想を述べる言葉を紹介しておきます。

おいしい！（食べ物）	**好吃！** Hǎochī! ハオチー！
おいしい！（飲み物）	**好喝！** Hǎohē! ハオフオ！
まずい！	**难吃！** Nánchī! ナンチー！ **不好吃！** Bù hǎochī! ブー ハオチー！
あまりおいしくない。	**不太好吃。** Bú tài hǎochī. ブー タイ ハオチー。

---

6 すみません。《ウエーター，ウエートレスを呼ぶとき》

服务员。 フーウーユエン。
Fúwùyuán.

＊"服务员"「（ホテルやレストランなどの）従業員，ウエーター，ウエートレス」。

7 北京ダックを食べたいです。

我想吃北京烤鸭。 ウォー シャン チー ベイジン カオヤー。
Wǒ xiǎng chī Běijīng kǎoyā.

8 これとこれをください。

请给我这个和这个。 チン ゲイ ウォー チェイガ フオ チェイガ。
Qǐng gěi wǒ zhèige hé zhèige.

＊"和"「〜と…」。

9 お飲み物はいかがなさいますか。

您喝点儿什么？ ニン フオ ディアル シェンマ？
Nín hē diǎnr shénme?

9-a それでは，ビールを 2 本とミネラルウォーターをください。

那么，请给我两瓶啤酒和一瓶矿泉水。
Nàme, qǐng gěi wǒ liǎng píng píjiǔ hé yì píng kuàngquánshuǐ.
ナーマ, チン ゲイ ウォー リャンピン ビージュ フオ イーピン クヮンチュエンシュイ。

＊"那么"「じゃあ，(それ) では」。"瓶"「びんが容器になっている物を数える量詞」。

⑨-b 水をください。

请给我杯水。 チン ゲイ ウォー ベイ シュイ。
Qǐng gěi wǒ bēi shuǐ.

⑨-c 珍珠奶茶を飲みたいです。

我想喝珍珠奶茶。 ウォー シャン フオ チェンジュー ナイチャー。
Wǒ xiǎng hē zhēnzhūnǎichá.

❿-A: 主食はいかがなさいますか。

您主食吃点儿什么? ＊主食とはライス，麵，餃子などのこと。
Nín zhǔshí chī diǎnr shénme?
ニン ジューシー チー ディアル シェンマ?

❿-B: 何がありますか。

都有什么? ドウ ヨウ シェンマ? ＊"都"「みんな，すべて」。
Dōu yǒu shénme?

❿-A: ご飯，麵，餃子があります。

有米饭，面条，饺子。 ヨウ ミーファン, ミェンテャオ, ジャオズ。
Yǒu mǐfàn, miàntiáo, jiǎozi.

❿-B: それでは，麵をください。

那么，给我面条吧。
Nàme, gěi wǒ miàntiáo ba.
ナーマ, ゲイ ウォー ミェンテャオ バ。

⓫-A: 食べ物は何がおすすめですか。

有什么好吃的吗? ヨウ シェンマ ハオチー ダ マ?
Yǒu shénme hǎochī de ma?

⓫-B: 水餃子がおいしいです。

水饺好吃。 シュイジャオ ハオチー。
Shuǐjiǎo hǎochī.

⓬ 以上でお願いします。

够了。 ゴウ ラ。 ＊「もう十分です」のニュアンス。
Gòu le. "够"「足りる，十分にある」。

⑬注文した料理がまだ来ません。

我要的菜还没来。 ウォーヤオ ダ ツァイ ハイ メイ ライ。
Wǒ yào de cài hái méi lái.

* "要" 「求める，要望する」。"菜" 「料理，おかず」。"还没" 「まだ〜ない」。

⑭お勘定をお願いします。

请结帐。 チン ジエジャン。
Qǐng jiézhàng.

* "结帐" 「会計する，勘定をする」。

⑮領収書をください。

请给我开收据。 チン ゲイ ウォー カイ ショウジュー。
Qǐng gěi wǒ kāi shōujù.

* "开" 「(伝票や書類を) 書く」。"收据" 「領収書，レシート」。正式な領収書のことは，"发票 fāpiào" という。

▌レストランやホテルの名称について ▌

　ホテルは，「**饭店**」（fàndiàn），「**酒店**」（jiǔdiàn），「**宾馆**」（bīnguǎn），「**大饭店**」（dà fàndiàn），「**大酒店**」（dà jiǔdiàn）のほか，「**大厦**」（ビル：dàshà），「**中心**」（センター：zhōngxīn）などの，いろいろな呼び方がありますが，レストランにも同じ名称が使われているので，注意が必要です。

中国での食べ物	
北京烤鸭 Běijīng kǎoyā	北京ダック
炒饭 chǎofàn	チャーハン
水饺 shuǐjiǎo	水餃子
馒头 mántou	マントー(具のない肉まんのようなパン)
包子 bāozi	中華まんじゅう
担担面 dàndanmiàn	担担麺

中国での飲み物	
珍珠奶茶 zhēnzhūnǎichá	黒いタピオカのミルクティー
椰子奶茶 yēzinǎichá	ココナッツミルクティー
乌龙茶 wūlóngchá	ウーロン茶
普洱茶 pǔ'ěrchá	プーアル茶
可乐 kělè	コーラ
矿泉水 kuàngquánshuǐ	ミネラルウォーター
西瓜汁 xīguāzhī	スイカジュース

日常よく使うちょっとした表現1

🎧 **100**

　いくら中国語の文法を学んだところで，会話するときに「え～っと…」や「ところで」などが言えないと，言葉と言葉の間をつないだり話を切り替えたりすることができません。そこで，よく使われる表現を以下にまとめてみました。こういった表現に慣れておけば，初心者のつたない中国語でもそれなりにしゃべっているように聞こえるかも！？

■ あいさつ・呼びかけ

はじめまして。	**初次见面。** Chūcì jiànmiàn.
お疲れさまでした。	**辛苦了。** Xīnkǔ le.
おーい！	**喂！** Wèi!, **欸！** Èi!
もしもし。	**喂?** Wéi?
すみません（話しかけるとき）。	**对不起。** Duìbuqǐ.
おめでとう！	**恭喜，恭喜！** Gōngxǐ,gōngxǐ!

*「**初次见面。**（はじめまして）」や，「**辛苦了。**（お疲れさまでした）」といった表現は，日本語をそのまま中国語訳した言葉ですが，最近は中国のドラマなどでも「**辛苦了。**」などは使われるようになっているようです。通常は初めて会った相手にも「**你好。**」だけで十分です。

■ 接続詞・その他会話表現

実際	**其实** qíshí, **实际** shíjì	《驚いて》あっ	**啊** ā
つまり	**总之** zǒngzhī	《賞賛して》ああ	**啊** ā
結局	**到底** dàodǐ	《聞き返して》えっ	**啊** á
例えば	**比如** bǐrú, **例如** lìrú, **譬如** pìrú	《強い驚きの》ええっ	**啊** ǎ
それで（だから）	**所以** suǒyǐ, **因此** yīncǐ, **因而** yīn'ér	《承認の》ええ，うん	**啊** à
または	**或** huò, **或者** huòzhě, **还是** háishi	《わかったときの》あっ（そうか）	**啊** à
ところで	**可是** kěshì, **那个** nèige, **这个** zhèige		
まず	**先** xiān, **首先** shǒuxiān		
ほかに	**另外** lìngwài		
聞いた話では	**听说** tīngshuō		
それでは	**那么** nàme		
その後	**然后** ránhòu		
もちろん	**当然** dāngrán		
次に	**其次** qícì, **接着** jiēzhe, **下面** xiàmiàn		
あの～，え～と	**那个** nèige, **这个** zhèige, **嗯** ng		
～みたいな	**像～一样。** xiàng ~ yíyàng. **像～那样。** xiàng ~ nàyàng.		
うんうん（あいづち）。	**嗯嗯。** Ng ng. **行行。** xíng xíng.		
へぇ～（驚き・賛嘆）	**哎** āi, **啊** ā		

*接続詞や，あいづちなどの会話表現は，会話の中でよく使われるため重要なのにもかかわらず，あまり積極的に取り扱われることがありませんでした。このような表現を知っているのと知らないのでは，会話のスムーズさが驚くほど変わってきます。ぜひこれらの表現を自由に使えるようになって，ライバルに差をつけましょう！

🎧 101

❶ これは何ですか。

这是什么?　　チョー シー シェンマ？
Zhè shì shénme?

① これはシャンプーです。

这是香波。　　チョー シー シャンボー。
Zhè shì xiāngbō.

＊"香波"「シャンプー」。

❷ (これは) いくらですか。

(这个) 多少钱?　　(チェイガ) ドゥオシャオ チエン？
(Zhège) duōshao qián?

② 15 元です。

十五块钱。　　シーウー クワイ チエン。
Shíwǔ kuài qián.

＊「十五块」というふうに「钱」を言わないことも多い。

❸ これをください。

请给我这个。　　チン ゲイ ウォー チェイガ。
Qǐng gěi wǒ zhège.

＊「这个！」だけですましてしまうこともある。"请给我～"「～をください」。

チンタオ
❹ 青島ビールはありますか。

有青岛啤酒吗?　　ヨウ チンダオ ビージュウ マ？
Yǒu Qīngdǎopíjiǔ ma?

＊"啤酒"「ビール」。

④-a あります。

有。　　ヨウ。
Yǒu.

④-b ありません。

没有。　　メイヨウ。
Méi yǒu.

❺ 欲しいです。／いりません。

想要。/ 不要。　　シャンヤオ。／ブーヤオ。
Xiǎng yào. / Bú yào.

＊いらないものは「不要！」とはっきり言いましょう。それだけで値段も下がっていくこともしばしば。

6 -A¹: 高すぎます。少し安くしてください。

太贵了。稍微便宜一点儿吧。
Tài guì le. Shāowēi piányi yìdiǎnr ba.
タイ グイ ラ。シャオウェイ ピェンイー イーディアル バ。

* "太"「余りにも〜だ」。"吧"「文末で提案, 依頼の語気を表わす」。

6 -B¹: これ以上安くはできません。

不能再便宜了。 プーノン ザイ ピェンイー ラ。
Bù néng zài piányi le.

6 -B²: 13 元でどうですか。

十三块钱，怎么样? シーサン クワイ, チエン ゼンマヤン?
Shísān kuài qián, zěnmeyàng?

6 -A²: いいですね。買います。

好。我买。 ハオ。ウォーマイ。
Hǎo. Wǒ mǎi.

7 これも欲しいです。

这个我也想要。 チェイガ ウォー イェ シャン ヤオ。
Zhèige wǒ yě xiǎng yào.

8 -A: これは何に使うのですか。

这个是做什么用的? チェイガ シー ツオ シェンマ ヨン ダ?
Zhèige shì zuò shénme yòng de?

* "做什么用的"は「何をするのに使う」。"的"「〜の」のあとに "东西 dōngxi"が省略された形。

8 -B: 入浴のときに使います。

洗澡的时候用。 シーザオ ダ シーホウ ヨン。
Xǐzǎo de shíhou yòng.

┃ お金の単位・価値 ┃

お金の単位については P.23 で詳しく説明しています。人民元の価値は，日本円と比較して 1 元あたり約 20 円です（2024 年 2 月現在）。

　中国では英語や日本語ができる人は多くなく，街中で気安く英語や日本語で話しかけてくる人にはついていかない方が懸命でしょう。ですが中国で生活をするのに，完全な中国語ができなくてはならないわけではありません。自信をもってどんどん話すようにすれば，自然と話せるようになっていきますので，声調には気をつけて以下のような中国人もよく使う言葉を使い慣れ，中国で快適に過ごしましょう！

■ 買い物のとき

これとこれ！	（我要）这个和这个！ (Wǒ yào) zhèige hé zhèige! （ウォー　ヤオ）チェイガ フォ　チェイガ！
いくら？	多少钱？ Duōshao qián? ドゥオシャオ チエン？
ちょっと安くして。	便宜（一点儿）。Piányi(yìdiǎnr). ピエン イー（イーディアル）。
ちょっと見てるだけ。	看一下。 または 看看。 Kàn yíxià. または Kànkan. カン イーシア。　　　　　カンカン。
2元です。	两块（钱）。Liǎng kuài(qián). リャンクワイ（チエン）。

＊しばしば，「四块。」「六十块。」のように「钱」は省略されます。

■ レストラン

1人。	一个人。Yí ge rén. イー ガ レン。		2人。	两个人。Liǎng ge rén. リャン ガ レン。

■ タクシー

○○に行ってください。
去（＋行きたい場所）。Qù ○○ .
　　　チュイ○○。

故宫博物馆に行ってください。
去故宫。Qù Gùgōng. チュイ グーゴン。

＊発音や会話に自信がない場合は，口で言いつつ紙に書く方が無難ですね。

■ その他

ありますか？	有没有？ または 有吗？ Yǒu méi yǒu? または Yǒu ma? ヨウ メイ ヨウ？　　　　ヨウ マ？
あってますか？	对不对？ または 对吗？ Duì bu duì? または Duì ma? ドゥイ ブ ドゥイ？　　ドゥイ マ？
いいですか？	可以不可以？ または 可以吗？ Kěyǐ bu kěyǐ? または Kěyǐ ma? クォイー ブ クォーイー？ クォイー マ？

「的」「得」「地」の違い

　中国語には，動詞，形容詞や名詞を修飾する際に「**的** de」「**得** de」「**地** de」を使いますが，ピンインは3つとも同じで用法も似ています。会話では漢字を考える必要はありませんが，ライティングでは使い分けなければなりません。

的 de	名詞を前から修飾するときに使われます。

SV または**名詞** ＋ **的** ＋ **名詞**《修飾される名詞》

得 de	よく使われるものは3種類あります。

1. 形容詞で，前の動詞や形容詞を修飾するとき

動詞または**形容詞**＋**得**＋**形容詞**

　　　例：**跑得很快。** Pǎode hěn kuài. 走るのが速い。

2. 副詞で，前の形容詞を修飾するとき

形容詞＋**得**＋**很**など一部の副詞

　　　例：**漂亮得很。** Piàoliangde hěn. とても美しい。

3. 動詞で，前の動詞や形容詞を修飾するとき

動詞または**形容詞**＋**得**＋**動詞**

　　　例：**高兴得跳起来。** Gāoxìngde tiàoqilai. 飛び上がるほどうれしい。

地 de	二音節の形容詞や副詞に付き，動詞を修飾するときに使われます。di とも発音します。 ＊最近では「**地**」の代わりに「**的**」の字も当てられる。

二音節の**形容詞**または**副詞**＋**地**＋**動詞**

　　　例：**愉快地谈话。** Yúkuàide tán huà. 楽しく話をする。

道案内

🎧 **103**

❶ ちょっとお尋ねしたいのですが。

请问您一下。　チン ウェン ニン イーシア。
Qǐng wèn nín yíxià.

❷ どこに行かれるのですか。

你想去哪儿?　ニー シャン チュイ ナール？
Nǐ xiǎng qù nǎr?

❸ 万里の長城に行きたいのですが。

我想去长城。　ウォー シャン チュイ チャンチョン。
Wǒ xiǎng qù Chángchéng.

❹-A: トイレはどこですか。

厕所在哪儿?　ツォスオ ザイ ナール？
Cèsuǒ zài nǎr?

洗手间在哪儿?　シーショウジエン ザイ ナール？
Xǐshǒujiān zài nǎr?

＊「トイレ」は、**"化妆室** Huàzhuāngshì」（ファジュアンシー、「化粧室」の意味）と表記されているところもあります。

④-B: あちらの（曲がり）角にあります。

在那个拐角处。　ザイ ネイガ グワイジャオチュー。　＊**"在"**「存在する、ある」。
Zài nèige guǎijiǎochù.

❺-A: 南京東路へはどうやって行きますか。

去南京东路怎么走?　チュイ ナンジンドンルー ゼンマ ゾウ？
Qù Nánjīngdōnglù zěnme zǒu?

⑤-Bˡ: この道に沿ってまっすぐ行って、本屋の角で左に曲がると、すぐ右手に見えます。

沿这条道一直走，到了书店的拐角处往左拐，就能看到，在你的右手边。
Yán zhè tiáo dào yìzhí zǒu, dàole shūdiàn de guǎijiǎochù wǎng zuǒ guǎi, jiù néng kàndào, zài nǐ de yòushǒubian.

イェン チョーティアオ ダオ イージー ゾウ, ダオ ラ シューディエン ダ グワイジャオ チュー ワン ツオ グワイ, ジゥ ノン カンダオ, ザイ ニー ダ ヨウショウビエン。

　＊**"沿"**「〜に沿って」。**"条"**「細いものを数える量詞」。**"到"**「着く、到達する」。**"拐角（处）"**「曲がり角」。**"往左拐"**「左へ曲がる」。**"往左拐"**「左へ曲がる」。**"看到"** の **"到"** は「結果補語で目標の達成を表わす」。**"在"**「時間・場所・範囲などを示す」。

⑤-B²: まっすぐ行って，階段を上がってすぐ左側に見えます。

一直走，上楼梯就能看到，在你的左手边。
Yìzhí zǒu, shàng lóutī jiù néng kàndào, zài nǐ de zuǒshǒubian.

イージーゾウ, シャン ロウティ ジウ ノン カンダオ, ザイ ニー ダ ツオショウビエン。

* "**一直**" 「まっすぐ」。"**上楼梯**" 「階段を上がる」。

⑤-B³: わかりません。

不太清楚。　　ブタイ チンチュー。
Bú tài qīngchu.

* "**清楚**" 「はっきりわかる」。"**知道**" 「知っている」。

不知道。　　ブージーダオ。
Bù zhīdào.

⑥-A: 天壇公園はどこですか。

天坛公园在哪儿［哪里］？
Tiāntán gōngyuán zài nǎr[nǎli]?

ティエンタン ゴンユエン ザイ ナール［ナーリ］？

⑥-B¹: ここです。

在这儿。　　ザイ チョール。
Zài zhèr.

⑥-B²: あそこです。

在那儿。　　ザイ ナール。
Zài nàr.

❼-A: ここから豫園（よえん）まで，徒歩でどれくらいかかりますか。

从这儿到豫园，步行要多长时间？
Cóng zhèr dào Yùyuán, bùxíng yào duōcháng shíjiān?

ツォン チョール ダオ ユーユエン, ブーシン ヤオ ドゥオ チャン シージェン？

* "**步行**" 「徒歩で行く」。"**多**" 「どのくらいの〜」。

⑦-B: 歩いて 15 分です。

步行需要十五分钟。　　ブーシン シューヤオ シーウー フェン チョン。
Bùxíng xūyào shíwǔ fēn zhōng.

* "**需要**" 「必要とする」。

❽-A: この近くに郵便局はありますか。

在这儿附近有邮局吗？　　ザイ チョール フージン ヨウ ヨウジュウ マ？
Zài zhèr fùjìn yǒu yóujú ma?

* "**附近**" 「付近」。"**邮局**" 「郵便局」。

⑧-B¹: あります。

有。　　ヨウ。
Yǒu.

⑧-B²: ありません。

没有。　　メイ ヨウ。
Méi yǒu.

223

⑨ 観光地はどこがおすすめですか。

旅游的话，去哪儿好呢?
Lǚyóu de huà, qù nǎr hǎo ne?

リュウヨウ ダ ホア, チュイ ナール ハオ ナ?

＊ 「～的话 de huà」とは，「～ということなら」
という意味で，次の文につなげるために仮
定の話などをするときに使うことができる
文法表現です。

⑨ 外灘に行くのがよいと思います。

我认为去外滩比较好。
Wǒ rènwéi qù Wàitān bǐjiào hǎo.

ウォー レンウェイ チュイ ワイタン ビジャオ ハオ。

有名な観光地
北京 **长城** Chángchéng（万里の長城） **故宫** Gùgōng（故宮博物館） **天坛公园** Tiāntán gōngyuán（天壇公園）など
上海 **外滩** Wàitān（外灘） **上海博物馆** Shànghǎi bówùguǎn（上海博物館） **新天地** Xīntiāndì（新天地） **豫园** Yùyuán（豫園）など

タクシー［出租汽车 chūzū qìchē チューズー チーチョー］で使える表現   🎧 104

❶ 福建中路まで行ってください。

到福建中路。　ダオ フージエンチョンルー。
Dào Fújiànzhōnglù.

＊"到"「～へ行く，～に来る，～に着く」。"去
福建中路。"でも OK。

❷ ここを左［右］に曲がってください。

这儿左［右］拐。 チョール ツオ（ヨウ）グワイ。
Zhèr zuǒ[yòu] guǎi.

❸ まっすぐ行ってください。

一直走。 イージー ゾウ。
Yìzhí zǒu.

❹ 降りるときに教えます。

下车的时候，我告诉你。
Xià chē de shíhou, wǒ gàosu nǐ.

シア チョーダ シーホウ, ウォー ガオス ニー。

＊"告诉"「告げる，知らせる」。

1 航空券を失くしました。

机票弄丢了。　ジーピャオ ノンディウ ラ。
Jīpiào nòngdiū le.

* "机票"「航空券」。"弄丢"「なく
してしまう」。

2 カバンを盗まれました。

皮包被偷了。　ピーバオ ベイ トウ ラ。
Píbāo bèi tōu le.

* "皮包"「革製のカバン」"。"书包
shūbāo"「学生のカバン」。

3 スリだ！

小偷儿！　シャオトウル！
Xiǎotōur!

* "小偷儿"「スリ，どろぼう」。

4 スリに遭いました。

遇到小偷儿了。　ユーダオ シャオトウル ラ。
Yùdào xiǎotōur le.

* "遇到"「出会う，ぶつかる」。

5 救急車を呼んでください。

请叫救护车。　チン ジャオ ジウフーチョー。
Qǐng jiào jiùhùchē.

* "叫"「呼ぶ」。"救护车"「救急車」。

6 警察を呼んでください。

快叫警察。　クワイ ジャオ ジンチャー。
Kuài jiào jǐngchá.

* "公安 gōng'ān" とも言う。

7 けがをしました。

受伤了。　ショウ シャン ラ。
Shòu shāng le.

* "受伤"「けがをする」。

8 気分が悪いです。病院に連れて行ってください。

身体不舒服。请带我去医院。
Shēntǐ bù shūfu. Qǐng dài wǒ qù yīyuàn.

シェンティ ブ シューフ。チン ダイ ウォー チュイ イーユエン。

* "身体"「体，身体」。"舒服"「気
分がいい，心地よい」。"带"「連
れていく」。

9 日本語を話せる人はいますか。

有会说日语的人吗？ ヨウ フイ シュオ リーユィ ダ レン マ？
Yǒu huì shuō Rìyǔ de rén ma?

❶ エアコンの調子が悪いです。

空调不好使。 コンティャオ ブー ハオ シー。
Kōngtiáo bù hǎo shǐ.

＊"**空调**"「エアコン，空調」。

❷ お湯が出ません。

不出热水。 ブー チュー ルォシュイ。
Bù chū rèshuǐ.

＊"**热水**"「お湯」。

❸ 電気がつきません。

电灯不亮。 ディエンドン ブー リャン。
Diàndēng bú liàng.

＊"**亮**"「光る，明るい」。

❹ 鍵を部屋の中に忘れました。

把钥匙忘在房间里了。
Bǎ yàoshi wàng zài fángjiānli le.
バー ヤオシー ワン ザイ ファンジエンリ ラ。

❺ トイレの水が止まりません。

厕所的水流个不停。 ツォスオ ダ シュイリウ ガ ブー ティン。
Cèsuǒ de shuǐliú ge bù tíng.

❻ トイレの水が流れません。

厕所的水不通。 ツォスオ ダ シュイ ブー トン。
Cèsuǒ de shuǐ bù tōng.

▌旅行の際，気をつけること▐

　旅行では何が起こるかわかりませんので，少なくとも大事なものだけは絶対失くさないように，事前に気をつけておきましょう。

失うと困るもの（チェックシート）

パスポート【护照】	hùzhào	
ビザ【签证】	qiānzhèng	
クレジットカード【信用卡】	xìnyòngkǎ	
財布（お金）【钱包】	qiánbāo	
身分証明書【身份证】	shēnfenzhèng	
旅行傷害保険【伤害保险】	shānghài bǎoxiǎn	
ガイドブック【导游手册】	dǎoyóu shǒucè	

知っておいた方がいいこと

・ホテルの電話番号　　　・国際電話のかけ方
・警察，救急の番号　　　・旅行社や保険会社の電話番号

日本への国際通話（固定電話 03-1234-5678，携帯電話 090-1234-5678 にかける場合）

ホテル外線番号（ホテルの場合）—国際コード—国番号（日本）—市外局番以降

*市外局番の最初の 0 は不要。

固定電話へかける場合 → ホテルの外線番号 — 00 — 81 — 3 — 1234 — 5678
携帯電話へかける場合 → ホテルの外線番号 — 00 — 81 — 90 — 1234 — 5678

中国での緊急連絡先

　　警察：110　　　消防：119　　　救急車：120

　ホテルや旅行社，保険会社の電話番号もあらかじめチェックしておくこと。

▌接待・出迎え▐　　　　　　　　　　　　　　　　　　🎧 **107**

❶ 失礼ですが，王さんでいらっしゃいますか。

请问，您是王先生吗?　　　　　　　　　＊"先生"「～さん」。
Qǐngwèn, nín shì Wáng xiānsheng ma?

チンウェン, ニン シー ワン シエンション マ?

❷ 私は田中と申します。お迎えに参りました。

我是田中。来迎接你的。　　　　　　　　＊"迎接"「迎える」。
Wǒ shì Tiánzhōng. Lái yíngjiē nǐ de.

ウォー シー ティエンチョン。ライ インジエ ニー ダ。

❸ 心よりお待ちしておりました。

我们衷心等待您的光临。　　　　　　　　＊"衷心"「心から」。
Wǒmen zhōngxīn děngdài nín de guānglín.

ウォーメン チョンシン ドンダイ ニン ダ グワンリン。

❹ お疲れでしょう。

累了吧。レイ ラ バ。　　　　　　　　　　＊"累了。"は「疲れた。」の意。
Lèi le ba.

❺ どうぞ，こちらへ。

请来这儿。チン ライ チョール。
Qǐng lái zhèr.

▌その他，中国人が来日した際の表現▐　　　　　🎧 **108**

❶ あなたは日本語を話しますか。

你说日语吗? ニー シュオ リーユイ マ?
Nǐ shuō Rìyǔ ma?

　①-a はい，日本語を話せます。

　　　对，我会说日语。ドゥイ, ウォー フイ シュオ リーユイ。
　　　Duì, wǒ huì shuō Rìyǔ.

　　　　　　　　　　　　　＊"会说"は「話せる」の意。

①-b 日本語は話せません。 私は中国語と英語を話します。

我不会说日语。 我说汉语和英语。
Wǒ bú huì shuō Rìyǔ. Wǒ shuō Hànyǔ hé Yīngyǔ.

ウォー ブー フイ シュオ リーユィ。ウォー シュオ ハンユィ フオ インユィ。

①-c 少し話します。

说一点儿。
Shuō yìdiǎnr.

シュオ イーディアル。

❷日本語，お上手ですね。

你的日语很好。
Nǐ de Rìyǔ hěn hǎo.

ニー ダ リーユィ ヘン ハオ。

❸どうして日本に来られたのですか。

你为什么来日本的? ニー ウェイシェンマ ライ リーベン ダ? ＊"为什么"「なぜ，どうして」。
Nǐ wèi shénme lái Rìběn de?

③旅行［仕事／留学］で来ました。

我是来旅游［工作／留学］的。
Wǒ shì lái lǚyóu[gōngzuò/liúxué] de.

ウォー シー ライ リュウヨウ［ゴンツオ／リュウシュエ］ダ。

❹いつ日本に来られたのですか。

你是什么时候来日本的? ニー シー シェンマシーホウ ライ リーベン ダ? ＊"什么时候"「いつ」。
Nǐ shì shénme shíhou lái Rìběn de?

④3日前です。

三天以前。 サン ティエン イーチェン。
Sān tiān yǐqián.

❺いつ，国に帰られますか。

你什么时候回国? ニー シェンマ シーホウ フイ グオ? ＊"回国"「帰国する」。
Nǐ shénme shíhou huí guó?

⑤来週水曜日［明日／来年3月］に帰国します。

下星期三［明天／来年三月］回国。 ＊"来年"「来年」《口語》。
Xià xīngqī sān [Míngtiān/Láinián sān yuè] huí guó.

シア シンチー サン［ミンティエン／ライニェン サン ユエ］フイ グオ。

6 日本はいかがですか。

日本怎么样?　リーベン ゼンマヤン?
Rìběn zěnmeyàng?

⑥ 日本はとてもきれいですが，物価がとても高いです。

虽然日本很干净，但是物价很贵。
Suīrán Rìběn hěn gānjìng, dànshì wùjià hěn guì.

スイラン リーベン ヘン ガンジン，ダンシー ウージァア ヘン グイ。

* "虽然〜但是 …"「〜だが…だ」。
"干净"「汚れのない，清潔な」。
"物价"「物価」。

7 京都には行ったことがありますか。

你去过京都吗?　ニー チュイグオ ジンドゥー マ?
Nǐ qùguo Jīngdū ma?

* "过"「〜したことがある」。経験を表わ
す助詞。軽声で発音する。

⑦ -a 行ったことがあります。

去过。　チュイグオ。
Qùguo.

⑦ -b 行ったことがありません。

没去过。　メイ チュイグオ。
Méi qùguo.

8 どこに行きたいですか。

你想去哪儿?　ニー シャン チュイ ナール?
Nǐ xiǎng qù nǎr?

⑧ 日光に行きたいです。

我想去日光。　ウォー シャン チュイ リーグヮン。
Wǒ xiǎng qù Rìguāng.

9 いつお時間がありますか。

你什么时候有时间?　ニー シェンマ シーホウ ヨウ シージェン?
Nǐ shénme shíhou yǒu shíjiān?

⑨ 来週日曜日に時間があります。

下星期天有时间。　シア シンチー ティエン ヨウ シージェン。
Xià xīngqī tiān yǒu shíjiān.

10 何が見たいですか。

你想看什么?　ニー シャン カン シェンマ?
Nǐ xiǎng kàn shénme?

⑩ 有名なお寺が見たいです。

想看有名的寺院。　シャン カン ヨウミン ダ スーユエン。
Xiǎng kàn yǒumíng de sìyuàn.

9 日本の何に関して興味がありますか。

你对日本的什么东西感兴趣?
Nǐ duì Rìběn de shénme dōngxi gǎn xìngqù?
ニー ドゥイ リーベン ダ シェンマ ドンシー ガン シンチュイ?

* "对"「〜に対して，〜について」。"东西"「もの」。"感兴趣"「興味を覚える」。

9 日本の漫画に関してとても興味があります。

对日本的漫画很感兴趣。
Duì Rìběn de mànhuà hěn gǎn xìngqù.
ドゥイ リーベン ダ マンホア ヘン ガン シンチュイ。

10 何を食べたいですか。

想吃什么? シャン チー シェンマ?
Xiǎng chī shénme?

10 -a 寿司を食べたいです。

想吃寿司。 シャン チー ショウスー。
Xiǎng chī shòusī.

* 中国では，寿司や刺身（"生鱼片 shēngyúpiàn"）などの生の魚は一般的に食べる習慣がない。

10 -b あなたにお任せします。

交给你了。 ジャオゲイ ニー ラ。
Jiāogěi nǐ le.

* "交给〜"「〜に任せる」。"你来点吧。Nǐ lái diǎn ba" ともいう。"来" は「《他の動詞の前で》積極的にある事をしようとする姿勢を示す」。

11 少し休憩しましょう。

休息一会儿吧。 シウシ イーホエル バ。
Xiūxi yíhuìr ba.

* "一会儿"「少し，しばらく」。

趣味

🎧 **109**

❶ -A: 趣味は何ですか。

你的爱好是什么?　ニー ダ アイハオ シー シェンマ?
Nǐ de àihào shì shénme?

* "爱好"「趣味」。

①-B: ギターを弾きます。15 歳のときから弾いています。

我弹吉他。从十五岁开始弹。
Wǒ tán jítā. Cóng shíwǔ suì kāishǐ tán.
ウォー タン ジター。ツォン シーウー スイ カイシー タン。

* "弹"「～を弾く」。"从"「～から」。"吉他"「ギター」。ピアノは "钢琴 gāngqín"。

❷ カラオケが大好きです。

我非常喜欢卡拉 OK。
Wǒ fēicháng xǐhuan kǎlāOK.
ウォー フェイチャン シーフアン カラオケ。

* "卡拉 OK"「カラオケ」。

❸ よく旅行にでかけます。

经常去旅游。　ジンチャン チュイ リュウヨウ。
Jīngcháng qù lǚyóu.

* "经常"「いつも，常に」。

❹ -A: 外国へは，日本以外でどこに行ったことがありますか。

除了日本以外，你去过别的国家吗?
Chúle Rìběn yǐwài, nǐ qùguo bié de guójiā ma?
チューラ リーベン イーワイ，ニー チュイグオ ビエ ダ グオジャーマ?

* "除了～以外"「～以外」。

④-B: アメリカと台湾に行ったことがあります。

去过美国和台湾。　チュイグオ メイグオ フオ タイワン。
Qùguo Měiguó hé Táiwān.

【主な国名】

日本	**日本** Rìběn	アメリカ	**美国** Měiguó
中国	**中国** Zhōngguó	イギリス	**英国** Yīngguó
台湾	**台湾** Táiwān	オーストラリア	**澳大利亚** Àodàlìyà
韓国	**韩国** Hánguó	フランス	**法国** Fǎguó
インド	**印度** Yìndù	ドイツ	**德国** Déguó
フィリピン	**菲律宾** Fēilùbīn	イタリア	**意大利** Yìdàlì
ベトナム	**越南** Yuènán	スペイン	**西班牙** Xībānyá
タイ	**泰国** Tàiguó	ブラジル	**巴西** Bāxī

▌音楽▌

🎧 **110**

1 日本人の歌手で誰か知っている人はいますか。

日本的歌手里，知道谁?
Rìběn de gēshǒuli, zhīdào shéi?

リーベン ダ グァーショウリ, ジーダオ シェイ?

* "歌手"「歌手」。

2 -A: よくどんな音楽を聴きますか。

你常听什么音乐?　ニー チャン ティン シェンマ インユエ?
Nǐ cháng tīng shénme yīnyuè?

* "常"「しょっちゅう，よく」。

2 -B: 中国のポップスをよく聴きます。

常听中国的流行歌曲。
Cháng tīng Zhōngguó de liúxíng gēqǔ.

チャン ティン チョングオ ダ リウシン グァチュウ。

3 日本人の歌手では誰が好きですか。

日本的歌手里，喜欢谁?
Rìběn de gēshǒuli, xǐhuan shéi?

リーベン ダ グァショウリ, シーフアン シェイ?

【音楽のジャンル】

ポップ	**流行歌曲** liúxíng gēqǔ	ジャズ	**爵士乐** juéshìyuè
ロック	**摇滚乐** yáogǔnyuè	ラップ	**说唱** shuōchàng
パンク	**朋克** péngkè	レゲエ	**雷盖** léigài
民謡	**民歌** míngē	クラシック	**古典音乐** gǔdiǎn yīnyuè

❶ -A: どんな映画が好きですか。

你喜欢什么电影? ニー シーフアン シェンマ ディエンイン?
Nǐ xǐhuan shénme diànyǐng?

① -B: ジャッキーチェンが出演している映画が好きです。

喜欢成龙演的电影。 シーフアン チョンロン イェン ダ ディエンイン。
Xǐhuan Chéng Lóng yǎn de diànyǐng.

❷ -A: この映画はどうでしたか。

这部电影怎么样? チョー ブー ディエンイン ゼンマヤン?
Zhè bù diànyǐng zěnmeyàng?

② -B¹: とても面白かったです。

非常有意思。 フェイチャン ヨウ イース。
Fēicháng yǒu yìsi.

② -B²: あまり面白くなかったです。

不太有意思。 ブー タイ ヨウ イース。
Bú tài yǒu yìsi.

② -B³: もう一度見たいです。

还想看一次。 ハイ シャン カン イーツー。
Hái xiǎng kàn yí cì.

② -B⁴: 見なかったらよかったです。

不看好了。 ブー カン ハオ ラ。
Bú kàn hǎo le.

【映画のジャンル】

外国映画	**外国片** wàiguópiàn
中国映画	**中国片** Zhōngguópiàn
台湾映画	**台湾片** Táiwānpiàn
香港映画	**香港片** Xiānggǎngpiàn
ハリウッド映画	**美国片** Měiguópiàn
ホラー映画	**恐怖片** kǒngbùpiàn
戦争映画	**战斗片** zhàndòupiàn
カンフー映画	**武打片** wǔdǎpiàn （**功夫片** gōngfupiàn）
ドキュメンタリー映画	**纪实片** jìshípiàn
アニメ	**动画片** dònghuàpiàn

❶ -A: どんなスポーツが好きですか。

你喜欢什么体育运动?
Nǐ xǐhuan shénme tǐyù yùndòng?
ニー シーフアン シェンマ ティーユー ユンドン?

＊"体育运动"「スポーツ」。

① -B: サッカーと水泳が好きです。

喜欢足球和游泳。
Xǐhuan zúqiú hé yóuyǒng.
シーフアン ズーチウ フオ ヨウヨン。

❷ -A: 水泳はいつから（趣味として）していますか。

从什么时候开始游泳的?
Cóng shénme shíhou kāishǐ yóuyǒng de?
ツォン シェンマ シーホウ カイシー ヨウヨン ダ?

② -B: 小学生の時から水泳をしています。

从小学我开始游泳的。
Cóng xiǎoxué wǒ kāishǐ yóuyǒng de.
ツォン シャオシュエ ウォー カイシー ヨウヨン ダ。

＊"小学"「小学校」。

【主なスポーツ】

サッカー	**足球** zúqiú	バスケットボール	**篮球** lánqiú
バレーボール	**排球** páiqiú	少林寺拳法	**少林拳** shàolínquán
体操	**体操** tǐzāo	ボウリング	**保龄球** bǎolíngqiú
水泳	**游泳** yóuyǒng	卓球	**乒乓球** pīngpāngqiú
テニス	**网球** wǎngqiú	気功	**气功** qìgōng
スキー	**滑雪** huáxuě	野球	**棒球** bàngqiú
スケート	**滑冰** huábīng	太極拳	**太极拳** tàijíquán

❶ 何人家族ですか。

家里几口人? ジャーリ ジー コウ レン?
Jiāli jǐ kǒu rén?

＊"口"「～人《家や町などにいる人数・人口を数える》」。

❷ 兄弟姉妹はいますか。

有兄弟姐妹吗? ヨウ ションディー ジエメイ マ?
Yǒu xiōngdì jiěmèi ma?

＊"兄弟姐妹"「兄弟姉妹」。"兄弟""姐妹"だけでも使用可。

②姉と弟がいます。

有姐姐和弟弟。 ヨウ ジエジエ フォ ディディ。
Yǒu jiějie hé dìdi.

【家族】

父親	**父亲** fùqin	兄	**哥哥** gēge
母親	**母亲** mǔqin	弟	**弟弟** dìdi
お父さん	**爸爸** bàba	姉	**姐姐** jiějie
お母さん	**妈妈** māma	妹	**妹妹** mèimei
祖父（父方）	**爷爷** yéye	夫	**丈夫** zhàngfu
祖母（父方）	**奶奶** nǎinai	妻	**妻子** qīzi
祖父（母方）	**姥爷** lǎoye	子ども	**孩子** háizi
祖母（母方）	**姥姥** lǎolao	家族	**家属** jiāshǔ

| 天気 | 114

❶ 今日はいい天気ですね。

今天天气真好。 ジンティエン ティエンチー チェン ハオ。
Jīntiān tiānqì zhēn hǎo.

❷ 急に暑くなりましたね。

突然变热了。 トゥーラン ビエンルォ ラ。
Tūrán biàn rè le.

＊"变"「変わる」。

❸ 黒龍江では，冬に雪がよく降りますか。

在黑龙江，冬天经常下雪吗?
Zài Hēilóngjiāng, dōngtiān jīngcháng xià xuě ma?
ザイ ヘイロンジアン，ドンティエン ジンチャン シア シュエ マ?

＊"黑龙江"「黒龍江省」のこと。中国東北部の最北にある。

簡体字の「部首」について

　はじめに紹介しましたように，中国では多くの地域で簡体字が使われていますので，日本語と似ていても異なる漢字が多くあります。そこで本コラムでは，その中でも「部首」に焦点をあてて，どの「部首」が簡体字ではどのように簡略化されているかということを見ていきましょう！

言 → 讠

「言」を含む漢字				
说 shuō（説）	读 dú（読）	记 jì（記）	请 qǐng（請）	谢 xiè（謝）

金 → 钅

「金」を含む漢字		
银 yín（銀）	铁 tiě（鉄）	钱 qián（銭）

食 → 饣

「食」を含む漢字			
饱 bǎo（飽）	饭 fàn（飯）	饿 è（餓）	饮 yǐn（飲）

糸 → 纟

「糸」を含む漢字			
给 gěi（給）	红 hóng（紅）	经 jīng（経）	绿 lǜ（緑）

門 → 门

「門」を含む漢字			
闭 bì（閉）	门 mén（門）	间 jiān（間）	问 wèn（問）

　前回のコラムでは，「部首」が簡略化されたものを紹介しましたが，本コラムでは「部首」だけではなく，全体的に簡略化されているものを紹介していきます。単に機械的に単語を暗記するのではなく，どの漢字をもとにしている漢字なのかを知ることで，効率よく語彙数を増やしていきましょう！

中国語	→	日本語
习	→	習

＊**学习**（勉強する）**练习**（練習する）

中国語	→	日本語
电	→	電

＊**电视**（テレビ）**电影**（映画）

车	→	車

＊**汽车**（車）**电车**（電車）

开	→	開

＊**开车**（車を運転する）

东	→	東

＊**东京**（東京）**东西**（品物）

关	→	関

＊**关闭**（閉める）

马	→	馬

＊**马**（馬）

飞	→	飛

＊**飞机**（飛行機）

写	→	写

＊**写**（書く）

风	→	風

＊**台风**（台風）

个	→	個

＊**一个**（一個）

为	→	為

＊**为什么**（なぜ）**为了**（〜のため）

气	→	気

＊**生气**（怒る）

时	→	時

＊**时间**（時間）

＊は，その漢字が使われる重要単語。

巻末付録
必修基礎単語
1600語

名詞

建物・商店・施設など

□ 家	jiā	家
□ 房子	fángzi	家，（ホテルやアパートの）部屋
□ 商店	shāngdiàn	店
□ 百货商店	bǎihuò shāngdiàn	百貨店
□ 超市	chāoshì	スーパー
□ 饭店（または，酒店）	fàndiàn, jiǔdiàn	ホテル
□ 饭店（または，酒店）	fàndiàn, jiǔdiàn	レストラン
□ 餐厅	cāntīng	食堂，レストラン
□ 食堂	shítáng	食堂
□ 高级公寓	gāojí gōngyù	マンション
□ 公寓	gōngyù	アパート
□ 宿舍	sùshè	寄宿舎，寮
□ 大楼	dàlóu	ビル
□ 电梯	diàntī	エレベーター
□ 便利店	biànlìdiàn	コンビニ
□ 罗森	luósēn	ローソン
□ 肯德基	kěndéjī	ケンタッキー
□ 麦当劳	màidāngláo	マクドナルド
□ 机场	jīchǎng	空港
□ 警察	jǐngchá	警察
□ 医院	yīyuàn	病院
□ 银行	yínháng	銀行
□ 邮局	yóujú	郵便局
□ 书店	shūdiàn	書店
□ 博物馆	bówùguǎn	博物館
□ 图书馆	túshūguǎn	図書館
□ 电器商店	diànqì shāngdiàn	電気店
□ 事务所	shìwùsuǒ	事務所
□ 网吧	wǎngbā	インターネットカフェ
□ 广场	guǎngchǎng	広場
□ 公园	gōngyuán	公園

身体・健康

□ 身体	shēntǐ	身体
□ 脸	liǎn	顔
□ 脸色	liǎnsè	顔色
□ 头	tóu	頭
□ 头发	tóufa	髪の毛
□ 眉毛	méimáo	まゆげ
□ 眼睛	yǎnjing	目
□ 耳朵	ěrduo	耳
□ 鼻子	bízi	鼻
□ 嘴	zuǐ	口
□ 嘴唇	zuǐchún	唇
□ 牙齿	yáchǐ	歯
□ 舌头	shétou	舌
□ 下巴	xiàba	あご
□ 肩（膀）	jiān(bǎng)	肩
□ 胳膊	gēbo	腕
□ 手	shǒu	手
□ 手指	shǒuzhǐ	（手の）指
□ 胸（脯）	xiōng(pú)	胸
□ 乳房	rǔfáng	乳房
□ 肚子	dùzi	お腹
□ 肚脐眼	dùqíyǎn	へそ
□ 背	bèi	背中
□ 腰	yāo	腰
□ 屁股	pìgu	おしり
□ 腿	tuǐ	足（つけ根から足首まで）
□ 脚脖子	jiǎobózi	足首
□ 脚	jiǎo	足（足首より下の部分）
□ 脚跟	jiǎogēn	かかと
□ 脚尖	jiǎojiān	つま先
□ 脚掌	jiǎozhǎng	足の裏
□ 健康	jiànkāng	健康

□ 个子	gèzi	身長	
□ 体重	tǐzhòng	体重	
□ 力气	lìqi	体力，腕力	
□ 医生	yīshēng	医者	
□ 护士	hùshi	看護師	
□ 病人	bìngrén	病人，患者	
□ 药	yào	薬	
□ 中药	zhōngyào	漢方薬	
□ 事故	shìgù	事故	
□ 伤	shāng	ケガ	
□ 病	bìng	病気	
□ 感冒	gǎnmào	風邪	
□ 头疼	tóuténg	頭痛	
□ 拉肚子	lā dùzi	下痢	
□ 过敏（症）	guòmǐn(zhèng)	アレルギー	

人間関係

□ 家属	jiāshǔ	家族	
□ 父母	fùmǔ	父母，両親	
□ 母亲	mǔqin	母親	
□ 父亲	fùqin	父親	
□ 妈妈	māma	お母さん，ママ	
□ 爸爸	bàba	お父さん，パパ	
□ 爷爷	yéye	祖父《父方》	
□ 老爷	lǎoye	祖父《母方》	
□ 奶奶	nǎinai	祖母《父方》	
□ 姥姥	lǎolao	祖母《母方》	
□ 哥哥	gēge	兄	
□ 弟弟	dìdi	弟	
□ 姐姐	jiějie	姉	
□ 妹妹	mèimei	妹	
□ 丈夫	zhàngfu	夫	
□ 妻子	qīzi	妻	
□ 爱人	àiren	配偶者	
□ 儿子	érzi	息子	

□ 女儿	nǚ'ér	娘	
□ 孩子	háizi	子ども	
□ 孩子们	háizimen	子どもたち	
□ 大人	dàrén	大人	
□ 亲戚	qīnqi	親戚	
□ 人	rén	人	
□ 男	nán	男	
□ 女	nǚ	女	
□ 别人	biérén	他人	
□ 大家	dàjiā	みんな	
□ 老人	lǎorén	老人	
□ 娃娃（または，婴儿）	wáwa, yīng'ér	赤ちゃん	
□ 朋友	péngyou	友だち	
□ 男朋友	nán péngyou	ボーイフレンド（恋人）	
□ 女朋友	nǚ péngyou	ガールフレンド（恋人）	
□ 男的朋友	nán de péngyou	男友だち	
□ 女的朋友	nǚ de péngyou	女友だち	
□ 好人	hǎorén	いい人，立派な人；おひとよし	
□ 姓	xìng	苗字	
□ 名字	míngzi	名前	
□ 姓名	xìngmíng	姓名	
□ 自己	zìjǐ	自分	
□ 自我介绍	zìwǒ jièshào	自己紹介	
□ 做自我介绍	zuò zìwǒ jièshào	自己紹介する	
□ 先生	xiānsheng	～さん《男性》,《自分の夫または人の夫に対する称で》主人	
□ 女士	nǚshì	～さん《女性》	
□ 小姐	xiǎojie	～さん《未婚女性》	
□ 太太	tàitai	～さん《～さんの奥さんと言うとき，相手の夫の姓のあとにつける》	
□ 小	xiǎo	～さん《親しい同輩や年下の人に，姓の前につける》	

☐ 老	lǎo	〜さん《親しい年上の人に，姓の前につける》		☐ 葡萄	pútao	ぶどう
				☐ 梨子	lízi	なし
				☐ 草莓	cǎoméi	いちご
食事・食べ物				☐ 桃子	táozi	桃
☐ 菜	cài	料理		☐ 香蕉	xiāngjiāo	バナナ
☐ 菜单	càidān	メニュー		☐ 苹果	píngguǒ	リンゴ
☐ 早饭（または，早餐）	zǎofàn, zǎocān	朝食		☐ 西瓜	xīguā	スイカ
				☐ 栗子	lìzi	栗
☐ 午饭（または，午餐）	wǔfàn, wǔcān	昼食		☐ 牛肉	niúròu	牛肉
				☐ 猪肉	zhūròu	豚肉
☐ 晚饭（または，晚餐）	wǎnfàn, wáncān	夕食		☐ 鱼	yú	魚
				☐ 蔬菜	shūcài	野菜
☐ 食物	shíwù	食べ物		☐ 水果	shuǐguǒ	果物
☐ 筷子	kuàizi	箸		☐ 味道	wèidào	味
☐ 叉子	chāzi	フォーク		☐ 盐	yán	塩
☐ 餐刀	cāndāo	ナイフ		☐ 白糖	báitáng	（白）砂糖
☐ 汤匙	tāngchí	スプーン		☐ 酱油	jiàngyóu	醤油
☐ 碟子	diézi	お皿（小皿）		☐ 寿司	shòusī	寿司
☐ 盘子	pánzi	大皿		☐ 小吃	xiǎochī	軽食，簡単な料理；ちまきやだんごなどの点心類
☐ 杯子	bēizi	コップ				
☐ 玻璃杯	bōlibēi	グラス		☐ 零食	língshí	間食，おやつ
☐ 汤	tāng	スープ		☐ 点心	diǎnxin	菓子や軽食のたぐい，点心
☐ 米饭	mǐfàn	ご飯				
☐ 面包	miànbāo	パン		☐ 蛋	dàn	卵《単独では普通用いない》
☐ 包子	bāozi	饅頭				
☐ 馒头	mántou	マントー		☐ 蛋糕	dàngāo	カステラ，ケーキ
☐ 饺子	jiǎozi	餃子		☐ 巧克力	qiǎokèlì	チョコレート
☐ 水饺	shuǐjiǎo	水餃子		☐ 饼干	bǐnggān	ビスケット
☐ 炒饭	chǎofàn	チャーハン		☐ 汉堡	hànbǎo	ハンバーガー
☐ 担担面	dàndanmiàn	坦坦麺		☐ 冰淇淋	bīngqílín	アイスクリーム
☐ 烤鸭	kǎoyā	アヒルの丸焼き		☐ 香草	xiāngcǎo	バニラ
☐ 北京烤鸭	Běijīngkǎoyā	北京ダック				
☐ 臭豆腐	chòudòufu	臭豆腐（豆腐を発酵させたもの）		**飲み物**		
				☐ 饮料	yǐnliào	飲み物
☐ 橘子	júzi	みかん		☐ 水	shuǐ	水

☐ 矿泉水	kuàngquánshuǐ	ミネラルウォーター	
☐ 开水	kāishuǐ	湯	
☐ 茶	chá	お茶	
☐ 茶叶	cháyè	茶の葉	
☐ 花茶	huāchá	ジャスミンなど香りのある茶	
☐ 乌龙茶	wūlóngchá	烏龍茶	
☐ 普洱茶	pǔ'ěrchá	プーアル茶	
☐ 龙井茶	lóngjǐngchá	龍井茶	
☐ 珍珠奶茶	zhēnzhūnǎichá	珍珠奶茶	
☐ 椰子奶茶	yēzinǎichá	ココナッツミルク	
☐ 无糖	wútáng	無糖	
☐ 冰	bīng	氷	
☐ 酒	jiǔ	酒	
☐ 啤酒	píjiǔ	ビール	
☐ 葡萄酒	pútaojiǔ	ワイン	
☐ 威示忌	wēishìjì	ウイスキー	
☐ 绍（兴）酒	shàoxīngjiǔ	紹興酒	
☐ 果汁	guǒzhī	ジュース	
☐ 橘子汁	júzizhī	オレンジジュース	
☐ 西瓜汁	xīguāzhī	スイカジュース	
☐ 可乐	kělè	コーラ	
☐ 芬达	fēndá	ファンタ	
☐ 汽水	qìshuǐ	サイダー	
☐ 牛奶	niúnǎi	牛乳	
☐ 咖啡	kāfēi	コーヒー	
☐ 红茶	hóngchá	紅茶	
☐ 茶话会	cháhuàhuì	茶話会	

動物

☐ 动物	dòngwù	動物	
☐ 狗	gǒu	イヌ	
☐ 猫	māo	ネコ	
☐ 大熊猫	dàxióngmāo	パンダ	
☐ 马	mǎ	馬	

☐ 牛	niú	牛	
☐ 猪	zhū	豚	
☐ 猴子	hóuzi	猿	
☐ 老鼠	lǎoshu	ネズミ	
☐ 老虎	lǎohǔ	虎	
☐ 兔子	tùzi	ウサギ	
☐ 蛇	shé	蛇	
☐ 虫	chóng	虫	
☐ 鸟	niǎo	鳥	
☐ 鸡	jī	鶏	
☐ 宠物	chǒngwù	ペット	

国際社会，観光，言語

☐ 报纸	bàozhǐ	新聞	
☐ 新闻	xīnwén	ニュース	
☐ 消息	xiāoxi	ニュース；知らせ	
☐ 国际	guójì	国際	
☐ 经济	jīngjì	経済	
☐ 社会	shèhuì	社会	
☐ 世界	shìjiè	世界	
☐ 政府	zhèngfǔ	政府	
☐ 和平	hépíng	平和	
☐ 战争	zhànzhēng	戦争	
☐ 自由	zìyóu	自由	
☐ 宗教	zōngjiào	宗教	
☐ 基督教	Jīdūjiào	キリスト教	
☐ 佛教	Fójiào	仏教	
☐ 国	guó	国	
☐ 日本	Rìběn	日本	
☐ 中国	Zhōngguó	中国	
☐ 台湾	Táiwān	台湾	
☐ 韩国	Hánguó	韓国	
☐ 印度	Yìndù	インド	
☐ 菲律宾	Fēilǜbīn	フィリピン	
☐ 越南	Yuènán	ベトナム	

☐ 泰国	Tàiguó	タイ		☐ 英语（または，英文）	Yīngyǔ, Yīngwén 英語	
☐ 美国	Měiguó	アメリカ				
☐ 英国	Yīngguó	イギリス		☐ 德语	Déyǔ	ドイツ語
☐ 德国	Déguó	ドイツ		☐ 法语	Fǎyǔ	フランス語
☐ 法国	Fǎguó	フランス		☐ 意大利语	Yìdàlìyǔ	イタリア語
☐ 澳大利亚	Àodàlìyà	オーストラリア		☐ 西班牙语	Xībānyáyǔ	スペイン語
☐ 意大利	Yìdàlì	イタリア		☐ 巴西语	Bāxīyú	ブラジル語
☐ 西班牙	Xībānyá	スペイン		☐ 俄语	Éyǔ	ロシア語
☐ 巴西	Bāxī	ブラジル		☐ 北京	Běijīng	北京
☐ 俄罗斯	Éluósī	ロシア		☐ 上海	Shànghǎi	上海
☐ 亚洲	Yàzhōu	アジア		☐ 香港	Xiānggǎng	香港
☐ 欧洲	Ōuzhōu	欧州		☐ 东京	Dōngjīng	東京
☐ 日本人	Rìběnrén	日本人		☐ 神奈川	Shénnàichuān	神奈川
☐ 中国人	Zhōngguórén	中国人		☐ 大阪	Dàbǎn	大阪
☐ 上海人	Shànghǎirén	上海人		☐ 广岛	Guǎngdǎo	広島
☐ 语言	yǔyán	言語		☐ 杭州	Hángzhōu	杭州
☐ 外语	wàiyǔ	外国語		☐ 苏州	Sūzhōu	蘇州
☐ 发音	fāyīn	発音		☐ 南京	Nánjīng	南京
☐ 口音	kǒuyīn	なまり		☐ 黑龙江	Hēilóngjiāng	黒龍江
☐ 方言	fāngyán	方言		☐ 天坛公园	Tiāntán gōngyuán	天壇公園
☐ 话	huà	話		☐ 长城	Chángchéng	万里の長城
☐ 普通话	pǔtōnghuà	普通語《中国語の標準語》		☐ 故宫博物馆	Gùgōngbówùguǎn 故宮博物館	
☐ 上海话	Shànghǎihuà	上海語		☐ 天安门广场	Tiānānménguǎngchǎng 天安門広場	
☐ 字	zì	字				
☐ 简体字	jiǎntǐzì	簡体字		☐ 鲁迅公园	Lǔxùn gōngyuán	魯迅公園
☐ 繁体字	fántǐzì	繁体字		☐ 豫园	Yùyuán	豫園
☐ 单词	dāncí	単語		☐ 新天地	Xīntiāndì	新天地
☐ 日语（または，日文）	Rìyǔ, Rìwén 日本語			☐ 外滩	Wàitān	外灘
				☐ 黄河	Huánghé	黄河
☐ 汉语（または，中文）	Hànyǔ, Zhōngwén 中国語			☐ 长江	Chángjiāng	長江
				☐ 老家	lǎojiā	故郷
☐ 韩国语	Hánguóyǔ	韓国語		☐ 地图	dìtú	地図
☐ 粤语（または，广东话）				☐（大）街	(dà)jiē	街
	Yuèyǔ, Guǎngdōnghuà 広東語			☐ 农村	nóngcūn	農村

□ 地方	dìfang	地方	□ 天气	tiānqì	天気
□ 护照	hùzhào	パスポート	□ 天气预报	tiānqìyùbào	天気予報
□ 签证	qiānzhèng	ビザ	□ 晴天	qíngtiān	晴れ
□ 机票	jīpiào	搭乗券	□ 阴天	yīntiān	くもり
□ 手续	shǒuxù	手続き	□ 雨	yǔ	雨
□ 登机手续	dēngjīshǒuxù	搭乗手続き	□ 雪	xuě	雪
□ 向导	xiàngdǎo	ガイド	□ 雷	léi	雷
□ 旅行指南	lǚxíngzhǐnán	ガイドブック	□ 风	fēng	風
□ 正门	zhèngmén	正門，真ん中の門	□ 台风	táifēng	台風
□ 大门	dàmén	正門，表門	□ 虹	hóng	虹
□ 附近	fùjìn	付近	□ 温度	wēndù	温度
□ (道)路	(dào)lù	道路	□ 气温	qìwēn	気温
□ 拐角儿	guǎijiǎor	曲がりかど	□ 气候	qìhòu	気候
□ 十字路口	shízìlùkǒu	交差点	□ 风景	fēngjǐng	風景
			□ 夜景	yèjǐng	夜景

自然

			□ 地震	dìzhèn	地震
□ 地球	dìqiú	地球			
□ 太阳	tàiyáng	太陽			
□ 月亮	yuèliang	月	**買い物**		
□ 满月	mǎnyuè	満月	□ 商品	shāngpǐn	商品
□ 星星	xīngxing	星	□ 价钱	jiàqian	価格，値段
□ 自然	zìrán	自然	□ 钱	qián	お金
□ 植物	zhíwù	植物	□ 硬币	yìngbì	硬貨
□ 草	cǎo	草	□ 零钱	língqián	小銭
□ 花	huā	花	□ 现金	xiànjīn	現金
□ 树	shù	木	□ 信用卡	xìnyòngkǎ	(クレジット) カード
□ 森林	sēnlín	森林	□ 旅行支票	lǚxíngzhīpiào	トラベラーズチェック
□ 樱花	yīnghuā	桜	□ 日元	Rìyuán	日本円
□ 天空	tiānkōng	空	□ 人民币	Rénmínbì	人民元
□ 天上	tiānshàng	空の上	□ 找钱	zhǎoqián	おつり
□ (大)海	dàhǎi	海	□ 邮费	yóufèi	送料
□ 河	hé	川	□ 发票	fāpiào	領収書
□ 湖	hú	湖	□ 收据	shōujù	レシート
□ 池塘	chítáng	池	□ 8折	bā zhé	2割引
□ 空气	kōngqì	空気			

☐ 电脑	diànnǎo	コンピュータ
☐ 笔记本电脑	bǐjìběndiànnǎo	ノートパソコン
☐ 硬件	yìngjiàn	ハードウェア
☐ 软件	ruǎnjiàn	ソフトウェア
☐ 操作系统	cāozuò xìtǒng	OS
☐ 版本	bǎnběn	バージョン
☐ 安装	ānzhuāng	インストール
☐ 因特网	yīntèwǎng	インターネット
☐ 服务器	fúwùqì	サーバー
☐ 电子邮件	diànzǐyóujiàn	eメール
☐ 附件	fùjiàn	添付ファイル
☐ 盗版	dàobǎn	海賊版
☐ 病毒	bìngdú	コンピュータ・ウイルス
☐ 用户	yònghù	ユーザー
☐ 标识符	biāozhìfú	ID
☐ 口令	kǒulìng	パスワード
☐ 光盘	guāngpán	CD-ROM
☐ 聊天	liáotiān	チャット
☐ 上载	shàngzài	アップロード
☐ 下载	xiàzài	ダウンロード
☐ 单击	dānjī	クリック
☐ 双击	shuāngjī	ダブルクリック
☐ 窗口	chuāngkǒu	ウインドウ
☐ 文件	wénjiàn	ファイル
☐ 文件夹	wénjiànjiā	フォルダ
☐ 字体	zìtǐ	フォント
☐ 帮助	bāngzhù	ヘルプ
☐ 关机	guānjī	終了
☐ 存储	cúnchǔ	保存
☐ 取消	qǔxiāo	キャンセル
☐ 删除	shānchú	削除
☐ 错误	cuòwù	エラー
☐ 乱码	luànmǎ	文字化け

☐ 回收站	huíshōuzhàn	（PCの）ゴミ箱
☐ 链接	liànjiē	リンク
☐ 数据	shùjù	データ
☐ 内存	nèicún	メモリ

☐ 公司	gōngsī	会社
☐ 工作	gōngzuò	仕事
☐ 工资	gōngzī	給料
☐ 关系	guānxi	関係
☐ 会议	huìyì	会議
☐ 出差	chūchāi	出張（する）
☐ 贸易	màoyì	貿易
☐ 命令	mìnglìng	命令
☐ 社长	shèzhǎng	社長
☐ 部长	bùzhǎng	部長
☐ 上司	shàngsi	上司
☐ 部下	bùxià	部下
☐ 同事	tóngshì	同僚
☐ 顾客	gùkè	顧客
☐ 职业	zhíyè	職業
☐ 公司职员	gōngsīzhíyuán	会社員・サラリーマン
☐ 公务员	gōngwùyuán	公務員
☐ 飞机服务员	fēijīfúwùyuán	客室乗務員

☐ 飞机	fēijī	飛行機
☐ 电车	diànchē	電車
☐ 末班车	mòbānchē	終電
☐ 火车	huǒchē	汽車，列車
☐ 地铁	dìtiě	地下鉄
☐ 船	chuán	船
☐ （汽）车	qìchē	自動車
☐ 出租汽车	chūzū qìchē	タクシー

☐ 公共汽车	gōnggōng qìchē	バス
☐ 摩托车	mótuōchē	バイク
☐ 自行车	zìxíngchē	自転車
☐（车）站	chēzhàn	駅
☐ 汽车站	qìchēzhàn	バス停
☐ 司机	sījī	運転手
☐ 座位	zuòwèi	座席

学校生活

☐ 教育	jiàoyù	教育
☐ 幼儿园	yòu'éryuán	幼稚園
☐ 学校	xuéxiào	学校
☐ 小学	xiǎoxué	小学校
☐ 初中	chūzhōng	中学校
☐ 高中	gāozhōng	高校
☐ 大学	dàxué	大学
☐ 大学研究院	dàxué yánjiūyuàn	大学院
☐ 老师	lǎoshī	先生
☐ 学生	xuésheng	学生
☐ 同学	tóngxué	クラスメイト
☐ 大学生	dàxuéshēng	大学生
☐ 研究生	yánjiūsheng	大学院生
☐ 留学生	liúxuésheng	留学生
☐ 留学手续	liúxuéshǒuxù	留学手続き
☐ 课本	kèběn	テキスト
☐ 词典	cídiǎn	辞書
☐ 本子	běnzi	ノート
☐ 纸	zhǐ	紙
☐ 铅笔	qiānbǐ	鉛筆
☐ 铅笔盒	qiānbǐhé	筆箱
☐ 自动铅笔	zìdòngqiānbǐ	シャーペン
☐ 圆珠笔	yuánzhūbǐ	ボールペン
☐ 书	shū	本
☐ 橡皮	xiàngpí	消しゴム
☐ 剪刀	jiǎndāo	はさみ

☐ 尺子	chǐzi	定規
☐ 裁纸刀	cáizhǐdāo	カッター
☐ 浆糊	jiànhu	接着のり
☐ 回形针	huíxíngzhēn	ゼムクリップ
☐ 透明胶布	tòumíng jiāobù	セロテープ
☐ 皮筋	píjīn	輪ゴム
☐ 汉字	Hànzì	漢字
☐ 水平	shuǐpíng	レベル
☐ 考试	kǎoshì	テスト
☐ 作文	zuòwén	作文
☐ 作业	zuòyè	宿題
☐ 讨论	tǎolùn	討論
☐ 班	bān	クラス
☐ 教室	jiàoshì	教室
☐ 课	kè	レッスン，授業
☐ 留学	liúxué	留学
☐ 学年	xuénián	学年
☐ 年级	niánjí	学年，〜年生
☐ 入学	rùxué	入学
☐ 毕业	bìyè	卒業
☐ 学生证	xuéshēngzhèng	学生証
☐ 学部	xuébù	学部
☐ 专业	zhuānyè	専攻
☐ 故事	gùshi	物語
☐ 历史	lìshǐ	歴史
☐ 文化	wénhuà	文化
☐ 美术	měishù	美術
☐ 文学	wénxué	文学
☐ 艺术	yìshù	芸術
☐ 法学	fǎxué	法学
☐ 心理学	xīnlǐxué	心理学
☐ 理论	lǐlùn	理論
☐ 课文	kèwén	教科書の本文
☐ 生词	shēngcí	新出単語
☐ 意思	yìsi	意味

☐ 成绩	chéngjì	成績	
☐ 答案	dá'àn	答え	
☐ 满分	mǎnfēn	満点	
☐ 知识	zhīshi	知識	
☐ 问号	wènhào	疑問；疑問符	
☐ 初级	chūjí	初級	
☐ 中级	zhōngjí	中級	
☐ 高级	gāojí	上級	
☐ 阅读	yuèdú	リーディング（読解）	
☐ 语法	yǔfǎ	グラマー（文法）	
☐ 听力	tīnglì	リスニング（聴解）	

スポーツなど

☐ 气功	qìgōng	気功
☐ 太极拳	tàijíquán	太極拳
☐ 少林拳	shàolíngquán	少林寺拳法
☐ 足球	zúqiú	サッカー
☐ 排球	páiqiú	バレーボール
☐ 体操	tǐcāo	体操
☐ 柔道	róudào	柔道
☐ 游泳	yóuyǒng	水泳
☐ 篮球	lánqiú	バスケットボール
☐ 网球	wǎngqiú	テニス
☐ 乒乓球	pīngpāngqiú	卓球
☐ 棒球	bàngqiú	野球
☐ 滑雪	huáxuě	スキー
☐ 滑冰	huábīng	スケート
☐ 保龄球	bǎolíngqiú	ボウリング
☐ 奥林匹克	Àolínpǐkè	オリンピック
☐ 比赛	bǐsài	試合
☐ 运动	yùndòng	運動
☐ 杂技团	zájìtuán	雑技団

趣味，交際

☐ 兴趣	xìngqù	興味，関心

☐ 爱好	àihào	趣味，好み
☐ 关心	guānxīn	関心（をもつ）
☐ 传统	chuántǒng	伝統
☐ 音乐	yīnyuè	音楽
☐ 流行歌	liúxínggē	ポップス
☐ 摇滚乐	yáogǔnyuè	ロック
☐ 朋克	péngkè	パンク
☐ 民歌	míngē	民謡
☐ 爵士乐	juéshìyuè	ジャズ
☐ 说唱	shuōchàng	ラップ
☐ 雷盖	léigài	レゲエ
☐ 古典音乐	gǔdiǎn yīnyuè	クラシック
☐ 钢琴	gāngqín	ピアノ
☐ 吉他	jítā	ギター
☐ 胡琴	húqín	胡弓
☐ 卡拉 OK	kǎlāok	カラオケ
☐ 歌（儿）	gē(r)	歌
☐ 舞蹈	wǔdǎo	踊り，ダンス
☐ 明星	míngxīng	スター
☐ 偶像	ǒuxiàng	アイドル
☐ 读书	dúshū	読書
☐ 小说	xiǎoshuō	小説
☐ 杂志	zázhì	雑誌
☐ 爬山	páshān	山登り
☐ 钓鱼	diàoyú	釣り
☐ 照相机	zhàoxiàngjī	カメラ
☐ 画儿	huār	絵
☐ 电影	diànyǐng	映画
☐ 外国片	wàiguópiàn	外国映画
☐ 中国片	Zhōngguópiàn	中国映画
☐ 香港片	Xiānggǎngpiàn	香港映画
☐ 台湾片	Táiwānpiàn	台湾映画
☐ 美国片	Měiguópiàn	ハリウッド映画
☐ 恐怖片	kǒngbùpiàn	ホラー映画
☐ 战斗片	zhàndòupiàn	戦争映画

□ 武打片（または，功夫片）			
		wǔdǎpiàn, gōngfupiàn	カンフー映画
□ 纪实片	jìshípiàn		ドキュメンタリー映画
□ 动画片	dònghuàpiàn		アニメ
□ 影迷	yǐngmí		映画ファン，映画好き
□ 演唱会	yǎnchànghuì		コンサート
□ 演员	yǎnyuán		俳優
□ 照片	zhàopiàn		写真
□ 剧	jù		劇
□ 京剧	jīngjù		京劇
□ 晚会	wǎnhuì		（夜の）パーティー
□ 礼物	lǐwù		プレゼント
□ 欢迎	huānyíng		歓迎（する）

年中行事など

□ 新年	xīnnián	新年
□ 元旦	Yuándàn	元旦
□ 春节	Chūnjié	旧正月（春節）
□ 过年	guònián	年を越す《主として旧正月についていう》；来年
□ 除夕	chúxī	大晦日
□ 国庆节	Guóqìngjié	国慶節
□ 季节	jìjié	季節
□ 春天	chūntiān	春
□ 夏天	xiàtiān	夏
□ 秋天	qiūtiān	秋
□ 冬天	dōngtiān	冬
□ 立春	lìchūn	立春
□ 春分	chūnfēn	春分
□ 立夏	lìxià	立夏
□ 夏至	xiàzhì	夏至
□ 立秋	lìqiū	立秋
□ 秋分	qiūfēn	秋分
□ 立冬	lìdōng	立冬
□ 冬至	dōngzhì	冬至

□ 圣诞节	Shèngdànjié	クリスマス
□ 春假	chūnjià	春休み
□ 暑假	shǔjià	夏休み
□ 寒假	hánjià	冬休み
□ 节日	jiérì	祝日
□ 生日	shēngrì	誕生日

ファッション・雑貨

□ 一套西服	yítào xīfú	スーツ（上下セット）
□ 衣服	yīfu	衣服
□ 领带	lǐngdài	ネクタイ
□ T 恤衫	T xùshān	T シャツ
□ 毛衣	máoyī	セーター
□ 裤子	kùzi	ズボン
□ 裙子	qúnzi	スカート
□ 内衣	nèiyī	下着
□ 内裤	nèikù	パンツ，パンティ
□ 胸罩	xiōngzhào	ブラジャー
□ 短袜	duǎnwà	靴下，ソックス
□（单）丝袜	(dàn)sīwà	ストッキング
□ 鞋	xié	靴
□ 皮鞋	píxié	革靴
□ 帽子	màozi	帽子
□ 书包	shūbāo	かばん
□ 手表	shǒubiǎo	腕時計
□ 眼镜	yǎnjìng	メガネ
□ 太阳眼镜	tàiyáng yǎnjìng	サングラス
□ 接触眼镜	jiēchù yǎnjìng	コンタクト
□ 首饰	shǒushi	アクセサリー
□ 耳环	ěrhuán	イヤリング
□ 穿孔耳环	chuānkǒng ěrhuán	ピアス
□ 项链	xiàngliàn	ネックレス
□ 戒指	jièzhi	指輪
□ 雨伞	yǔsǎn	傘
□ 颜色	yánsè	色

☐ 红色	hóngsè	赤い色（の）		☐ 沙发	shāfā	ソファ
☐ 黑色	hēisè	黒い色（の）		☐ 被褥	bèirù	布団
☐ 白色	báisè	白い色（の）		☐ 毛毯	máotǎn	毛布
				☐ 床	chuáng	ベッド

生活

☐ 生活	shēnghuó	生活		☐ 毛巾	máojīn	タオル
☐ 屋子	wūzi	部屋		☐ 纸巾	zhǐjīn	ティッシュ
☐ 房间	fángjiān	部屋		☐ 手绢	shǒujuàn	ハンカチ
☐ 东西	dōngxi	もの		☐ 牙膏	yágāo	歯磨き
☐ 行李	xíngli	荷物		☐ 牙刷	yáshuā	歯ブラシ
☐ 盒子	hézi	（小さい）箱		☐ 刮胡刀	guāhúdāo	ひげそり
☐ 箱子	xiāngzi	（大きい）箱		☐ 镜子	jìngzi	鏡
☐ 联系	liánxi	連絡（する）		☐ 化妆品	huàzhuāngpǐn	化粧品
☐ 信	xìn	手紙		☐ 澡盆	zǎopén	風呂
☐ 邮票	yóupiào	切手		☐ 淋浴	línyù	シャワー
☐ 邮件	yóujiàn	郵便物		☐ 洗发（または，香波）	xǐfà, xiāngbō	シャンプー
☐ 唱片	chàngpiàn	CD		☐ 护发素（または，润丝）	hùfàsù, rùnsī	リンス
☐ DVD	DVD	DVD				
☐ 花瓶	huāpíng	花瓶		☐ 香皂	xiāngzào	石鹸
☐ 书架	shūjià	本棚		☐ 厕所	cèsuǒ	トイレ
☐ 电池	diànchí	電池		☐ 洗手间	xǐshǒujiān	トイレ，お手洗い
☐ 洗衣机	xǐyījī	洗濯機		☐ 手纸	shǒuzhǐ	トイレットペーパー
☐ 吸尘器	xīchénqì	掃除機		☐ 化妆室	huàzhuāngshì	化粧室
☐ 电视	diànshì	テレビ		☐ 厨房	chúfáng	台所
☐ 节目	jiémù	番組・演目		☐ 台阶	táijiē	階段
☐ 录像机	lùxiàngjī	ビデオ		☐ 窗户	chuānghu	窓
☐ 冰箱	bīngxiāng	冷蔵庫		☐ 钟表	zhōngbiǎo	時計
☐ 空调	kōngtiáo	エアコン		☐ 闹钟	nàozhōng	目覚まし時計
☐ 火炉	huǒlú	ストーブ		☐ 门	mén	扉
☐ 电话	diànhuà	電話		☐ 钥匙	yàoshi	鍵
☐ 电话号码	diànhuà hàomǎ	電話番号				
☐ 传真	chuánzhēn	ファクス		### その他		
☐ 手机	shǒujī	携帯電話		☐ 问题	wèntí	問題
☐ 桌子	zhuōzi	机		☐ 事儿	shìr	こと
☐ 椅子	yǐzi	いす		☐ 理由	lǐyóu	理由

☐ 理想	lǐxiǎng	理想（的だ）	
☐ 空儿	kòngr	空き	
☐ 闲空	xiánkòng	ひま	
☐ 约定	yuēdìng	約束	
☐ 预定	yùdìng	予定	
☐ 内容	nèiróng	内容	
☐ 比喻	bǐyù	たとえ	
☐ 办法	bànfǎ	方法	
☐ 世纪	shìjì	世紀	
☐ 特征	tèzhēng	特徴	
☐ 聊天儿	liáotiānr	世間話	
☐ 流行	liúxíng	流行，流行り	

☐ 小偷（儿）（または，扒手）

　　　　　xiǎotōu(r), páshǒu　スリ

☐ 习惯	xíguàn	習慣	
☐ 生活习惯	shēnghuó xíguàn	生活習慣	
☐ 轮班	lúnbān	順番	
☐ 法律	fǎlǜ	法律	
☐ 心情	xīnqíng	気持ち	
☐ 表情	biǎoqíng	表情	
☐ 好意	hǎoyì	好意	
☐ 愿望	yuànwàng	願望，願い	
☐ 玩笑	wánxiào	冗談	
☐ 谎言	huǎngyán	嘘	
☐ 意见	yìjiàn	不平	
☐ 性格	xìnggé	性格	

代名詞

☐ 这个	zhège/zhèige	この
☐ 这	zhè	これ
☐ 这些	zhèxiē	これら
☐ 那	nà	あれ
☐ 那个	nàge/nèige	あの
☐ 那些	nàxiē	あれら
☐ 哪个	nǎge	どの

☐ 哪些	nǎxiē	どの《複数》
☐ 它们	tāmen	それら
☐ 咱们	zánmen	私たち《相手を含む》
☐ 我	wǒ	私
☐ 我们	wǒmen	私たち
☐ 你	nǐ	あなた
☐ 你们	nǐmen	あなたたち
☐ 您	nín	あなた《敬称》
☐ 他	tā	彼
☐ 她	tā	彼女
☐ 它	tā	それ
☐ 他们	tāmen	彼ら
☐ 她们	tāmen	彼女ら
☐ 它们	tāmen	それら

動詞

感情・意思

☐ 爱	ài	愛する
☐ 喜欢	xǐhuan	好きである
☐ 喜好	xǐhào	好む
☐ 哭	kū	泣く
☐ 笑	xiào	笑う
☐ 生气	shēngqì	怒る
☐ 训	xùn	叱る
☐ 害怕	hàipà	怖がる，恐れる
☐ 放心	fàng xīn	安心する
☐ 担心	dān xīn	心配する
☐ 操心	cāo xīn	心配する，気に病む
☐ 有兴趣	yǒu xìngqù	興味を持つ
☐ 紧张	jǐnzhāng	緊張する
☐ 后悔	hòuhuǐ	後悔する
☐ 感动	gǎndòng	感動する
☐ 感谢	gǎnxiè	感謝する
☐ 谢	xiè	お礼を言う
☐ 道谢	dào xiè	お礼を言う

□ 怕	pà	恐れる	□ 开	kāi	運転する
□ 吓	xià	驚く	□ 拐	guǎi	曲がる
□ 尊敬	zūnjìng	尊敬する	□ 撞	zhuàng	ぶつかる，ぶつける
□ 夸	kuā	褒める	□ 跑	pǎo	走る
□ 满足	mǎnzú	《自分で》満足する	□ 跑步	pǎo bù	かけ足（をする）
□ 满意	mǎnyì	《人に対して》満足する	□ 走	zǒu	歩く
□ 想	xiǎng	思う	□ 逛	guàng	ぶらつく
□ 想起	xiǎngqǐ	思い出す	□ 逛街	guàng jiē	街をぶらつく
□ 记着	jìzhe	覚えている	□ 散步	sànbù	散歩する
□ 记	jì	覚える	□ 离开	líkāi	離れる，別れる
□ 忘	wàng	忘れる	□ 出发	chūfā	出発する
□ 感（觉）	gǎn jué	感じる	□ 回	huí	帰る
□ 觉得	juéde	感じる，〜の気がする	□ 回家	huíjiā	家に帰る
□ 明白	míngbai	わかる	□ 进	jìn	入る
□ 希望	xīwàng	希望する	□ 出	chū	出る
□ 要	yào	欲する	□ 去	qù	行く
			□ 来	lái	来る

天気

□ 下雨	xiàyǔ	雨が降る
□ 下雪	xiàxuě	雪が降る
□ 晴	qíng	晴れる
□ 阴	yīn	曇る
□ 刮风	guā fēng	風が吹く

□ 过	guò	過ぎる
□ 拿去	náqu	持っていく
□ 拿来	nálai	持ってくる
□ 领＋（ひと）＋去	lǐng qù	連れていく
□ 领＋（ひと）＋来	lǐng lái	連れてくる
□ 上（または，登，爬）	shàng, dēng, pá	上る（登る）
□ 飞	fēi	飛ぶ

移動

□ 住	zhù	住む・泊まる
□ 跳	tiào	飛び上がる
□ 上	shàng	上がる，登る；行く；（学校や職場に）通う
□ 下	xià	降りる；（雨や雪が）降る；（勤めや学校が）終わる
□ 乘（または，坐）	chéng, zuò	乗る（車などに）
□ 骑	qí	乗る（自転車などにまたがって）

状態

□ 在	zài	ある《存在する》
□ 有	yǒu	ある《持っている》
□ 是	shì	〜である
□ 叫	jiào	名前は〜である
□ 成	chéng	（〜に）なる，変わる；成就する，達成する
□ 开始	kāishǐ	始まる，始める
□ 站	zhàn	立つ

☐ 坐	zuò	座る
☐ 等	děng	待つ
☐ 保持	bǎochí	保つ
☐ 知道	zhīdào	知る，知っている
☐ 继续	jìxù	続ける
☐ 停止	tíngzhǐ	止める
☐ 累	lèi	疲れる
☐ 坏	huài	壊れる
☐ 变	biàn	変わる
☐ 分开	fēnkāi	別れる,離れる,分ける
☐ 生病	shēng bìng	病気になる
☐ 患病	huàng bìng	病気にかかる，患う
☐ 开	kāi	開ける
☐ 关闭	guānbì	閉める
☐ 完	wán	終わる
☐ 死	sǐ	死ぬ
☐ 赶上	gǎnshang	追いつく，間に合う

五感

☐ 听	tīng	聞く
☐ 听见	tīngjiàn	聞こえる
☐ 说	shuō	言う
☐ 说话	shuō huà	話す
☐ 谈话	tán huà	話す
☐ 招呼	zhāohu	呼ぶ
☐ 讨论	tǎolùn	討論する
☐ 商量	shāngliang	相談する
☐ 叫	jiào	叫ぶ
☐ 看	kàn	見る
☐ 看见	kànjiàn	見える
☐ 吃	chī	食べる
☐ 喝	hē	飲む
☐ 尝	cháng	味わう
☐ 吸烟（または，抽烟）	xīyān, chōuyān	
		吸う（タバコなどを）

☐ 闻	wén	嗅ぐ

趣味・余暇

☐ 钓	diào	（魚を）釣る
☐ 玩儿	wánr	遊ぶ
☐ 照相	zhàoxiàng	写真を撮る
☐ 拍	pāi	撮影する，写真を撮る
☐ 唱	chàng	歌う
☐ 唱歌	chàng gē	歌を歌う
☐ 弹	tán	（楽器を）弾く
☐ 演奏	yǎnzòu	演奏する
☐ 跳舞	tiàowǔ	踊る
☐ 打球	dǎ qiú	球技をする
☐ 打太极拳	dǎ tàijíquán	太極拳をする
☐ 游	yóu	泳ぐ（= 游泳）
☐ 滑冰	huábīng	スケートをする
☐ 滑雪	huáxuě	スキーをする
☐ 上网	shàngwǎng	インターネットをする
☐ 旅行（または，旅游）	lǚxíng, lǚyóu	
		旅行する
☐ 有空儿	yǒu kòngr	ひまがある

学校

☐ 出席	chūxí	出席する
☐ 缺席	quēxí	欠席する
☐ 上课	shàngkè	授業に出る
☐ 下课	xiàkè	授業が終わる
☐ 留学	liúxué	留学する
☐ 计算	jìsuàn	計算する
☐ 教	jiāo	教える
☐ 写	xiě	書く
☐ 擦	cā	消す
☐ 学（习）	xué(xí)	学ぶ（学習する）
☐ 读	dú	読む
☐ 念	niàn	（声に出して）読む

☐ 画	huà	描く	☐ (油)炸	(yóu)zhá	揚げる
☐ 回答	huídá	答える，回答する	☐ 煮	zhǔ	煮る
☐ 解答	jiědá	解答する	☐ 渴	kě	のどが渇く
☐ 得满分	dé mǎnfēn	満点を取る	☐ 沏茶	qiē chá	湯を葉に注ぐ
☐ 问	wèn	質問する	☐ 泡茶	pào chá	茶を入れる（浸す）
☐ 翻译	fānyì	翻訳する	☐ 倒茶	dào chá	茶を（容器を傾けて）入れる
☐ 放假	fàng jià	休みになる			
☐ 练习	liànxí	練習する	☐ 冲茶	chōng chá	茶を入れる（注ぐ）
☐ 复习	fùxí	復習する	☐ 推	tuī	押す
☐ 预习	yùxí	予習する	☐ 拉	lā	引く
☐ 上学	shàng xué	登校する	☐ 抱	bào	抱く，かかえる
☐ 迟到	chídào	遅刻する	☐ 恋爱	liàn'ài	恋愛する
☐ 放学	fàng xué	下校する	☐ 结婚	jiéhūn	結婚する
☐ 招生	zhāoshēng	学生の募集をする	☐ 祝	zhù	祝う
☐ 交	jiāo	提出する	☐ 成长	chéngzhǎng	成長する
			☐ 抚养	fǔyǎng	育てる

その他生活

☐ 起床	qǐchuáng	起きる	☐ 关照	guānzhào	世話する，面倒を見る
☐ 睡（觉）	shuìjiào	眠る，寝る			
☐ 刷牙	shuā yá	歯磨きする，	☐ 交流	jiāoliú	交流する
☐ 化妆	huàzhuāng	化粧をする	☐ 参加	cānjiā	参加する
☐ 穿	chuān	着る，履く	☐ 报名	bào míng	（参加を）申し込む，エントリーする
☐ 脱	tuō	脱ぐ			
☐ 戴	dài	かぶる	☐ 访问	fǎngwèn	訪問する
☐ 带	dài	携帯する；連れていく	☐ 拜访	bàifǎng	お訪ねする
			☐ 邀请	yāoqǐng	招待する
☐ 打扫	dǎsǎo	掃除する	☐ 通知	tōngzhī	通知（する），知らせ
☐ 收拾	shōushi	片付ける	☐ 告诉	gàosu	告げる，（道などを）知らせる
☐ 洗	xǐ	洗う			
☐ 洗衣服	xǐ yīfu	洗濯する	☐ 野游	yěyóu	外へ遊びに行く
☐ 洗澡	xǐzǎo	入浴する	☐ 告辞	gàocí	おいとまする
☐ 做菜	zuò cài	料理する	☐ 见（面）	jiàn(miàn)	会う（出会う）
☐ 吃饭	chī fàn	食事する	☐ 出现	chūxiàn	現われる
☐ 烤	kǎo	焼く	☐ 认识	rènshi	見知る，見知っている
☐ 炒	chǎo	炒める	☐ 给＋(ひと)＋看	gěi - kàn	見せる
			☐ 客气	kèqi	遠慮する

□ 到	dào	着く	
□ 做工作	zuò gōngzuò	仕事する	
□ 打工	dǎ gōng	アルバイトをする	
□ 干	gàn	（ある事，仕事を）する，担当する	
□ 做	zuò	作る；する，行なう	
□ 上班	shàngbān	出勤する	
□ 下班	xiàbān	退勤する	
□ 辞职	cízhí	仕事を辞める	
□ 休息	xiūxi	休憩する	
□ 加班	jiābān	残業する	
□ 进修	jìnxiū	研修する	
□ 贸易	màoyì	貿易する	
□ 打传真	dǎ chuánzhēn	ファクスを送る	
□ 发传真	fā chuánzhēn	ファクスを送る	
□ 复印	fùyìn	コピーする	
□ 打	dǎ	（手または器物を使って）打つ，たたく	
□ 打电脑	dǎ diànnǎo	パソコンを打つ	
□ 打电话	dǎ diànhuà	電話する	
□ 打算	dǎsuan	〜するつもりである	
□ 写信	xiě xìn	手紙を書く	
□ 收	shōu	受け取る	
□ 同意	tóngyì	同意する	
□ 答应	dāying	承諾する	
□ 问	wèn	尋ねる	
□ 试	shì	試みる	
□ 理解	lǐjiě	理解する	
□ 考虑	kǎolǜ	考慮する	
□ 介绍	jièshào	紹介する	
□ 准备	zhǔnbèi	準備する	
□ 掌握	zhǎngwò	把握する	
□ 帮助	bāngzhù	助ける，手伝う	
□ 帮忙	bāngmáng	手伝う	
□ 合作	hézuò	協力する	

□（调）查	diàochá	調べる	
□ 注意	zhùyì	注意する	
□ 责备（または，申斥，训）			
	zébèi, shēnchì, xùn	叱る	
□ 夸（奖）	kuājiǎng	褒める	
□ 搬	bān	運ぶ	
□ 送	sòng	送る	
□ 盖	gài	（家屋を）建てる	
□ 开	kāi	ON にする	
□ 关掉	guāndiào	OFF にする	
□ 拿	ná	手に持つ，取る，受け取る	
□ 丢	diū	なくす，失う	
□ 拾	shí	拾う	
□ 摸	mō	触る	
□ 放	fàng	置く	
□（取）得（または，得到）	qǔdě, dédào		
		得る	
□ 给	gěi	あげる	
□ 借	jiè	借りる	
□ 借给	jiègěi	貸す	
□ 买	mǎi	買う	
□ 卖	mài	売る	
□ 换	huàn	換える	
□ 换钱	huànqián	両替する	
□ 用	yòng	使う	
□ 花	huā	（時間・お金を）費やす	
□ 还价	huán jià	値切る	
□ 付钱	fù qián	お金を払う	
□ 付款	fùkuǎn	代金を支払う，決済する	
□ 比较	bǐjiào	比較する	
□ 决定	juédìng	決定する，決心する	
□ 起	qǐ	起こる	
□ 选择	xuǎnzé	選ぶ	

□ 适合	shìhé	合う	
□ 爱惜	àixī	重んじる，大切にする	
□ 批判	pīpàn	批判する	
□ 批评	pīpíng	批評する	
□ 解决	jiějué	解決する	
□ 努力	nǔlì	努力する	
□ 刻苦	kèkǔ	苦労する	
□ 必要	bìyào	必要とする	
□ 实行	shíxíng	実行する	
□ 防止	fángzhǐ	防ぐ	
□ 表演	biǎoyǎn	演じる	
□ 赞成	zànchéng	賛成する	
□ 反对	fǎnduì	反対する	
□ 胜利	shènglì	勝利する	
□ 负	fù	負ける	
□ 订计划	dìng jìhuà	計画する	
□ 了解	liǎojiě	了解する	
□ 整理	zhěnglǐ	整理する	
□ 统一	tǒngyī	統一する	
□ 完成	wánchéng	完成する	
□ 成功	chénggōng	成功する	
□ 失败	shībài	失敗する	
□ 发表	fābiǎo	発表する	
□ 公开	gōngkāi	公開する	
□ 展览	zhǎnlǎn	展覧する，展示する	
□ 坚持	jiānchí	やり抜く，がんばりぬく，堅持する	
□ 纪录	jìlù	記録する	
□ 保存	bǎocún	保存する	
□ 利用	lìyòng	利用する	
□ 消费	xiāofèi	消費（する）	
□ 考上	kǎoshàng	受かる	
□ 弄	nòng	いじる	
□ 弄坏	nònghuài	いじって壊す	
□ 修理	xiūlǐ	修理する	

□ 开会	kāi huì	会を開く	
□ 预约	yùyuē	予約をする	
□ 干杯	gānbēi	乾杯する	
□ 猜	cāi	（なぞなぞなどを）あてる，推量する，見当をつける；疑う	
□ 报道	bàodào	報道（する）	
□ 播送（または，广播）	bōsòng, guǎngbō	放送する	
□ 偷	tōu	盗む	
□ 找	zhǎo	探す；訪ねる，訪れる；釣銭を出す	
□ 找到	zhǎodào	見つける	
□ 逮捕	dàibǔ	逮捕する	
□ 感冒	gǎnmào	風邪をひく	
□ 发烧	fāshāo	熱が出る	
□ 咳嗽	késou	咳が出る	
□ 看病	kànbìng	診察する	

形容詞

性質形容詞（1 文字中心）

□ 红	hóng	赤い
□ 黑	hēi	黒い
□ 青	qīng	青い
□ 白	bái	白い
□ 绿	lù	緑
□ 长	cháng	長い
□ 短	duǎn	短い
□ 热	rè	暑い，熱い
□ (寒)冷	(hán)lěng	寒い
□ 冷	lěng	冷たい；寒い
□ 大	dà	大きい
□ 小	xiǎo	小さい
□ 好	hǎo	よい
□ 坏	huài	悪い

□ 快	kuài	速い《速度》	
□ 慢	màn	遅い《速度》	
□ 早	zǎo	早い《時間》	
□ 早点	zǎodiǎn	少し早めに	
□ 晚	wǎn	遅い《時間》	
□ 厚	hòu	厚い	
□ 薄	báo	薄い	
□ 贵	guì	値段が高い	
□ 便宜	piányi	値段が安い	
□ 高	gāo	高い	
□ 矮	ǎi	背が低い	
□ 低	dī	低い	
□ 远	yuǎn	遠い	
□ 近	jìn	近い	
□ 多	duō	多い	
□ 少	shǎo	少ない	
□ 重	zhòng	重い	
□ 轻	qīng	軽い	
□ 对	duì	正しい（合っている）	
□ 错	cuò	間違っている	
□ 糟	zāo	めちゃくちゃだ；まずい	
□ 棒	bàng	すばらしい；優れている	
□ 胖	pàng	太った	
□ 瘦	shòu	痩せた	
□ 紧	jǐn	きつい	
□ 松	sōng	ゆるい	
□ 粗	cū	太い，粗い	
□ 细	xì	細い，細かい	
□ 吵	chǎo	うるさい	
□ 热闹	rènao	にぎやかだ	
□ 静	jìng	静かだ	
□ 新	xīn	新しい	
□ 旧	jiù	古い	

□ 深	shēn	深い
□ 浅	qiǎn	浅い
□ 老	lǎo	年老いた
□ 年轻	niánqīng	若い
□ 宽	kuān	幅が広い
□ 窄	zhǎi	狭い
□ 困	kùn	眠い
□ 帅	shuài	かっこいい
□ 酷	kù	かっこいい《若者言葉》
□ 忙	máng	忙しい
□ 空闲	kòngxián	ひまな
□ 弱	ruò	弱い
□ 疼	téng	痛い
□ 饿	è	お腹がすいている
□ 饱	bǎo	満腹である

性質形容詞（2 文字中心）

□ 美（丽）	měilì	（景色などが）美しい
□ 漂亮	piàoliang	（姿形，音などが）美しい
□ 可爱	kě'ài	可愛い
□ 干净	gānjìng	きれい
□ 脏	zāng	きたない
□ 明亮	míngliàng	明るい
□ 暗	àn	暗い
□ 简单	jiǎndān	簡単だ
□ 容易	róngyì	容易だ
□ 复杂	fùzá	複雑だ
□ 难	nán	難しい
□ 有意思	yǒuyìsi	面白い
□ 没有意思	méiyǒuyìsi	面白くない
□ 正确	zhèngquè	正しい（真実である）
□ 不错	búcuò	間違ってない
□ 麻烦	máfan	面倒だ
□ 马虎	mǎhu	いいかげんだ

□ 意外	yìwài	意外だ	
□ 怀念	huáiniàn	懐かしい	
□ 可惜	kěxī	残念だ	
□ 愉快	yúkuài	愉快だ	
□ 快乐	kuàilè	楽しい	
□ 高兴	gāoxìng	嬉しい	
□ 悲伤	bēishāng	悲しい	
□ 可怜	kělián	かわいそうだ	
□ 寂寞	jìmò	寂しい	
□ 亲切	qīnqiè	親切だ	
□ (辛)苦	xīnkǔ	苦しい（つらい）	
□ 聪明	cōngmíng	かしこい	
□ 和气	héqi	《男女問わず》優しい	
□ 温柔	wēnróu	《女性に》優しい	
□ 可怕	kěpà	恐ろしい	
□ 舒服	shūfu	気分がよい	
□ 幸福	xìngfú	幸せだ	
□ 暖和	nuǎnhuo	暖かい	
□ 凉快	liánkuai	涼しい	
□ 湿	shī	湿った	
□ 干燥	gānzào	乾燥した	
□ 有名	yǒumíng	有名だ	
□ 国际的	guójìde	国際的な	
□ 重要	zhòngyào	重要だ	
□ 偶然	ǒurán	偶然だ	
□ 相等	xiāngděng	等しい	
□ 平安	píng'ān	無事だ	
□ 顺利	shùnlì	順調である	
□ 方便	fāngbiàn	便利だ	
□ 流利	liúlì	流暢だ	
□ 有劲儿	yǒu jìnr	強い	
□ 富裕	fùyù	裕福だ	
□ 免费	miǎnfèi	無料だ	
□ 十分	shífēn	十分だ	
□ 一般	yìbān	普通だ，一般的だ	

□ 不用	búyòng	必要ない	
□ 有用	yǒuyòng	役に立つ	
□ 厉害	lìhai	すごい	
□ 安全	ānquán	安全だ	
□ 清楚	qīngchu	はっきりしている	
□ 精通	jīngtōng	詳しい	
□ 精彩	jīngcǎi	生き生きとした	

味覚

□ 甜	tián	甘い	
□ 酸	suān	酸っぱい	
□ 辣	là	辛い	
□ 苦	kǔ	にがい	
□ 咸	xián	塩辛い	
□ 油腻	yóunì	油っこい	

「好」「难」を伴なう形容詞

□ 好看	hǎokàn	《男女問わず人や物が》きれいである	
□ 好听	hǎotīng	聞いて心地よい	
□ 好吃	hǎochī	美味しい	
□ 好喝	hǎohē	飲んで美味しい	
□ 难看	nánkàn	醜い	
□ 难受	nánshòu	困った・つらい	
□ 难忘	nánwàng	忘れがたい	

状態形容詞

□ 笔直	bǐzhí	筆のようにまっすぐ	
□ 雪白	xuěbái	雪のように白い	
□ 飞快	fēikuài	飛ぶように速い	

疑問詞・否定詞

疑問を表わす言葉

□ 几	jǐ	いくつ《10以下を聞くとき》	

□ 多少	duōshao	いくつ《10 以上を聞くとき》	**数・日時・量詞**			

□ 多少	duōshao	いくつ《10 以上を聞くとき》
□ 谁	shéi	だれ，だれか
□ 什么	shénme	何，何か
□ 什么时候	shénme shíhou	いつ
□ 什么地方	shénme dìfang	どこ
□ 哪	nǎ	どの
□ 哪里	nǎli	どこ
□ 哪儿	nǎr	どこ
□ 为什么	wèi shénme	なぜ
□ 怎么	zěnme	どうして，どのように
□ 怎么样	zěnmeyàng	どのように
□ 多长	duōcháng	どのくらいの長さ
□ 多高	duōgāo	どのくらいの高さ
□ 多厚	duōhòu	どのくらいの厚さ
□ 多宽	duōkuān	どのくらいの広さ
□ 多大	duōdà	どのくらいの大きさ
□ 多重	duōzhòng	どのくらいの重さ
□ 吗	ma	〜ですか？
□ 还是	háishi	それとも

否定を表わす言葉

□ 不	bù	〜ない
□ 没有	méiyǒu	（まだ）〜ない

「条件なし」を表わす言葉

□ 什么都	shénme dōu	なんでも
□ 哪里都	nǎli dōu	どこでも
□ 哪个都	nǎge dōu	どれでも
□ 随时	suíshí	いつでも
□ 任何	rènhé	どんな〜でも
□ 任何人	rènhé rén	どんな人（だれ）でも
□ 随便	suíbiàn	〜であろうと関係なく

数字

□ 零	líng	0
□ 一	yī	一
□ 二	èr	二
□ 两	liǎng	二（ふたつ）
□ 三	sān	三
□ 四	sì	四
□ 五	wǔ	五
□ 六	liù	六
□ 七	qī	七
□ 八	bā	八
□ 九	jiǔ	九
□ 十	shí	十
□ 二十	èrshí	二十
□ 百	bǎi	百
□ 千	qiān	千
□ 万	wàn	万
□ 亿	yì	億
□ 万亿	wànyì	兆

単位など

□ 元	yuán	元《単位》
□ 角	jiǎo	角《単位》
□ 分	fēn	分《単位》
□ 块	kuài	塊《単位》
□ 毛	máo	毛《単位》
□ 日元	Rìyuán	日本円
□ 小时	xiǎoshí	〜時間
□ 钟头	zhōngtóu	〜時間《口》
□ 公里	gōnglǐ	キロメートル
□ 公斤	gōngjīn	キログラム
□ 一半	yíbàn	半分

日時

- [ ] 时间 shíjiān 時間
- [ ] 后天 hòutiān あさって
- [ ] 大后天 dàhòutiān しあさって
- [ ] 上（个）星期 shàng(ge) xīngqī 先週
- [ ] 这（个）星期 zhè(ge) xīngqī 今週
- [ ] 下（个）星期 xià(ge) xīngqī 来週
- [ ] 这（个）月 zhè(ge) yuè 今月
- [ ] 上（个）月 shàng(ge) yuè 先月
- [ ] 下（个）月 xià(ge) yuè 来月
- [ ] 今年 jīnnián 今年
- [ ] 去年 qùnián 去年
- [ ] 来年（または，明年）láinián, míngnián 来年，翌年
- [ ] 上上（个）星期 shàngshàng(ge) xīngqī 先々週
- [ ] 下下（个）星期 xiàxià(ge) xīngqī 来々週
- [ ] 大后年 dàhòunián 再来々年
- [ ] 今天 jīntiān 今日
- [ ] 昨天 zuótiān 昨日
- [ ] 前天 qiántiān 一昨日
- [ ] 大前天 dàqiántiān 一昨昨日
- [ ] 明天 míntiān 明日
- [ ] 点（钟）diǎn(zhōng) ～時
- [ ] 后年 hòunián 再来年
- [ ] 前年 qiánnián 一昨年
- [ ] 大前年 dàqiánnián 一昨々年
- [ ] 每天 měitiān 毎日
- [ ] 月 yuè 月
- [ ] 日 rì 日《文》
- [ ] 号 hào 日《口》
- [ ] 礼拜 lǐbài 週《口》
- [ ] 星期 xīngqī 週，曜日
- [ ] 周 zhōu 週（間）
- [ ] 周末 zhōumò 週末

- [ ] 早上 zǎoshang 朝
- [ ] 晚上 wǎnshang 夕方，晩
- [ ] 傍晚 bàngwǎn 夕方
- [ ] 上午 shàngwǔ 午前
- [ ] 中午 zhōngwǔ 正午
- [ ] 下午 xiàwǔ 午後
- [ ] 白天 báitiān 昼間
- [ ] 夜里 yèli 夜
- [ ] 天 tiān 日（一日）
- [ ] 年 nián 年
- [ ] 分 fēn 分（1分）
- [ ] 秒 miǎo ～秒
- [ ] 过 guò （～分）過ぎ
- [ ] 刻 kè 15分
- [ ] 差 chà （～分）足らず
- [ ] 现在 xiànzài 今
- [ ] 岁 suì ～歳
- [ ] 一会儿 yíhuìr しばらく
- [ ] 时候 shíhou とき
- [ ] 期间 qījiān 期間
- [ ] 最后 zuìhòu 最後

量詞

- [ ] 个 ge ～個《人にも使う》
- [ ] 把 bǎ 握りのあるもの
- [ ] 本 běn ～冊，書物
- [ ] 架 jià ～台，機械など
- [ ] 件 jiàn 事柄，品物，衣服など
- [ ] 份 fèn 仕事を数える量詞
- [ ] 种 zhōng 種類を数える量詞
- [ ] 棵 kē 植物類
- [ ] 块 kuài かたまり状のもの
- [ ] 辆 liàng 車などの乗り物
- [ ] 片 piàn 薄い断片状のもの
- [ ] 条 tiáo 細長いもの

□ 张	zhāng	表面が平らなもの	
□ 枝	zhī	細長い棒状のもの	
□ 只	zhī	小動物	
□ 座	zuò	ずっしりしたもの	
□ 位	wèi	敬意をこめて人に	
□ 副	fù	左右が同じで対になっているもの	
□ 对	duì	左右が別で対になっているもの	
□ 双	shuāng	対で存在するもの	
□ 楼	lóu	～階	
□ 一下	yíxià	少し，ちょっと	
□ 次	cì	～回	

方位詞

□ 这儿	zhèr	ここ
□ 这里	zhèli	ここ
□ 那儿	nàr	あそこ
□ 那里	nàli	あそこ
□ 里边（儿）	lǐbian(r)	内側
□ 外边（儿）	wàibian(r)	外側
□ 上边（儿）	shàngbian(r)	上側
□ 下边（儿）	xiàbian(r)	下側
□ 前边（儿）	qiánbian(r)	前側
□ 后边（儿）	hòubian(r)	後ろ側
□ 左边（儿）	zuǒbian(r)	左側
□ 右边（儿）	yòubian(r)	右側
□ 东边（儿）	dōngbian(r)	東側
□ 南边（儿）	nánbian(r)	南側
□ 西边（儿）	xībian(r)	西側
□ 北边（儿）	běibian(r)	北側
□ 旁边（儿）	pángbian(r)	そば
□ 前方	qiánfāng	前の方
□ 后方	hòufāng	後ろの方
□ 左方	zuǒfāng	左の方

□ 右方	yòufāng	右の方
□ 东方	dōngfāng	東の方
□ 南方	nánfāng	南の方
□ 西方	xīfāng	西の方
□ 北方	běifāng	北の方
□ 里头	lǐtou	内側
□ 外头	wàitou	外側
□ 上头	shàngtou	上側
□ 下头	xiàtou	下側
□ 前头	qiántou	前側
□ 后头	hòutou	後ろ側
□ 里面（儿）	lǐmian(r)	内面
□ 外面（儿）	wàimian(r)	外面
□ 上面（儿）	shàngmian(r)	上面
□ 下面（儿）	xiàmian(r)	下面
□ 前面（儿）	qiánmian(r)	前面
□ 后面（儿）	hòumian(r)	後面
□ 左面（儿）	zuǒmian(r)	左面
□ 右面（儿）	yòumian(r)	右面
□ 东面（儿）	dōngmian(r)	東面
□ 南面（儿）	nánmian(r)	南面
□ 西面（儿）	xīmian(r)	西面
□ 北面（儿）	běimian(r)	北面

介詞

□ 在	zài	～に
□ 从	cóng	～から
□ 到	dào	～へ
□ 离	lí	～から…まで
□ 往	wǎng	～に向かって
□ 向	xiàng	～に向かって，～から
□ 朝	cháo	～に向いて
□ 当	dāng	～のとき
□ 跟	gēn	～と
□ 和	hé	～と

□ 除了	chúle	〜を除いて
□ 对	duì	〜に対して
□ 给	gěi	〜に《与える先》
□ 替	tì	〜のときかわりに
□ 对于	duìyú	〜について《文》
□ 关于	guānyú	〜について《口》
□ 为（了）	wèi(le)	〜のために
□ 按	àn	〜にしたがって
□ 据	jù	〜によって
□ 由	yóu	〜が《動作主》
□ 作为	zuòwéi	〜として
□ 勿	wù	〜することなかれ《文》

副詞

程度を表わすもの

□ 更	gèng	もっと
□ 非常	fēicháng	非常に
□ 很	hěn	とても
□ 挺（または，好）	tǐng, hǎo	とても《口》
□ 一点儿	yìdiǎnr	少し《形容詞・動詞の後に用いる》
□ 有点儿	yǒudiǎnr	少し《消極的，否定的意味のみ。形容詞・動詞の前に用いる》
□ 稍	shāo	少し，ちょっと
□ 稍微	shāowēi	わずかに
□ 才	cái	わずかに
□ 太	tài	たいへん
□ 特别	tèbié	特に
□ 真	zhēn	本当に
□ 最	zuì	最も

範囲を表わすもの

□ 只	zhǐ	〜だけ
□ 只是	zhǐshì	ただ〜だけ
□ 不过	búguò	ただ〜だけ

□ 差不多	chàbuduō	ほとんど
□ 另外	lìngwài	ほかに
□ 全	quán	すべて
□ 都	dōu	みんな
□ 完全	wánquán	完全に
□ 一共	yígòng	あわせて
□ 一块儿	yíkuàir	一緒に《口》
□ 一起	yìqǐ	一緒に《口・文》

頻度を表わすもの

□ 常常	chángcháng	いつも
□ 经常	jīngcháng	いつも，絶えず
□ 时常	shícháng	しょっちゅう，いつも
□ 再	zài	再び，また
□ 还	hái	また，さらに
□ 又	yòu	〜してはまた…
□ 也	yě	〜も

時間・状態・語気を表わすもの

□ 最近	zuìjìn	最近
□ 倒	dào	〜なのに
□ 似乎	sìhū	〜らしい
□ 也许	yěxǔ	もしかしたら〜かもしれない
□ 可能	kěnéng	〜かもしれない，可能性がある
□ 幸亏	xìngkuī	幸いにも
□ 一定	yídìng	必ず
□ 原来	yuánlái	なんと〜なのか
□ 刚	gāng	〜したばかり
□ 刚才	gāngcái	ついさっき，先ほど
□ 先	xiān	先に
□ 快	kuài	まもなく
□ 立刻	lìkè	ただちに
□ 已经	yǐjīng	すでに

□ 就	jiù	すぐに，だけ
□ 却	què	かえって
□ 马上	mǎshàng	すぐ，ただちに
□ 忽然	hūrán	急に
□ 互相	hùxiāng	お互い
□ 差点儿	chàdiǎnr	もう少しで
□ 大约	dàyuē	だいたい
□ 大概	dàgài	多分
□ 可	kě	実に，ほんとに
□ 恐怕	kǒngpà	おそらく
□ 究竟	jiūjìng	一体全体
□ 明明	míngmíng	明らかに
□ 正在	zhèngzài	ちょうど（〜している）
□ 正好	zhènghǎo	ちょうど，折よく
□ 难道	nándào	まさか（〜であるまい）
□ 看来	kànlai	見たところ
□ 一直	yìzhí	ずっと

能願動詞

□ 会	huì	《習得して》〜できる，〜のはずだ
□ 能	néng	〜できる，〜してよい，〜だろう
□ 可以	kěyǐ	〜できる，〜してよい
□ 该	gāi	〜すべき
□ 应	yīng	〜すべき
□ 应该	yīnggāi	〜すべき
□ 敢	gǎn	あえて〜する
□ 肯	kěn	すすんで〜する
□ 愿意	yuànyì	〜することを望む
□ 想	xiǎng	〜したい，思う
□ 要	yào	〜したい，〜する必要がある，〜のはずだ
□ 得	děi	〜しなければならない

□ 不能	bù néng	《能力・許可がなくて》〜できない
□ 不会	bú huì	《練習・学習で習得していなくて》〜できない，〜のはずがない
□ 不要	bú yào	〜してはいけない《禁止》
□ 不可能	bù kěnéng	無理である《不可能》
□ 不想	bù xiǎng	〜したくない
□ 不肯	bù kěn	すすんで〜しない
□ 不敢	bù gǎn	あえて〜しない，〜する勇気がない
□ 不应该	bù yīnggāi	〜すべきでない
□ 不必	búbì	〜する必要がない
□ 不〜也可以	bù ~ yě kěyǐ	〜しなくてもよい

アスペクト

進行・持続相

□ 正	zhèng	ちょうど〜しているところだ《進行》
□ 在	zài	ちょうど〜しているところだ《進行》
□ 呢	ne	ちょうど〜しているところだ《進行》
□ 正在〜呢	zhèngzài ~ ne	ちょうど〜しているところだ《進行》
□ 着	zhe	〜しているところだ《持続》

完了相・経験相

□ 了	le	〜した《完了》
□ 从来	cónglái	かつて《経験，否定文》
□ 曾经	céngjīng	かつて《経験,肯定文》
□ 过	guo	〜したことがある《経験》

将然相

- □ 要〜了　yào ~ le　　まもなく〜する
- □ 快要〜了　kuài yào ~ le　まもなく〜する
  《要〜了より切迫》
- □ 就要〜了　jiù yào ~ le　まもなく〜する
  《具体的な日付にも使用可》
- □ 将要〜了　jiāng yào ~ le
  　　　　　まもなく〜する《文》

補語

程度・様態補語

- □ 得《程度補語》 de　「得」の前の形容詞を
  後ろの副詞で強調
- □ 得《様態補語》 de　「得」の前の動詞を後
  ろの副詞+形容詞で強調
- □ 累死　lèisǐ　　死ぬほど疲れる
- □ 要死　yàosǐ　　〜でたまらない

結果補語

- □ 懂　dǒng　（結果として）わかる
- □ 完　wán　（結果として）終わる
- □ 到　dào　（結果として）到達する
- □ 见　jiàn　（結果として）ある感覚をとらえる
- □ 给　gěi　（結果として）物を移動させる
- □ 成　chéng　（結果として）変化する
- □ 会　huì　（結果として）できるようになる
- □ 开　kāi　（結果として）離れ離れになる
- □ 在　zài　（結果として）場所が定着する

- □ 着　zháo　（結果として）ある動作が完結する
- □ 走　zǒu　（結果として）ある場所から離れる
- □ 住　zhù　（結果として）安定・固定する
- □ 好　hǎo　（結果として）良好な状態になる
- □ 干净　gānjìng　（結果として）綺麗な状態になる
- □ 累　lèi　（結果として）疲れる
- □ 清楚　qīngchu　（結果として）はっきりする
- □ 光　guāng　（結果として）完全になくなる

方向補語

- □ 来　-lai　〜来る
- □ 去　-qu　〜行く
- □ 上　-shang　〜上がる
- □ 下　-xia　〜下がる
- □ 进　-jin　〜入る
- □ 出　-chu　〜出る
- □ 回　-hui　〜帰る
- □ 过　-guo　〜過ぎる
- □ 起　-qi　〜起きる
- □ 开　-kai　〜離れる
- □ 上来　-shanglai　〜上がってくる
- □ 下来　-xialai　〜下がってくる
- □ 上去　-shangqu　〜上がっていく
- □ 下去　-xiaqu　〜下がっていく
- □ 起来　-qilai　〜起きてくる
- □ 走去　zǒuqu　歩いていく
- □ 跑来　pǎolai　走ってくる
- □ 进去　jìnqu　入っていく

□ 进来	jìnlai	入ってくる
□ 出去	chūqu	出ていく
□ 出来	chūlai	出てくる
□ 回去	huíqu	帰っていく
□ 回来	huílai	帰ってくる
□ 飞上	fēishang	飛び立つ
□ 走下	zǒuxia	歩いて降りる
□ 跑进	pǎojin	走って入ってくる
□ 跑出	pǎochu	走って出ていく
□ 跑回	pǎohui	走って帰る
□ 走过	zǒuguo	歩いて通りすぎる
□ 拿起	náqi	持ち上げる
□ 推开	tuīkai	押し開ける
□ 跑出来	pǎochulai	走って出てくる
□ 带回去	dàihuiqu	持って帰っていく
□ 飞去	fēiqu	飛んでいく
□ 跑来	pǎolai	走ってくる
□ 跑过	pǎoguo	走って通りすぎる
□ 飞上去	fēishangqu	飛び立っていく
□ 带回来	dàihuilai	持って帰ってくる
□ 站起来	zhànqilai	立ちあがる
□ 想起来	xiǎngqilai	考えてみれば
□ 记下	jìxia	書き留める
□ 关上	guānshang	閉める
□ 带来	dàilai	連れてくる

方向補語の派生的な意味

□ 上	-shàng	「目標に到達すること」「分かれているものがくっつくこと」を表わす。
□ 下	-xià	「動作・行為の結果として何かが残ること」を表わす。
□ 来	-lái	「看，想，听，说」について，「ある面から推し量ること」を表わす。

□ 过	-guò	「ものの場所が別のところに移動すること」「ものの向きを変えること」を表わす。
□ 上来	-shànglai	「動作や状態が徐々に広がる，深まるなど，はっきりしてきたこと」を表わす。
□ 下来	-xiàlai	「結果に到達して留まること」「分離させること」を表わす。
□ 下去	-xiàqu	「現在の動作を続けていくこと」「ある状態が続いていくこと」を表わす。
□ 起来	-qǐlai	「動作や状態が実際に始まること」「実際に"～してみると"という意味」を表わす。
□ 出来	-chūlai	「何かがわかること」「何かが出来上がること」を表わす。
□ 过来	-guòlai	「こちらを向くこと」「本来の正常な状態になること」を表わす。
□ 过去	-guòqu	「あちらを向くこと」「本来の正常な状態でなくなること」を表わす。

可能補語 (150ページのリストも参照のこと)

□ 听不懂	tīngbudǒng	聞いてもわからない
□ 赶得上	gǎndeshang	間に合う
□ 看得懂	kàndedǒng	見てわかる
□ 说不好	shuōbuhǎo	うまく言えない

比較・把・使役・受身

比較

□ 跟	gēn	～と《比較対象》
□ 一样	yíyàng	同じである

□ 跟～一样	gēn ~ yíyàng	～と同じである
□ 同一	tóngyī	同じ
□ 比	bǐ	比べる
□ 有	yǒu	～ほどある
□ 最	zuì	最も～である
□ 这么	zhème	比較対象が主語に近い場合
□ ～得多	~de duō	ずっと～だ
□ 一些	yìxiē	少し《相対的にわずかな数量・程度を示す》
□ 一天比一天	yì tiān bǐ yì tiān	日ごとに
□ 一年比一年	yì nián bǐ yì nián	年々
□ 一次比一次	yí cì bǐ yí cì	回数を増すごとに

把構文

□ 把	bǎ	～を《動詞の目的語》

使役動詞

□ 让	ràng	～させる
□ 使	shǐ	～させる《静的》
□ 派	pài	派遣する
□ 叫	jiào	言って～させる
□ 求	qiú	頼んで～してもらう
□ 请	qǐng	招く，～してもらう

受身動詞

□ 被	bèi	～される《この意味では「被」が最も使われる》
□ 让	ràng	～される《＝「被」》
□ 给	gěi	～される《＝「被」》
□ 叫	jiào	～される《＝「被」》
□ 有人	yǒurén	～する人がいる
□ 劝	quàn	勧める
□ 命令	mìnglìng	命令する

助詞・関連詞・接続詞

助詞

□ 啊	a	《疑問や命令に感情を込める語気》
□ 呢	ne	～かな?，～なぁ，～《省略して》は?《語気》
□ 了	le	《物事の変化を表す語気》
□ 吧	ba	～しようよ，～よね?《命令を和らげる語気》
□ 的	de	～だ《断定の語気》，～の
□ 呀	ya	《「啊」の前の音が i, ü, a, o, e の場合の語気》
□ 哇	wa	《「啊」の前の音が u, ao, iao の場合の語気》
□ 哪	na	《「啊」の前の音が n の場合の語気》
□ 嘛	ma	《「当たり前だ，なぜそうできない」という語気》
□ 罢了	bàle	ただ～だけだ《語気》
□ 来着	láizhe	《ついさっきあったことを表わす語気》
□ 啦	la	《感嘆や緊張・興奮を表わす語気》
□ 着呢	zhene	《形容詞の性質を大げさに言う語気》

反語

□ 不是～吗?	bú shì ~ ma?	～ではないか
□ 难道～吗?	nándào ~ ma?	まさか～ではあるまい
□ 什么～!	Shénme ~ !	何が～なものか
□ 哪儿～啊!	Nǎr ~ a!	どこに～なことがあるものか
□ 还～?	Hái ~ ?	まだ～なのか，～なことがあるものか

□ 谁~?　　　 Shéi/shuí ~? だれが~なものか

□ 怎么会~（呢）? 　Zěnme huì ~ (ne)?
　　　　　　どうして~できるものか

□ 怎么能~（呢）? 　Zěnme néng ~ (ne)?
　　　　　　どうして~できるものか

関連詞

□ （又）~又 ...　 (yòu) ~ yòu ...
　　　　　　~であり，また…でもある

□ （既）~又 ...　 (jì) ~ yòu ...
　　　　　　~でもあり…でもある

□ 一边~一边… 　yìbiān ~ yìbiān ...
　　　　　　~しながら…する

□ 不是~而是 ... 　búshì ~ érshì ...
　　　　　　~ではなくて…だ

□ 一面~一面 ... 　yímiàn ~ yímiàn ...
　　　　　　~しながら…する

□ （或者）~或者… 　(huòzhě) ~ huòzhě ...
　　　　　　~か，あるいは…か

□ 要么~要么 ... 　yàome ~ yàome ...
　　　　　　~するか，もしくは…するか

□ （是）~还是 ... 　(shì) ~ háishì ...
　　　　　　~か，それとも…か

□ 不是~就是 ... 　búshì ~ jiùshì ... 　~でなけれ
　　　ば…だ，~か…かどっちかだ

□ （只要）~就 ... 　(zhǐyào) ~ jiù ...
　　　　　　~さえすれば…する

□ 只是~才 ... 　zhǐshì ~ cái...
　　　　　　~さえすれば…する

□ 不管［无论 / 不论］~ 都［也 / 总］...
　　bùguǎn[wúlùn/búlùn] ~ dōu[yě/
　　zǒng] ... 　　~であろうと…だ

□ 不管［无论 / 不论］~ 都［也 / 总］...
　　bùguǎn[wúlùn/búlùn] ~ dōu[yě/
　　zǒng] ... 　　~であろうと…だ

□ （虽然）~但是 　(suīrán) ~ dànshì
　　　　　　~だが…だ

□ （因为）~（所以）… 　(yīnwèi) ~ (suǒyǐ) ...
　　　　　　~なので…だ

□ （不但）~而且… 　(búdàn) ~ érqiě ...
　　　　　　~だけでなく…も

□ （如果）~就… 　(rúguǒ) ~ jiù ...
　　　　　　もし~なら…だ

□ 除了~以外，A（也）… 　chúle ~ yǐwài, A
　　(yě) ... 　~以外 A も…だ

□ 除了~以外，（还）... 　chúle ~ yǐwài, (hái) ...
　　　　　　~以外にも…だ

□ 好像~似的 　hǎoxiàng ~ sìde
　　　　　　まるで~のようだ

□ 越~越… 　yuè ~ yuè ...
　　　　　　~すればするほど…だ

□ 越来越 　yuè lái yuè ~《時間の経過ととも
　　　に》ますます~

□ 一~就… 　yī ~ jiù ... 　~するとすぐ…だ

□ 再~也 ... 　zài ~ yě ... 　どんなに~でも…だ

□ 非~不可［不行］ 　fēi ~ bùkě [bùxíng] 　どうし
　　　ても~しなくてはならない
　　　《必要性》

□ 不~不 ... 　bù ~ bù ... 　~しなければ…しな
　　　い《仮定関係》

□ 不~也 ... 　bù ~ yě ... 　たとえ~なくても…
　　　《仮定関係》

□ ~的话，就… 　~ de huà, jiù ...
　　　　　　~ということなら，…だ

接続詞

□ 那时 　　nàshí 　　　その時

□ 而且 　　érqiě 　　　そして，そのうえ

□ （首）先 　shǒuxiān 　　まず

□ 其实 　　qíshí 　　　実際には，実のところ

□ 实际 　　shíjì 　　　実際

□ 然后	ránhòu	そのあと	

□ 然后　ránhòu　そのあと

□ 或（者）　huò(zhě)　〜か，あるいは

□ 还是　háishi　〜か，または，やはり

□ 可是（または,但是）　kěshì, dànshì　しかし

□ 因为　yīnwèi　〜なので

□ 所以　suǒyǐ　だから，それで
《二つの文の接続可能》

□ 因此　yīncǐ　それで，したがって
《二つの文の接続可能》

□ 因而　yīn'ér　だから，それで
《二つの文の接続には使えない》

□ 反正　fǎnzhèng　とにかく

□ 到底　dàodǐ　結局

□ 总之　zǒngzhī　つまり

□ 另外　lìngwài　他に

□ 听说　tīngshuō　聞いた話では

□ 比如（または，例如，譬如）
　bǐrú, lìrú, pìrú　例えば

□ 那么　nàme　それでは

□ 当然　dāngrán　もちろん

□ 其次（または，接着，下面）
　qícì, jiēzhe, xiàmiàn　次に

（感嘆詞）

□ 哎　āi　ねえ，おい，へぇ〜

□ 啊　ā　あぁ〜，え？《声調
や言い方で意味が変わる》

（その他）

□ 那个　nèige/nàge　あの〜，え〜と

□ 这个　zhèige/zhège　この〜，え〜と

□ 嗯　ng　うん，え〜と

□ 像〜一样（那样）　xiàng ~ yíyàng (nàyàng)
　〜みたいな，〜のような

□ 对　duì　そのとおり，正しい
《返答で用いる》

□ 不对　bú duì　間違っている，正し
くない《返答で用いる》

□ 错　cuò　間違っている《返答
で用いる》

□ 不错　bú cuò　間違っていない，正
しい《返答で用いる》

□ 行　xíng　よろしい《返答で用
いる》

□ 不行　bù xíng　ダメだ《返答で用い
る》

□ 的确　díquè　確かに，なるほど

□ 果然　guǒrán　なるほど，思ってい
たとおり

□ 原来如此　yuánláirúcǐ　なるほど

□ 糟糕　zāogāo　しまった！

□ 喂　wéi, wèi　もしもし《電話では
第2声，電話を受けて相手がわ
からないときも第2声》；《相手
に呼びかけて》ちょっと，おい，
ねえ《第4声》

植田 一三（うえだ・いちぞう）

　次代をリードする年齢・ジェンダー・国籍を超える英悟の超人（ATEP [Amortal "Transagenderace" Educational Philosophartist]）。英語最高峰資格 8 冠突破＆英語教育書ライター養成校「Aspire School of Communication（アスパイア）」学長。英語の勉強を通して，人間力・世界的視野・問題解決力を高め，国際社会に貢献する「英悟道」精神，Let's enjoy the process!（陽は必ず昇る）を教育理念に，指導歴 40 年で，英検 1 級合格者を約 2,800 名以上，英語資格 5 冠突破者を 125 名以上育てる。出版歴 36 年で著書は，英語・中国語・韓国語・日本語学習書と多岐に渡って 120 冊を超え，多くはアジア 5 か国で翻訳されている。リシケシュでインド中央政府公認ヨガインストラクター資格取得。ノースウェスタン大学院，テキサス大学博士課程留学後，同大学で異文化コミュニケーション学を指導。コミュニケーション学者，比較言語哲学者，世界情勢アナリスト。オックスフォード大学で Social Entrepreneurship コース修了後，NPO 法人「JEFA（国際社会貢献人材教育支援協会）」を主宰する社会起業家。

浅井 伸彦（あさい・のぶひこ）

　関西大学社会学部卒業，京都教育大学大学院修士課程修了。アスパイア最高顧問，一般社団法人国際心理支援協会代表理事，株式会社 Cutting edge 代表取締役。公認心理師，臨床心理士，高等学校教諭専修免許状（英語科，地理歴史科），保育士，オープンダイアローグ国際トレーナー資格（The certificate that qualifies to act as responsible supervisor, trainer and psychotherapist for dialogical approach in couple and family therapy）などを所持。主な著書に，『快速マスター中国語［新装版］』（語研，共著），『快速マスター韓国語』（語研），『はじめての家族療法：クライエントとその関係者を支援するすべての人へ』（北大路書房，編著），『あたらしい日本の心理療法』（遠見書房，編集）をはじめ多数。

© Ichizo Ueda; Nobuhiko Asai, 2007, Printed in Japan

これ一冊で！基礎を固める
快速マスター中国語［新装版］

2007 年 11 月 1 日　　初　版　第 1 刷発行
2024 年 3 月 25 日　　新装版　第 1 刷発行

著　者　　植田　一三
　　　　　浅井　伸彦
制　作　　ツディブックス株式会社
発行者　　田中　稔
発行所　　株式会社 語研
　　　　　〒 101-0064
　　　　　東京都千代田区神田猿楽町 2-7-17
　　　　　電　　話 03-3291-3986
　　　　　ファクス 03-3291-6749
組　版　　ツディブックス株式会社
印刷・製本　倉敷印刷株式会社

ISBN978-4-87615-430-2 C0087
書名　カイソク マスター チュウゴクゴ シンソウバン
著者　ウエダ イチゾウ／アサイ ノブヒコ
著作者および発行者の許可なく転載・複製することを禁じます。

定価はカバーに表示してあります。
乱丁本，落丁本はお取り替えいたします。

本書の感想はスマホから↓